Le Siècle.

PRAXÈDE — PIERRE LE CRUEL — CÉCILE

PAR

ALEXANDRE DUMAS.

PARIS.
AU BUREAU DU SIÈCLE, 16, RUE DU CROISSANT,
ANCIEN HOTEL COLBERT.
1850.

PRAXÈDE.

I.

LE SACRE.

La veille du saint jour de Pâques de l'an 1099, c'était grande fête dans la noble cité de Barcelonne.

C'est que le jeune comte Raymond Bérenger III, qui depuis un an venait d'hériter du pouvoir souverain, avait pensé que ses sujets ayant été, comme les disciples et apôtres de notre Seigneur Jésus-Christ, plongés dans une longue et profonde tristesse à propos de la mort du seigneur comte son père, il devait, la Pâques arrivant, choisir ce saint jour pour faire ressusciter en sa personne la royauté défunte. En conséquence, il avait, pour le jour dit, convoqué par lettres scellées, dans sa bonne ville de Barcelonne, les prélats, les barons, les chevaliers et les messagers des cours étrangères, leur annonçant qu'en leur présence il se ferait armer chevalier, et prendrait sur l'autel et poserait sur sa tête la guirlande de roses d'or, qui était la couronne des comtes d'Aragon.

Aussi, au jour dit, non-seulement tous les prélats, barons et chevaliers d'Espagne, mais encore un grand nombre de princes et de seigneurs étrangers, s'étaient rendus à cette fête. Le juge et l'archevêque d'Arborée y étaient venus de Sardaigne; le roi d'Aragon, de Saragosse; le roi de Castille, de Madrid. Les rois maures de Tlemcen et de Grenade, n'y pouvant assister eux-mêmes, y avaient envoyé de riches présens, comme leurs ancêtres, les rois mages, l'avaient fait à l'occasion de la naissance de notre Seigneur Jésus-Christ. Enfin, l'assemblée était si nombreuse, comme nous l'avons dit, la veille du saint jour de Pâques, que l'on comptait bien trente mille chevaucheurs de la première noblesse du monde, en la ville de Barcelone et ses environs.

Dès le matin, le seigneur comte Raymond Bérenger III avait fait publier à son de trompe dans la ville, qu'à l'heure de midi, aussitôt après l'*Alleluia* chanté, et au premier coup des cloches qui annoncerait leur retour, tout le monde devait quitter le deuil, couper sa barbe et se disposer à la fête. Aussi, dès que l'*Alleluia* fut repris et qu'on entendit frémir le branle joyeux des cloches, chacun se disposa ainsi que le roi avait ordonné; si bien que les rues, qui une heure auparavant étaient tristes et silencieuses, se trouvèrent, une heure après, pleines de monde et de rumeurs; car on avait ouvert à la fois les barrières et les portes, et les chevaliers étrangers étaient entrés dans la ville, et les bourgeois étaient sortis de leurs maisons.

Et cependant il n'y avait à Barcelone que ceux qui n'avaient pu être invités au palais de l'Aljaferia; et, comme nous l'avons dit, leur affluence était grande, car le seigneur comte avait été obligé de décider qu'il ne recevrait à sa table et dans son château, que quiconque serait roi ou envoyé de roi, gouverneur de province, archevêque, prince, duc ou comte; et rien que de ceux-ci et de leur suite, il y avait quatre mille personnes qui s'étaient trouvées le droit d'être hôtes et convives du seigneur comte de Barcelone.

Tout le jour cette multitude parcourut la ville, visitant les églises, s'arrêtant devant les bateleurs, et passant de la prière aux jeux profanes, et des jeux profanes à la prière; mais quand le soir vint, chacun s'achemina vers le palais du comte, situé à deux grands milles de la cité, car le comte, le soir même, devait faire la veillée des armes dans l'église de Saint-Sauveur. Tout le long de la route, des torches et des brandons avaient été placés pour éclairer le cortège, et de peur que ces torches et ces brandons ne fussent déplacés et ne laissassent des intervalles sans lumière, leurs places avaient été fixées d'avance, et il était défendu, sous aucun prétexte, de les déplacer.

Au moment où sonna l'heure de vêpres, on alluma tous ces brandons, quoiqu'il fît encore jour, de sorte qu'en un instant une longue ligne de flamme s'étendit du palais de l'Aljaferia jusqu'à l'église de Saint-Sauveur ; puis au même moment des hérauts d'armes, portant les bannières du comte, parcoururent tout le chemin pour que le peuple se rangeât aux deux côtés de la route, et n'empêchât aucunement le cortége de s'avancer.

Au dernier coup de la cloche de vêpres, la porte du palais s'ouvrit aux grands cris de joie de la multitude, qui attendait depuis l'heure de midi.

Les premiers qui parurent furent les fils des plus nobles chevaliers de la Catalogne ; ils étaient à cheval et portaient les épées de leurs pères ; et c'étaient de vaillantes épées tout ébréchées dans les tournois ou dans les batailles, dont chacune avait un nom, comme l'épée de Charlemagne, de Renaud et de Roland.

Derrière eux venaient les écuyers des chevaliers qui devaient être armés dans la journée du lendemain ; ils portaient nues les épées de leurs maîtres ; celles-là, au contraire des premières, étaient vierges et brillantes ; mais on savait qu'aux mains qui devaient les recevoir, elles perdraient bientôt leur virginité dans le sang et leur lustre dans la bataille.

Puis venait l'épée du seigneur comte, faite en forme de croix pour lui rappeler toujours qu'il était soldat de Dieu avant d'être prince de la terre : c'était l'épée la plus riche et la mieux garnie qu'ait peut-être jamais portée roi, roi ni empereur ; et cette épée, en attendant qu'elle passât aux mains de seigneur comte, était dans la main du vieux don Juan Ximénès de la Roca, l'un des plus vaillans chevaliers du monde, lequel marchait lui-même entre d'autres chevaliers qui étaient, l'un le baron Guillaume de Cervallo, et l'autre sir Otho de Moncada.

Après l'épée du seigneur comte venaient deux chariots de ses écuries, chargés de torches et portant chacun plus de dix quintaux de cire qu'il offrait en don à l'église de Saint-Sauveur, ayant fait vœu d'un cierge qui faisait le tour de la ville de Barcelone ; et cela, parce que, retenu dans ses États par la maladie du roi son père, il n'était point parti pour la croisade ; ce qui lui était une douleur comme chevalier, et un remords comme chrétien. Ces torches étaient allumées, quoiqu'il n'y en eût aucun besoin, tant les autres luminaires jetaient de clarté.

Après ces deux chariots venait le seigneur comte lui-même, chevauchant sur un cheval caparaçonné d'un magnifique harnais : c'était un beau jeune homme de dix-huit à dix-neuf ans, portant de longs cheveux blonds qui tombaient de chaque côté sur ses épaules, et maintenus sur son front par un fil d'or. Il était vêtu de son justaucorps de guerre, car pendant la veillée il devait revêtir sa cuirasse ; mais ce justaucorps était caché par un grand manteau de drap d'or qui tombait jusqu'à ses étriers. Derrière lui venaient ses armes portées par deux nobles : c'était un casque à visière fermante, une cotte de mailles d'acier et d'or, et un bouclier sur lequel était gravée la guirlande de roses, signe du souverain pouvoir chez les comtes de Barcelone. Le noble qui portait ces armes était accompagné de deux autres nobles qui avaient nom, l'un, Roger, comte de Pallars, et l'autre, Alphonse Ferdinand, seigneur d'Ixer ; et tous deux tenaient leur épée nue, comme pour défendre ces armes royales, ainsi qu'ils eussent couvert la tête et la poitrine de leur noble maître et seigneur.

Après les armes du seigneur comte, venaient, deux par deux, les nobles qu'il allait armer chevaliers ; ils étaient au nombre de douze, et devaient à leur tour, aussitôt qu'ils auraient reçu l'ordre, armer chacun dix chevaliers ; et ces cent vingt les suivaient chevauchant aussi deux par deux sur leurs beaux chevaux tout couverts de draps d'or et de magnifiques harnais.

Puis derrière eux, car ils avaient pris le pas sur tous, comme héros de la fête, venaient, suivant leur rang et quatre par quatre, d'abord les prélats, puis les rois et envoyés des rois, puis les ducs, puis les comtes, puis les simples chevaliers, séparés les uns des autres par des musiciens qui faisaient retentir l'air du bruit de leurs trompettes, de leurs timbales et de leurs flûtes. Ce dernier groupe était suivi d'une multitude de jongleurs vêtus en sauvages, courant à pied ou montés sur des petits chevaux sans selle et sans bride, dont ils se servaient pour leurs tours, et qu'ils faisaient manœuvrer à la voix : tous faisaient un tel bruit et poussaient de telles clameurs, qu'il eût semblé à quelqu'un qui les eût entendus sans en connaître la cause, que le ciel et la terre s'abîmaient comme à la dernière heure du dernier jour.

Ainsi, et par la grâce de Dieu, à la lueur des brandons qui changeaient la nuit en jour, et les ténèbres en lumière, au bruit le plus éclatant des tambours, des timbales, des trompettes et autres instrumens, aux cris des jongleurs et des hérauts, qui criaient tous : Barcelone ! Barcelone ! on vint à l'église de Saint-Sauveur. Quoiqu'il n'y eût eu, comme nous l'avons dit, que deux milles à faire, le cortège avait marché si lentement, afin que chacun eût tout le temps de le voir, que minuit sonnait au moment où le comte mettait pied à terre sous le portail, où l'attendait avec tout son clergé l'archevêque de Barcelone, qui devait le sacrer le lendemain.

Alors tous les nobles qui devaient être armés le lendemain, le seigneur comte en tête, entrèrent dans l'église et firent ensemble la veillée des armes, récitant des oraisons, se réjouissant et chantant les cantiques de Notre Seigneur Jésus-Christ. Ils passèrent ainsi toute cette bienheureuse nuit pendant laquelle ils entendirent très dévotement les matines, auxquelles assistèrent les archevêques, évêques, prieurs et abbés, qui dirent tous leurs heures avec un si grand recueillement, que ce fut une édification pour tous les assistans.

Quand le jour fut venu, on ouvrit l'église aux fidèles, et elle se remplit que c'était merveille comment tant de créatures humaines pouvaient tenir sans être suffoquées dans un pareil espace. Alors l'archevêque se revêtit pour dire la messe, et le seigneur comte à son tour passa un surplis comme s'il allait la servir, puis par dessus le surplis il mit la dalmatique la plus riche dont jamais empereur ou roi ait été revêtu ; ensuite il passa à son cou une étole si magnifique et si surchargée de perles et de pierres précieuses, qu'il serait impossible de dire ce qu'elle valait ; puis il prit le manipule, qui était aussi très splendide, et à chaque vêtement qu'il prenait l'archevêque répétait une oraison. Puis tout cela fait, il commença de dire la messe : et lorsque l'épître fut achevée, il s'arrêta un instant, tandis qu'au son grave et sonore de l'orgue, les deux parrains du comte, qui étaient, l'un don Juan Ximénès de la Roca, et l'autre Alphonse Ferdinand, seigneur d'Ixer, s'approchèrent de lui, et lui chaussa l'éperon droit, et l'autre l'éperon gauche. Alors le comte s'approcha de l'autel, se prosterna devant le tabernacle et dit tout bas une oraison, tandis que l'archevêque, debout à côté de lui, priait tout haut. Enfin, cette prière finie, il se retira, prit l'épée sur l'autel, baisa humblement la croix qui en faisait la poignée, la ceignit autour de ses reins, et lorsqu'il l'eut ceinte, la tirant du fourreau, il la brandit trois fois. À la première fois qu'il la brandit, il défia tous les ennemis de la sainte foi catholique ; à la seconde, il jura de secourir tous les orphelins, les pupilles et les veuves ; à la troisième, il promit de rendre justice, pendant toute sa vie, aussi bien aux plus grands qu'aux plus petits, aussi bien aux étrangers qu'à ses propres sujets.

À ce dernier serment, une voix pleine et sonore répondit Amen ; et chacun se retourna pour voir d'où venait cette voix : c'était celle d'un jongleur provençal qui s'était introduit dans l'église, et qu'on voulait chasser comme n'étant pas digne de se trouver en si bonne compagnie ; mais le comte ayant demandé ce que c'était, et l'ayant appris, il ordonna qu'on le laissât à sa place, disant qu'en un pareil moment il ne devait repousser aucune prière, de noble ou de vilain, de riche ou de pauvre, de fort ou de faible, pourvu qu'elle sortît d'un cœur droit et bien intentionné. Le jongleur fut donc laissé à sa place, et le seigneur comte, ayant remis son épée au fourreau, offrit sa personne et son glaive à Dieu, le priant de le tenir toujours en sa sainte garde et de lui accorder la victoire contre tous ses ennemis. Alors l'archevêque l'oignit du saint-chrême sur l'épaule et au bras droit. Aussitôt il prit la couronne sur l'autel, la posa sur sa tête, où ses deux parrains l'affermirent. Au même instant, les archevêques, les évêques, les abbés, les princes et les deux parrains du comte s'écrièrent à haute voix : *Te Deum laudamus*, et tandis qu'ils entonnaient ce chant, le seigneur comte prit le sceptre d'or dans sa main gauche et le globe dans sa main droite, et les porta ainsi tant que dura le *Te Deum* et l'Evangile. Il les reposa ensuite sur l'autel et alla s'asseoir sur le siège comtal, où passèrent devant lui les douze nobles, qu'il arma l'un après l'autre chevaliers, et qui se rendirent aussitôt chacun dans une des douze chapelles, où ils armèrent à leur tour chacun dix chevaliers.

La cérémonie terminée, le comte, couronne en tête, reprit de nouveau le globe dans sa main droite et le sceptre dans sa main gauche, et ainsi couronné et portant les insignes du pouvoir, il sortit de l'église et remonta sur son cheval, revêtu de la dalmatique, de l'étole et du manipule. Mais comme il ne pouvait conduire lui-même sa monture, à la courbure du frein étaient attachées deux paires de rênes ; une paire, et c'était celle qui s'attachait au côté gauche, était tenue par les deux parrains ; les autres rênes, qui étaient de soie blanche et qui avaient bien quarante pieds de long chacune, étaient tenues par les barons, les chevaliers et les plus notables citoyens de la Catalogne ; et après ceux-ci venaient les six députés de Valence, les six députés de Saragosse et les quatre députés de Tortose ; tous ceux qui tenaient les rênes, soit à droite, soit à gauche, marchaient à pied en signe de respect et d'infériorité. Ce fut ainsi et en suivant le même ordre et la même route, que le seigneur comte, toujours accompagné du même cortège, et au milieu des cris et des fanfares, rentra vers nones en son palais d'Aljaferia, dont il était sorti la veille après vêpres. Arrivé là, il mit pied à terre et entra dans la salle à manger, où on lui avait préparé un trône très élevé au milieu de deux sièges d'or, sur lesquels il déposa le sceptre et la couronne. Alors ses deux parrains s'assirent à une petite distance de lui, et à côté d'eux les rois d'Aragon et de Castille, l'archevêque de Barcelone, l'archevêque de Saragosse et l'archevêque d'Arboise ; puis à une autre table s'assirent à leur tour les évêques, les ducs et tous les nobles qui avaient été faits chevaliers ce jour-là ; enfin prirent place les barons, les envoyés des différentes provinces, les notables citoyens de Barcelone, tous en fort bon ordre, car leurs places leur étaient assignées selon leurs rangs, et il advint pour les servir des serviteurs nobles et des fils de chevaliers.

Quant au seigneur comte, il était servi par douze nobles, et son majordome était le baron Guillaume de Cervallo, lequel vint, apportant un plat et chantant une ronde, accompagné des douze nobles, qui chacun apportaient un mets différent et répondaient tous en chantant. La ronde achevée, il posa le plat devant le comte et en tailla un morceau qu'il lui servit ; puis, quittant son manteau et sa cotte de drap d'or à fourrure d'hermine et ornée de perles, il les donna à un jongleur. Aussitôt, on lui apporta d'autres riches vêtements qu'il mit sur lui, et il alla avec les douze nobles chercher le second service. Un instant après, il revint, chantant une nouvelle ronde et apportant d'autres mets, et, cette fois comme l'autre, après avoir taillé et servi, il donna de nouveau les vêtements qu'il portait à un autre jongleur ; et il y eut dix services, et à chaque service, il fit ainsi largesse ; ce qui fut grandement approuvé de toute la noble assemblée.

Après être resté trois heures à table à peu près, le comte se leva, reprit le globe et le sceptre, et, passant dans la chambre voisine, il alla s'asseoir sur un siège élevé sur des gradins. A côté de lui s'assirent les deux rois, et tout autour d'eux, sur les degrés du trône, tous les barons, chevaliers et notables citoyens. Alors un jongleur s'approcha et chanta une nouvelle sirvente qu'il avait composée ; elle était intitulée : *la Couronne, le Sceptre et le Globe* ; voilà ce qu'elle disait :

« La couronne étant toute ronde et e rond n'ayant ni commencement ni fin, cela signifie : Notre Seigneur vrai Dieu tout puissant, qui n'a point eu de commencement et n'aura pas de fin ; et parce que cette couronne signifie Dieu tout puissant, on vous l'a placée sur la tête, et non au milieu du corps ou aux pieds, mais bien sur la tête, signe de l'intelligence ; et parce qu'on vous l'a placée sur la tête, vous devez toujours vous souvenir de Dieu tout puissant. Puissiez-vous avec cette couronne humaine et périssable gagner la couronne de la gloire céleste dont le royaume est éternel.

» Le sceptre signifie la justice, que vous devez exercer entre tous ; et comme le sceptre est une verge longue et tendue, et frappe et châtie, ainsi la justice châtie, afin que les méchans ne fassent plus le mal et que les bons deviennent encore meilleurs.

» Le globe signifie que comme vous tenez le globe en votre main, vous tenez aussi dans votre main votre comté et votre pouvoir ; et puisque Dieu vous les a confiés, il faut que vous les gouverniez avec vérité, justice et clémence, et que vous ne souffriez point que qui que ce soit leur cause du dommage, ou par vous ou par autrui. »

Cette sirvente, que le comte parut entendre avec plaisir et en prince qui, en comprenant bien le sens, se promettait de la mettre en œuvre, fut suivie d'une chanson nouvelle que chanta un second jongleur, et d'un poème que récita un troisième ; puis tout cela étant chanté et dit, le roi reprit le globe et le sceptre, et monta dans sa chambre pour se reposer, car il en avait bien besoin ; mais au moment où il venait d'ôter son manteau royal, on vint lui annoncer qu'un jongleur voulait absolument lui parler ayant, disait-il, à lui annoncer une nouvelle du plus haut intérêt, et qui ne souffrait pas le moindre retard.

Le comte ordonna qu'on le fît entrer.

Le jongleur entra, et ayant fait deux pas dans la chambre, il mit un genou en terre.

— Parle, lui dit le comte.

— Qu'il plaise d'abord à votre seigneurie, répondit le jongleur, d'ordonner qu'on nous laisse seuls.

Raymond Bérenger fit un signe et chacun se retira.

— Qui es-tu ? demanda le comte lorsque la porte se fut refermée derrière le dernier de ses serviteurs.

— Je suis, dit le jongleur, celui qui a répondu amen lorsqu'aujourd'hui, dans l'église de Saint-Sauveur, vous avez, cette épée à la main, promis de rendre justice pendant toute votre vie aussi bien aux plus grands qu'aux plus petits, aussi bien aux forts qu'aux faibles, aussi bien aux étrangers qu'à vos propres sujets.

— Et au nom de qui demandes-tu justice ?

— Au nom de l'impératrice Praxède, injustement accusée d'adultère par Gunthram de Falkembourg et Walther de Than, et condamnée par son mari, l'empereur Henry IV, à mourir dans le délai de huit jours, s'il ne se présente pas un champion pour la défendre.

— Et comment a-t-il choisi pour une pareille mission, un aussi étrange messager ?

— Parce que nul que moi peut-être, pauvre jongleur, ne se fût exposé à la colère d'un aussi puissant empereur que l'empereur Henry IV, et à la vengeance de deux chevaliers aussi redoutables que Gunthram de Falkembourg et Walther de Than ; et certes, je ne l'eusse point fait moi-même si je n'y eusse été convié par ma jeune maîtresse, la marquise Douce de Provence, qui a de si beaux yeux et une si douce voix, que nul ne peut lui refuser ce qu'elle demande ; et qui m'a demandé de me mettre en quête d'un chevalier assez brave et assez quêteur de renommée pour venir défendre sa noble souveraine. Alors je suis parti, allant de ville en ville et de château en château ; mais à cette heure, toute la plus vaillante chevalerie est en Terre-Sainte, de sorte que j'ai vainement parcouru l'Italie et la France, toujours cherchant un champion à cette infortune impériale et n'en trouvant nulle part. J'ai entendu parler de vous, monseigneur, comme d'un brave et aventureux chevalier, et je me suis mis en route pour Barcelone, où je suis arrivé aujourd'hui même. J'ai demandé où vous étiez. On m'a répondu que vous étiez dans l'église ; j'y suis entré, monseigneur, comme vous teniez cette noble épée à la main, jurant de rendre justice aussi bien aux grands qu'aux petits, aussi bien aux forts qu'aux faibles, aussi bien aux étrangers qu'à vos propres sujets, et il m'a semblé que c'était la main de Dieu qui me conduisait à vous dans un pareil moment, et j'ai crié : Ainsi soit-il.

— Ainsi soit donc, répondit le comte, car pour l'honneur de mon nom et l'agrandissement de ma renommée, au nom de Dieu, j'entreprendrai cette aventure.

— Grâces vous soient rendues, monseigneur, répondit le jongleur, mais sauf votre bon plaisir, le temps presse, car déjà dix mois se sont écoulés depuis le jugement porté par l'empereur, et il ne reste plus à l'accusée que deux mois et un jour, ce qui est à peine ce qu'il nous faut de temps pour nous rendre à Cologne.

— Eh bien! dit le comte, laissons achever les fêtes qui doivent finir jeudi soir ; vendredi nous rendrons grâce à Dieu, et samedi nous nous mettrons en voyage.

— Qu'il soit fait à votre volonté, monseigneur, dit le jongleur en se retirant.

Mais avant qu'il ne sortît, le comte Raymond détacha de ses épaules et lui mit autour du cou une magnifique chaîne d'or qui valait bien cinq cents livres, car le seigneur comte était un prince aussi magnifique que brave, à telle preuve que ses contemporains l'ont surnommé le Grand, et que la postérité lui a laissé le nom que lui avaient donné ses contemporains.

Et encore, c'était un homme religieux, car ces fêtes, dont il demandait au jongleur d'attendre la fin, avaient été données, comme nous l'avons dit, en imitation de Notre Seigneur Jésus-Christ, qui, en ce bienheureux jour de Pâques, réconforta, par sa résurrection, la Vierge, madame Sainte-Marie, et ses apôtres, ses évangélistes et ses autres disciples, qui étaient auparavant tristes et affligés à cause de sa Passion ; aussi, dit le chroniqueur auquel nous empruntons ces détails, le vendredi au matin il survint, par la grâce de Dieu, une bonne pluie qui enveloppa toute la Catalogne, l'Aragon, le royaume de Valence et de Murcie, et qui dura jusqu'à la fin du jour. Ainsi la terre qui en avait grand besoin, eut aussi son complément de joie, afin que rien ne manquât aux présages d'un règne qui fut l'un des plus grands et des plus heureux dont la noble cité de Barcelone ait gardé le souvenir.

II.

LE CHAMPION.

L'empereur Henry IV, d'Allemagne, était à cette époque l'un des plus malheureux princes qui fût sur le trône. L'an 1056, à l'âge de six ans, il avait succédé à son père Henry-le-Noir, et la diète avait donné à Agnès d'Aquitaine l'administration des affaires publiques pendant sa minorité ; mais les princes et barons d'Allemagne, humiliés d'obéir à une femme étrangère, s'étaient révoltés contre l'empereur, et Othon, margrave de Saxe, avait commencé cette série de guerres civiles, au milieu desquelles Henry, toujours armé, soit contre ses vassaux, soit contre ses oncles, soit contre son fils, devait consumer sa vie, tantôt empereur, tantôt fugitif, aujourd'hui proscripteur, demain proscrit. Après avoir déposé le pape Grégoire VII, après avoir, en expiation de ce sacrilége, traversé en plein hiver les Apennins à pied, un bâton à la main et comme un mendiant*, après avoir attendu trois jours dans la cour du château de Canossa, sans habits, sans feu, sans pain, qu'il plût à Sa Sainteté de lui en ouvrir la porte, il avait enfin été admis en sa présence, lui avait baisé les pieds et avait fait serment sur la croix de se soumettre à sa décision. A ce prix, le pape l'avait absous de ce sacrilége ; mais alors les seigneurs lombards l'avaient accusé de lâcheté. Menacé par eux d'être déposé à son tour s'il ne rompait le honteux traité auquel il venait de se soumettre, il avait accepté leur alliance ; mais tandis qu'il faisait ce pacte, les barons allemands avaient élu empereur Rodolphe de Souabe. Henry, qui était venu vers l'Italie en suppliant, était retourné vers l'Allemagne en soldat, et tout excommunié qu'il était, et quoique Rodolphe son rival eût reçu de Grégoire VII une couronne d'or en signe d'investiture temporelle, et une bulle qui appelait la malédiction du ciel sur son ennemi, il l'avait battu et tué à la bataille de Wolskeim, près de Gera. Alors il se retourne vainqueur et furieux contre l'Italie, conduisant avec lui l'évêque Guibert, qu'il avait fait élire pape. Cette fois c'était à Grégoire de trembler, car il ne devait pas attendre plus de miséricorde qu'il n'avait accordé de merci : aussi, à son approche, s'était-il enfermé dans Rome, et lorsque Henry arriva en vue des murailles de la ville éternelle, trouva-t-il un envoyé de Grégoire, qui lui faisait proposer l'absolution et la couronne. Henry répond en s'emparant de Rome. Alors le pape se réfugie dans le château Saint-Ange. Henry l'y poursuit, établit le blocus, et sûr que son ennemi ne peut lui échapper, il établit sur le trône de Saint-Pierre l'anti-pape Guibert, et reçoit de sa main la couronne impériale. C'est alors qu'il apprend la nouvelle que les Saxons ont élu empereur Hermann, comte de Luxembourg. Henry repasse les Apennins, bat les Saxons, soumet la Thuringe et s'empare d'Hermann, à qui il permet de vivre et de mourir ignoré dans une partie de l'empire. Il rentre aussitôt en Italie, où il fait élire son fils Conrad roi des Romains. Croyant la paix bien assurée de ce côté, il revient tourner ses armes contre la Bavière et une partie de la Souabe, restées insoumises et rebelles. Son fils, qu'il vient de faire roi et qui rêve l'empire, se révolte, lève des troupes et fait excommunier une seconde fois son père par le pape Urbain II. Henry convoque une diète à Aix-la-Chapelle, met à nu son cœur paternel tout déchiré de la rébellion de Conrad, et demande que Henry, son second fils, soit élu à la place de son frère roi des Romains. Au milieu d'une séance, il reçoit un avis mystérieux. Sa présence est nécessaire à Cologne, où l'on a, dit-on, un grand secret à lui révéler. Henry quitte la diète. Deux des plus nobles barons de l'empire, Gunthram de Falkembourg et Walther de Than, l'attendaient à la porte de son palais. Henry les invite à entrer avec lui, les conduit dans sa chambre, et leur voyant le visage sombre et sévère, il leur demande pourquoi ils sont ainsi tristes et soucieux.

— Parce que la majesté du trône est en péril, répondit Gunthram.

— Et qui l'y a mise ? demanda Henry.

— L'impératrice Praxède, votre épouse ! dit Gunthram.

A ces mots, Henry pâlit davantage qu'il ne l'eût fait à toute autre nouvelle qu'il eût pu apprendre, car cette impératrice Praxède, qu'il avait épousée depuis deux ans seulement, et pour laquelle il avait à la fois un amour d'époux et de père, était le seul ange auquel il eût dû les quelques heures de repos et de bonheur qu'il avait goûtées au milieu de cette vie fatale et maudite que nous avons racontée ; aussi eut-il besoin d'un moment pour rappeler les forces de son cœur et demander ce qu'elle avait fait.

— Elle a fait des choses que nous ne pouvons souffrir pour l'honneur du trône impérial, répondit Gunthram, et qui nous mériteraient le nom de traîtres envers notre seigneur si nous hésitions à les lui dire.

* *Voir* pour plus amples renseignements sur les démêlés de l'Empire et de la Papauté, le procès de Dante.

— Mais enfin, qu'a-t-elle donc fait? demanda une seconde fois Henry.

— Elle a, en votre absence, reprit Gunthram, encouragé l'amour d'un jeune cavalier, et cela si publiquement que s'il vous naissait un fils à cette heure, cet événement qui mettrait le peuple en joie mettrait la noblesse en deuil ; car tout maître est bon pour le peuple, tandis que la noblesse de l'empire, étant la première de toutes les noblesses, ne peut et ne veut recevoir d'ordres que d'un fils d'empereur.

Henry s'appuya au dossier d'un fauteuil pour ne pas tomber, car il avait, un mois auparavant, reçu une lettre de l'impératrice dans laquelle elle lui annonçait avec une joie d'enfant qu'elle avait l'espoir d'être mère.

— Et qu'est devenu ce chevalier? demanda Henry.

— Il a quitté Cologne comme il y était venu, tout à coup et sans qu'on sache où il est allé. Quant à son pays et à son nom, il ne l'a dit à personne, mais vous pourrez le demander à l'impératrice, car si quelqu'un peut le savoir, elle le sait.

— C'est bien, dit Henry ; entrez dans ce cabinet.

Les deux seigneurs obéirent. Alors l'empereur appela un chambellan et lui donna l'ordre de faire venir l'impératrice. Puis resté seul, cet élu du malheur qui avait tant souffert, et à qui il restait tant à souffrir encore, manqua de force et se laissa tomber dans un fauteuil. Lui qui avait supporté sans plier la guerre civile, la guerre étrangère, l'excommunication romaine et la révolte filiale, se sentit briser par un doute. Sa tête qui avait porté quarante-cinq ans la couronne, et qui ne s'était pas courbée sous ce fardeau, faiblit sous le poids d'un soupçon et s'inclina sur sa poitrine comme si la main d'un géant avait pesé sur elle. Un instant le vieillard oublia tout, empire, guerre, malédiction, révolte, pour ne penser plus qu'à cette femme, qui était le seul être humain à qui il eût conservé sa confiance, et qui l'avait trompé plus indignement encore que les autres, et une larme coula de sa paupière et roula sur ses joues creusées. La verge du malheur avait frappé si profondément le rocher que, comme celle de Moïse, elle en avait fait jaillir une source cachée et inconnue.

L'impératrice entra, ignorant quelle cause avait ramené Henry, et s'avança d'un pas si léger qu'il ne l'entendit point venir. C'était une belle fille du Nord, aux yeux bleus et au teint de neige, blonde et élancée comme une vierge d'Holbein ou d'Owerbeek. Elle s'arrêta devant le vieillard, sourit d'un sourire chaste, et s'inclina pour l'embrasser d'un baiser moitié de fille moitié d'épouse ; mais alors ses cheveux touchèrent le front de l'empereur et il tressaillit comme si un serpent l'avait piqué.

— Qu'avez-vous, monseigneur? dit Praxède.

— Femme, répondit le vieillard en relevant la tête et en lui montrant ses yeux humides, vous m'avez depuis quatre ans vu porter des peines plus lourdes que la croix du Christ, et ma couronne impériale se changer en couronne d'épines ; vous avez vu ruisseler le sang des joues et le sang sur mon front, mais vous n'avez pas vu tomber de mes yeux une larme. Eh bien ! regardez-moi, voilà que je pleure.

— Et pourquoi pleurez-vous, monseigneur bien-aimé? répondit l'impératrice.

— Parce qu'abandonné par mes peuples, renié par mes vassaux, proscrit par mon fils, maudit par Dieu, je n'avais plus dans le monde entier que vous, et que vous m'avez trahi.

Praxède se releva pâle et raide comme une statue.

— Monseigneur, dit-elle, sauf votre grâce, cela n'est point vrai. Vous êtes mon empereur et mon maître, et vous avez le droit de dire ce que vous voudrez ; mais si tout autre homme que vous répétait ces mêmes paroles, je répondrais que cet homme ment, ou par envie ou par mauvais vouloir.

— Entrez, dit Henry d'une voix forte en se retournant vers le cabinet.

Aussitôt la porte s'ouvrit, et Gunthram de Falkembourg et Walther de Than parurent. A leur vue l'impératrice frissonna par tous ses membres, car elle les avait toujours instinctivement regardés comme ses ennemis. Ils s'avancèrent lentement de l'autre côté du fauteuil de l'empereur, et étendant la main,

— Seigneur, dirent-ils, la chose que nous avons dite est vraie, et nous la soutiendrons au péril de notre corps et de notre âme, en combattant, deux contre deux, tous chevaliers qui oseraient nous démentir.

— Écoutez bien ce qu'ils disent, madame, répondit l'empereur, car il sera fait ainsi qu'ils le demandent ; et sachez que si d'ici à un an et un jour vous n'avez pas trouvé de chevaliers qui vous disculpent par la bataille, vous serez brûlée vive sur la grande place de Cologne, en face du peuple et par la torche du bourreau.

— Seigneur, dit l'impératrice, je prie Dieu qu'il me soit en aide, et j'espère que par sa grâce la vérité et l'innocence seront reconnues.

— Ainsi soit-il ! dit Henry ; et appelant des gardes, il fit conduire l'impératrice dans une salle basse du château qui ressemblait fort à une prison.

Elle y était renfermée depuis trois cent soixante-quatre jours sans avoir pu, malgré les promesses qu'elle avait faites et les dons qu'elle avait votés, trouver un seul chevalier qui voulût s'armer pour sa défense, tant la crainte qu'inspirait la renommée de ses accusateurs était grande. Dans cette retraite, Praxède qui, ainsi qu'elle l'avait écrit à l'empereur, se trouvait enceinte lors de l'accusation portée contre elle, était accouchée d'un fils, et elle nourrissait de son lait et elle élevait de ses mains, comme eût fait une femme du peuple, son pauvre enfant condamné comme elle à la honte et au bûcher. Seule entre toutes les femmes, Douce de Provence, qui depuis trois ans avait abandonné son beau pays, tout plein de guerres en ce moment, pour venir chercher un asile à la cour de sa suzeraine, lui était restée fidèle au plus profond de son malheur. Mais il n'y avait plus que trois jours pour que le délai accordé par l'empereur fût écoulé, et elle ne voyait pas revenir son envoyé, et elle n'en entendait point parler. Elle commençait à désespérer elle-même, elle qui avait jusqu'alors soutenu l'impératrice de son espérance.

Quant à Henry, nulle douleur ne pouvait se comparer à la sienne. Frappé à la fois comme empereur, comme père et comme époux, il avait fait vœu public, pour détourner la colère de Dieu, d'aller rejoindre les croisés en Terre-Sainte ; et ce jour qu'il avait fixé lui-même pour le supplice de l'impératrice, lui était à cette heure d'une attente aussi cruelle qu'à Praxède elle-même. Aussi avait-il tout abandonné à la garde du Seigneur, intérêts politiques, affaires privées, et retiré au plus profond de son palais de Cologne, il attendait, n'ayant plus de force que pour attendre ; car, ainsi que nous l'avons dit, trois cent soixante-quatre jours s'étaient écoulés, et le soleil venait de se lever sur le trois cent soixante-cinquième.

Ce jour-là, après nones, et comme Henry sortait de son oratoire, on lui annonça qu'un chevalier étranger, arrivant d'un pays fort distant de l'Allemagne, demandait à lui parler à l'instant même. Le vieillard tressaillit, car, au fond du cœur, il n'avait pas perdu tout espoir ; il ordonna qu'il fût introduit.

Henry le reçut dans la même chambre et assis sur le même fauteuil où il avait rendu l'arrêt contre l'impératrice. Le chevalier entra et mit un genou en terre. L'empereur lui ayant fait signe de se relever, il lui demanda quelle cause l'amenait.

— Seigneur, dit le chevalier inconnu, je suis un comte d'Espagne ; j'ai entendu dire en matines que l'impératrice votre épouse était accusée par deux chevaliers de votre cour, et que si dans l'espace d'un an et un jour elle n'avait pas trouvé un champion qui la défendît en bataille, elle serait brûlée devant le peuple. Or, par le grand bien que j'ai entendu dire d'elle, et pour la sainte renommée de vertu qu'elle a dans le monde, je suis venu de ma terre afin de demander le combat à ses deux accusateurs.

— Comte, s'écria l'empereur, soyez le bien venu ; certes, c'est un grand honneur et un grand amour que vous lui faites, et vous arrivez à temps, car il n'y avait plus que trois jours avant qu'elle ne subît la peine des adultères, selon la coutume de l'empire.

— Seigneur, reprit le comte, maintenant j'ai une grâce à vous demander, c'est de me laisser parler avec l'impératrice, car dans cet entretien je saurai bien si elle est innocente ou coupable ; si elle est coupable, je l'exposerai, ni ma vie ni mon âme pour elle, soyez-en certain ; mais si elle est innocente, je combattrai, non pas contre un, non pas contre deux, mais s'il le faut contre tous les chevaliers de l'Allemagne.

— Il sera fait ainsi que vous désirez, car c'est justice, répondit l'empereur.

Le chevalier inconnu salua et fit quelques pas vers la porte, mais Henry le rappela.

— Seigneur comte, lui dit-il, avez-vous fait vœu de rester le visage couvert ?

— Non, monseigneur, répondit le chevalier.

— Alors, continua l'empereur, faites-moi la grâce de lever votre casque que je puisse graver dans ma mémoire les traits de celui qui se met en pareil péril pour sauver mon honneur.

Le chevalier détacha son casque, et Henry vit apparaître une tête brune et fortement accentuée, mais qui paraissait appartenir à un jeune homme de dix-huit à vingt ans. L'empereur le regarda un instant en silence et avec tristesse, puis soupirant malgré lui en pensant que Gunthram de Falkenbourg et Walther de Than étaient tous les deux dans la force de l'âge.

— Que Dieu vous ait en sa sainte garde, dit-il, seigneur comte, car vous me paraissez bien jeune pour mettre à bonne fin l'aventure que vous avez entreprise. Réfléchissez donc, car il est encore temps de retirer votre parole.

— Faites-moi conduire vers l'impératrice, répondit le chevalier.

— Allez donc, dit l'empereur en lui présentant une bague, car voilà mon sceau, et devant lui toute porte s'ouvrira.

Le chevalier mit un genou en terre, baisa la main qui lui présentait l'anneau, le passa à son doigt, et s'étant relevé salua l'empereur et sortit.

Ainsi que l'avait dit Henry, le sceau impérial ouvrit toutes les portes au chevalier inconnu, si bien que dix minutes après avoir quitté le juge il se trouva en face de l'accusée.

L'impératrice était assise sur son lit, allaitant son enfant, et comme depuis longtemps elle ne recevait d'autres visites que celles de ses geôliers, car il lui était défendu de communiquer même avec ses femmes, elle ne leva pas même la tête lorsque la porte s'ouvrit ; seulement, par un mouvement de pudeur instinctive, elle ramena son manteau sur sa poitrine, berçant son fils d'un mouvement lent d'épaules et d'un chant triste et solennel. Le chevalier contempla un instant en silence ce tableau éloquent des misères royales ; puis enfin, voyant que l'impératrice ne paraissait pas songer à lui,

— Madame, lui dit-il, ne daignerez-vous pas lever les yeux sur un homme qui est venu d'un bien lointain pays pour s'armer de votre renommée ? Vous êtes accusée, et j'offre de vous défendre, mais auparavant répondez-moi comme vous répondriez à Dieu, et songez que dans l'aventure que j'ai entreprise, j'ai non-seulement besoin de la force de mon bras, mais encore de la conviction de ma conscience. Au nom du ciel dites-moi donc toute la vérité ; car s'il m'est démontré, comme je l'espère, que vous êtes innocente, je vous jure par la chevalerie que j'ai reçue que vous serez défendue par moi et que je ne vous faillirai pas au moment de la bataille.

— Et d'abord grand merci, dit l'impératrice, mais ne puis-je savoir à qui je vais raconter les choses que j'ai à dire, et avez-vous fait vœu de cacher votre nom et votre visage ?

— Mon visage, madame, répondit le chevalier en ôtant son casque, peut être vu de tout le monde, car il est, je le crois, bien inconnu dans l'empire ; quant à mon nom, c'est autre chose, car j'ai juré qu'il ne serait su que de vous.

— Alors, dites-le-moi, reprit l'impératrice.

— Madame, continua le chevalier, je suis un prince d'Espagne qu'on appelle Raymond Béranger, comte de Barcelone.

A ce nom, si célèbre de père en fils, l'impératrice, qui avait souvent entendu parler de la grande noblesse et du grand courage de cette famille, joignit les mains, joyeuse et consolée ; puis, regardant le comte à travers le nuage de larmes qui voilait ses beaux yeux ;

— Seigneur, lui dit-elle, jamais, en aucune occasion, je ne pourrai vous rendre la centième partie de ce que vous faites aujourd'hui pour moi ; mais, comme vous l'avez dit, je dois tout vous dire et vais vous dire tout.

« Il est vrai qu'il est venu, en l'absence de monseigneur Henry, un jeune et beau chevalier en cette cour de Cologne ; soit qu'il eût fait un vœu à sa dame ou à son roi, il y vint sans dire son nom, et nul ne le sait, pas plus moi que les autres ; mais l'on disait que c'était quelque fils de prince, tant il était magnifique et généreux ; or, il est encore vrai que je le rencontrais partout sur mon passage, mais toujours si respectueusement placé et se tenant à une telle distance, que je n'en pouvais rien dire sans que ce fût moi qui eusse l'air de faire attention à lui. Cela dura ainsi quelque temps, sans que le chevalier de l'Émeraude, car on l'appelait ainsi, ne sachant pas son nom, d'une bague précieuse qu'il portait au doigt, fît rien autre que me suivre ou me précéder ainsi partout où j'allais. Donc, un jour il advint que j'étais sortie avec mes femmes et les deux méchans chevaliers qui m'ont accusée, pour chasser de l'oiseau le long du Rhin ; et comme nous étions venus jusqu'à Lusdorf sans rencontrer de gibier, il arriva cet endroit seulement un héron se leva et que je déchaperonnai mon faucon, qui prit son vol dessus. Comme c'était un faucon de fine race norvégienne, il eut bientôt rejoint le fuyard, et je mis ma haquenée au galop pour arriver à la mort. J'étais tellement emportée d'ardeur, que mon cheval sauta par-dessus une petite rivière. Arrivées au bord, mes femmes n'osèrent faire le même saut que moi ; de sorte qu'il n'y eut que Douce qui me suivit, parce que, disait-elle, elle devait y aller aussi. Mes femmes prirent donc un long détour pour chercher un endroit moins escarpé, et les deux chevaliers les suivirent ; car ils étaient montés sur de lourds chevaux qui ne pouvaient sauter qu'un espace beaucoup moins grand que celui que j'avais franchi. Nous continuâmes donc notre route sans nous inquiéter d'eux, et, lorsque nous arrivâmes à l'endroit où devaient être les combattans, il nous sembla voir, à travers un bois qui descendait jusqu'à la rive, fuir un cavalier moins escarpé, et rapide que nous ne sûmes, si c'était une vision ; d'ailleurs, nous étions trop occupées de la chasse pour prendre attention à autre chose. Nous piquâmes droit au vaincu que nous voyions se débattre, tandis que le vainqueur lui rongeait déjà la cervelle. Mais nous fûmes bien étonnées lorsque, mettant pied à terre, nous vîmes que l'on avait passé au long bec du héron une magnifique émeraude enchâssée dans un anneau d'or. Douce et moi nous nous regardâmes, ne comprenant rien à cette aventure, mais soupçonnant que cette ombre que nous avions vue disparaître était le chevalier inconnu ; puis, et ce fut un tort de ma part, je l'avoue, mais vous savez notre vanité à nous autres femmes, au lieu de jeter la bague dans le fleuve, comme j'aurais dû le faire peut-être, je la pris et la mis à mon doigt ; et, comme en ce moment ma suite arrivait, je racontai ce qui s'était passé et je montrai l'émeraude. Chacun s'émerveilla de cet événement, car nul, excepté les chevaliers, ne pensa à soupçonner que je ne disais pas la vérité ; mais Gunthram et Walther sourirent d'un air de doute. Leur donner des explications, c'était leur reconnaître le droit de me soupçonner. Je passai donc outre, repris mon faucon sur le poing, et nous continuâmes notre chasse sans qu'il nous arrivât rien autre chose d'extraordinaire. Le lendemain, je rencontrai à l'église le chevalier inconnu. Mes yeux se portèrent sur sa main ; il n'avait plus la bague. Dès ce moment, je n'eus plus de doute que mon émeraude ne fût la sienne, et je résolus de la lui rendre.

« C'était huit jours après la fête de Cologne ; vous savez combien cette fête est célèbre par toute l'Allemagne ; les ménestrels, les baladins et les jongleurs y abondent. Parmi ces derniers, il y avait un montreur de bêtes féroces qui, ayant été en Barbarie, en avait ramené un lion et un tigre ; il avait bâti son cirque sur la grande place, et l'on pouvait voir ces deux magnifiques animaux d'une galerie élevée de douze ou quinze pieds au-dessus d'eux. J'y allai avec toutes mes femmes, et là, comme partout, je rencontrai l'étranger mystérieux dont je portais la bague au doigt. Ce moment me parut favorable pour le lui rendre. Je tirai la bague de ma main et j'allais charger Douce d'aller la lui rendre, lorsque le tigre, excité par le bateleur qui le piquait avec une lance, fit un bond si prodigieux et poussa un cri si terrible, que je laissai tomber la bague, qui roula jusque dans la cage du lion. Au même moment, et avant que j'eusse eu le temps de prononcer une seule parole, le chevalier était dans le cirque, l'épée à la main. Le tigre resta un instant comme étonné d'une pareille audace, puis, d'un seul bond, il s'élance sur le chevalier. Alors on vit comme une espèce d'éclair, et la tête du monstre alla rouler d'un côté, ouvrant sa gueule ensanglantée, que le corps tomba de l'autre, se cramponnant hideusement de ses quatre pattes sur le sable. Le chevalier prit sa toque, en arracha une agrafe de diamant, la jeta au bateleur, puis, passant son bras à travers les barreaux de la cage. Il alla entre les griffes du lion prendre la bague que j'avais laissée tomber et me l'apporta au milieu des applaudissemens de la multitude. Mais, comme j'avais résolu de la lui rendre, je profitai de cette occasion; et, repoussant sa main :

» — Non, lui dis-je, seigneur chevalier, cette bague a failli vous coûter trop cher pour que je vous la reprenne ; gardez-là donc en souvenir de moi.

» Ce sont les seules paroles que je lui aie jamais adressées, car le soir même, et comme cette aventure avait fait du bruit, je chargeai Douce d'aller trouver le chevalier de l'Emeraude et de le prier en mon nom de quitter Cologne, ce qu'il fit dans la même soirée, sans que je sache moi-même ce qu'il est devenu depuis. »

Voilà tout ce qu'il y a eu entre nous, seigneur comte, et, si j'ai été imprudente, j'ai payé cette imprudence d'une année de prison et d'une accusation mortelle.

Alors tirant son épée et l'étendant vers la reine :

— Jurez-moi, dit le comte, sur cette épée que tout ce que vous m'avez dit est vrai, madame.

— Je le jure ! s'écria la reine.

— Eh bien ! par cette épée, reprit le comte, vous sortirez de cette prison où vous êtes restée un an, et vous serez lavée de l'accusation mortelle qui pèse sur vous.

— Dieu vous entende ! dit l'impératrice.

— Et maintenant, continua le comte, je vous prie, madame, de me donner un de vos joyaux en signe que vous m'acceptez pour votre chevalier.

— Seigneur comte, dit-elle, voici une chaîne d'or ; c'est le seul témoin qui me reste de mon ancienne puissance ; prenez-la comme preuve que je remets ma cause entre vos mains.

— Grand merci, madame, dit le comte.

Et à ces mots, ayant remis son épée dans le fourreau et son casque sur sa tête, il salua la prisonnière et retourna vers l'empereur qui l'attendait avec anxiété.

— Sire, lui dit-il, j'ai vu madame l'impératrice. Faites savoir à ceux qui l'ont accusée qu'ils se tiennent prêts à me combattre, soit ensemble, soit séparément.

— Seigneur comte, répondit l'empereur, ils vous combattront l'un après l'autre, car il ne sera pas dit qu'un chevalier défendant une aussi noble cause n'aura pas trouvé de nobles ennemis.

III.

LE JUGEMENT DE DIEU.

Au jour dit, le comte de Barcelone, qui avait passé la veille en messes et en prières, se présenta à la porte du camp monté sur son cheval de Séville, qui semblait plutôt, tant ses jambes étaient fines et sa marche légère, un coursier de fête et de chasse qu'un destrier de bataille. Il était vêtu d'une cotte de maille d'or et d'acier, travaillée par les Maures de Cordoue, au milieu de laquelle brillait un soleil de diamans qui jetait autant de rayons que s'il eût été de flammes, et portait au cou la chaîne d'or que lui avait donnée l'impératrice. Il frappa trois fois à la barrière, trois fois on lui demanda qui il était, et chaque fois il répondit en se signant qu'il était le champion de Dieu. A la troisième fois la porte s'ouvrit, et le comte de Barcelone fut introduit dans la lice.

C'était une grande arène ovale, à peu près élevée sur le modèle des cirques antiques et entourée comme eux de gradins surchargés à cette heure de monde, tant la noblesse des bords du Rhin s'était empressée d'accourir à ce spectacle. A l'une de ses extrémités, Henry, revêtu des habits impériaux, était assis sur un trône, tandis qu'à l'autre, dans une loge de charpente brute et sans ornement aucun se tenait l'impératrice, vêtue de noir et portant son enfant dans ses bras. De l'autre côté de la porte de la lice, et formant le pendant de la case où elle était enfermée, s'élevait le bûcher sur lequel elle devait être brûlée, au cas où son chevalier serait vaincu, et près du bûcher se tenait debout le bourreau, vêtu d'une tunique rouge, ayant les jambes et les bras nus, tenant à la main une torche, et ayant près de lui un réchaud. Vers le milieu de la lice qui formait la lice s'élevait un autel sur lequel étaient les saints Evangiles sur lesquels était posé un crucifix. De l'autre côté était un cercueil ouvert.

Le comte de Barcelone entra dans la lice et en fit le tour au son des fanfares, qui annonçaient à ses adversaires que le champion de Dieu était à son poste ; puis s'arrêtant devant l'empereur, il le salua en abaissant jusqu'à terre le fer de sa lance. Alors il força son cheval de reculer en piétinant, la tête toujours tournée vers Henry, et, arrivé au milieu, il lui fit faire sur ses pieds de derrière seulement, une volte si habile que chacun reconnut bien que c'était un bon et expert cavalier. Puis il s'avança à petits pas, toujours malgré l'ardeur que montrait son bon coursier, vers la loge de l'impératrice. Arrivé là, il sauta à bas de son cheval, qui demeura aussi immobile dans la lice que s'il eût été de marbre, monta les degrés qui conduisaient à l'accusée, et pour indiquer que si tout le monde avait encore quelque doute, lui aussi conservait de son innocence, il mit un genou en terre et lui demanda si elle l'acceptait toujours pour son chevalier. L'impératrice était si émue qu'elle ne put lui répondre qu'en étendant la main vers lui. Aussitôt le comte de Barcelone détacha son casque et baisa respectueusement la main impériale qui lui était offerte ; puis se relevant les yeux pleins de flamme, il attacha son casque à l'arçon, se remit en selle d'un seul saut et sans plus se servir de ses étriers que s'il eût été vêtu d'un simple justaucorps de soie. Reconnaissant en face de l'autel, et de l'autre côté de la lice le jongleur qui l'était venu chercher, assis aux pieds d'une belle et noble jeune fille, il pensa que cette jeune fille était l'héritière du marquisat de Provence. Il s'avança vers elle au milieu des applaudissemens de la multitude qui, surprise de sa jeunesse et émerveillée de sa belle figure, faisait dans son cœur des vœux d'autant plus ardens qu'il paraissait bien jeune et bien faible de corps pour entreprendre un combat mortel contre deux si terribles chevaliers.

Arrivé devant la galerie où était assise la belle Provençale, il s'inclina jusque sur le cou de son cheval, de manière que ses cheveux lui voilaient le visage, puis se relevant en secouant la tête pour les écarter :

— Noble damoiselle, lui dit-il dans la langue d'oc et avec un sourire plein de reconnaissance, mille grâces vous soient rendues de la bonne entreprise que vous me valez; car sans vous et sans votre message, je serais aujourd'hui en ma terre et je n'aurais pas eu cette occasion de mettre au jour mon amour pour les dames et ma confiance en Dieu.

— Beau seigneur, répondit la jeune fille dans la même langue, toute reconnaissance est à moi ; car sur la parole que vous a donnée en mon nom un pauvre jongleur, vous avez traversé mers, rivières et montagnes, et vous êtes venu, si bien que j'ignore comment je reconnaîtrai jamais une aussi grande courtoisie.

— Il n'y a pas de voyage si long ni d'entreprise si dangereuse, madame, reprit le comte, qui ne soient payés et bien au-delà par un sourire de vos lèvres et par un regard de vos yeux. Ainsi donc, si vous me voyez faiblir, madame, regardez-moi et souriez-moi, et vous me rendrez force et courage.

A ces mots qui firent rougir la belle marquise, le comte de Barcelone s'inclina une seconde fois ; et comme en ce moment les trompettes annonçaient que l'on ouvrait la porte à son adversaire, il remit son casque, et en trois élans de son merveilleux cheval, il se trouva à l'extrémité opposée du champ, en face de l'impératrice et du bûcher : le champion de Dieu était toujours placé de cette manière, afin qu'il pût être encouragé par les gestes de l'accusée.

Gunthram de Falkembourg entra alors à son tour. Il était vêtu d'une armure de couleur sombre et monté sur un de ces lourds chevaux allemands qui semblent de race homérique. Un écuyer portait devant lui sa lance, sa hache et son épée. A la porte de la lice, il mit pied à terre et s'avança vers l'autel. Arrivé sur les degrés, il leva la visière de son casque, étendit sa main nue sur le crucifix, et jura sur sa foi de baptême, sur sa vie, son âme et son honneur qu'il croyait avoir bonne et juste querelle, ajoutant par serment encore qu'il n'avait ni sur son cheval, ni en ses armes, herbes, charmes, paroles, prières, conjurations, pactes ou incantations dont il veuille se servir. Puis, ayant fait le signe de la croix, il alla s'agenouiller à la tête du cercueil afin d'y faire sa prière.

Le comte de Barcelone mit pied à terre à son tour, s'avança vers l'autel, comme avait fait son adversaire, prononça les mêmes sermens, et après avoir aussi fait le signe de la croix, il alla s'agenouiller à l'autre bout de la bière. En ce moment le *Libera* se fit entendre, chanté par des voix invisibles qui semblaient un appel des anges. Les assistans, s'agenouillant chacun à sa place, répétèrent tout bas les prières des agonisans. Il n'y eut face du bourreau qui resta debout, comme si sa voix n'avait pas le droit de se mêler à la voix des hommes et n'avait pas de chance d'arriver aux pieds de Dieu.

A la dernière note du *Libera*, les trompettes sonnèrent de nouveau, les assistans reprirent leurs places, et les deux champions se retirèrent, puis retournant à leurs chevaux, se remirent en selle et semblèrent un instant deux statues équestres, tant ils restèrent immobiles, leurs lances en arrêt et leurs boucliers couvrant toute la poitrine. Enfin les fanfares cessèrent, et l'empereur, se levant, étendit son sceptre, et dit d'une voix forte :

— Laissez aller.

Les deux adversaires s'élancèrent l'un contre l'autre avec un même courage; mais avec une fortune bien différente. A peine Gunthram de Falkembourg, porté sur son lourd cheval, parcourait-il le tiers de la carrière, tandis que, franchissant en trois élans un espace double, le comte de Barcelone fut sur lui. Il y eut un instant pendant lequel on ne vit rien qu'un choc effroyable, des tronçons de lance, des milliers d'étincelles, une confusion d'hommes et de chevaux ; mais presqu'au même moment le destrier de Gunthram se releva sans cavalier, tandis que le cadavre de son maître, percé de part en part par la lance de son ennemi, restait gisant sur la poussière teinte de sang. Le comte de Barcelone courut aussitôt au cheval de son adversaire, le saisit par les rênes et le força de toucher en reculant les barrières du camp avec la croupe, ce qui était signe que son maître se relevait. — Il était vaincu ; mais la précaution était inutile, Gunthram de Falkembourg ne devait plus se relever qu'à la voix de Dieu.

Il y eut un grand cri de joie dans toute cette multitude, car les vœux les plus ardens étaient pour le jeune et beau chevalier. L'empereur se leva debout en criant :

— Bien frappé.

Douce agita son écharpe ; l'impératrice tomba à genoux.

Alors le bourreau descendit lentement de son estrade, dénoua le casque de Gunthram qu'il jeta par le camp, traîna jusqu'auprès de la bière le cadavre par les cheveux, et retournant vers l'extrémité de la lice, remonta sur son bûcher.

Aussitôt le comte de Barcelone alla de nouveau saluer l'empereur, l'impératrice et la marquise de Provence; puis étant revenu à sa place,

— Sauf votre plaisir, sire empereur, dit-il d'une voix forte, veuillez ordonner que Walther de Than soit introduit à son tour.

Et il sortit de la lice.

— Que Walther de Than soit introduit, dit l'empereur.

La barrière s'ouvrit une seconde fois et Walther de Than fut introduit ; mais lorsqu'il vit Gunthram couché près de la bière, qu'il apprit qu'un seul coup avait suffi pour le porter à terre et le mettre à mort, au lieu de s'avancer vers l'autel pour faire le serment, il alla droit à l'empereur, et là, descendant de cheval et s'agenouillant devant lui,

— Sire empereur, lui dit-il, ça été peine inutile à vous d'ordonner que je fusse introduit, car pour rien au monde je ne combattrai pour la cause que j'avais embrassée : c'est une cause fausse et mauvaise, ainsi que Dieu l'a bien prouvé par son jugement. Qu'il vous plaise donc que je me mette à votre merci, à celle de madame l'impératrice et à celle du chevalier inconnu, qui doit être un noble chevalier, je le proclame devant toute la cour, car ce que vous avons dit de madame l'impératrice est faux, de toute fausseté, et nous l'avons dit poussés que nous étions par les dons et les promesses du prince Henry, votre fils, qui craignait que vous ne le privassiez de son héritage en faveur de l'enfant que madame l'impératrice portait dans son sein. Encore une fois, monseigneur, en faveur de mon aveu, je vous demande grâce et merci.

— Vous n'aurez d'autre merci, répondit l'empereur, que celle le voudra bien vous accorder l'impératrice ; allez donc la lui demander, car d'elle seule maintenant dépendent votre vie et votre honneur.

Walther de Than se releva, traversa la lice au milieu des murmures et des huées de la multitude, et alla s'agenouiller en face de l'impératrice, qui, tenant tendrement son fils dans ses bras, semblait une madone caressant l'enfant Jésus.

— Madame, lui dit-il, je viens à vous par ordre de l'empereur pour que vous ayez merci de moi, car je vous ai faussement et déloyalement accusée; ordonnez donc de moi tout ce qu'il vous plaira.

— Ami, dit l'impératrice, allez-vous-en sain et sauf ; je ne prendrai ni ferai prendre vengeance de vous, car Dieu saura bien le prendre à son plaisir et à sa justice. Allez donc et que je ne vous revoie jamais.

Le chevalier se releva et sortit. Jamais depuis ce jour on ne le revit en Allemagne.

Alors l'empereur ordonna que la porte fût rouverte pour le vainqueur ; et comme il vit que celui-ci, après être entré, cherchait avec étonnement son adversaire,

— Seigneur chevalier, lui dit-il, Walther de Than ne veut pas vous combattre ; il est venu à moi demandant merci, et je l'ai renvoyé à l'impératrice, qui la lui a accordée, toute joyeuse qu'elle est de l'honneur que Dieu et vous lui avez rendu.

— Puisqu'il en est ainsi, dit le comte de Barcelone, tout est bien, et je n'en demande pas davantage.

Alors l'empereur descendit de son trône, et prenant le cheval du vainqueur par le frein, il le conduisit en face de l'impératrice.

— Madame, lui dit-il, voici le chevalier qui vous a si vaillamment défendue ; il va vous donner une main et moi l'autre, et nous vous conduirons à mon trône, où nous resterons en vue de tous, jusqu'à ce que justice soit faite au cadavre de Gunthram de Falkembourg ; puis vous l'emmènerez à votre palais, où vous lui ferez tout l'honneur que vous pourrez, afin qu'il reste le plus longtemps possible auprès de nous.

L'impératrice descendit de son échafaud et voulut s'agenouiller devant l'empereur ; mais il la releva aussitôt, et, l'embrassant comme preuve qu'il lui rendait tout son amour, il la prit par une main et le comte de Barcelone par l'autre, puis il la ramena vers le trône où elle s'assit à sa droite, tandis que le vainqueur s'asseyait à sa gauche.

Lorsqu'ils furent assis, le bourreau descendit une seconde fois dans la lice, et s'avançant vers le cadavre de Gunthram, il coupa avec un couteau toutes les attaches de son armure, qu'il lui arracha pièce par pièce et qu'il jeta çà et là par le camp en disant, à mesure qu'il les jetait : Ceci est le casque d'un lâche, ceci est la cuirasse d'un lâche, ceci est le bouclier d'un lâche, enfin, lorsqu'il l'eut mis tout-à-fait nu, les deux valets du bourreau firent entrer un cheval traînant une claie, puis le cadavre fut attaché sur cette claie et traîné par les rues de Cologne jusqu'au gibet public, où il fut pendu par les pieds et où chacun put voir l'affreuse blessure par laquelle son âme maudite s'était envolée.

Et chacun dit que c'était bien véritablement le jugement de Dieu, car nul ne pouvait comprendre comment un si jeune et si gentil damoiseau avait pu mettre à mort un si terrible chevalier.

IV.

CONCLUSION.

L'empereur et l'impératrice emmenèrent le chevalier à leur palais, et là ils lui firent grande fête et grand honneur, le retenant à dîner et disant qu'ils ne voulaient plus qu'il les quittât ; mais le soir il sortit du palais sans que personne le vît, et rentrant à son hôtel il fit donner l'avoine à son cheval, et ayant ordonné à son écuyer de s'appareiller, il partit en grand mystère et chemina toute la nuit pour retourner en sa terre de Barcelone, qu'il avait quittée avec plus de chevalerie que de prudence, et dont il n'avait reçu aucune nouvelle depuis deux mois.

Mais quand vint le lendemain et que l'empereur vit que le chevalier ne venait pas au palais, il envoya à son hôtel pour lui faire dire qu'il l'attendait. On répondit au messager que le chevalier était sorti dans la nuit, et qu'à cette heure il devait être au moins à douze ou quinze lieues de Cologne. Alors le messager retourna devers l'empereur et lui dit :

— Seigneur, le chevalier qui a combattu pour l'impératrice est parti cette nuit et l'on ne sait point où il est allé.

A cette nouvelle inattendue, Henry se retourna vers l'impératrice, et d'une voix altérée par la colère,

— Madame, lui dit-il, vous avez entendu ce que me rapporte cet homme, c'est-à-dire que votre cavalier a quitté Cologne cette nuit sans prendre congé de nous, ce qui me déplaît fort.

— Oh ! monseigneur, répondit l'impératrice, vous serez bien autrement courroucé encore lorsque vous saurez qui était ce chevalier, car vous ne le savez pas, je présume.

— Non, reprit l'empereur ; il ne m'a rien dit, si ce n'est qu'il était un comte d'Espagne.

— Seigneur, ce chevalier que vous avez vu et qui s'est battu pour moi, est le gentil comte de Barcelone, dont la renommée est déjà si grande que l'on ne saurait dire laquelle l'emporte de sa réputation ou de sa noblesse.

— Comment ! s'écria l'empereur, il serait vrai que ce chevalier était le seigneur Raymond Bérenger. Alors, Dieu me soit en aide, madame, car la couronne de l'empire n'a jamais reçu un si grand honneur que celui qu'elle vient de recevoir aujourd'hui ; mais, merci Dieu ! il me le fait bien payer par la honte dont me couvre son si prompt départ. C'est pourquoi je vous dis, madame, que jamais vous ne rentrerez dans ma grâce ni dans mon amour que vous ne l'ayez cherché jusqu'à ce que vous le trouviez et ameniez avec vous. Appareillez-vous donc le plus vite que vous pourrez, et que je ne vous revoie pas ou que je vous revoie avec lui.

— Il sera fait ainsi que vous désirez, monseigneur, répondit l'impératrice en se retirant.

Comme elle avait vu que le gentil comte de Barcelone n'avait point été insensible à la beauté de la marquise Douce de Provence, elle amena celle-ci avec elle, pensant qu'elle serait la chaîne qui lierait le plus sûrement le fugitif ; et s'étant fait accompagner, comme il convient à une reine, de cent chevaliers, de cent dames et de cent damoiselles, elle chevaucha tant par jour et par nuit qu'elle arriva deux mois après son départ dans la noble cité de Barcelone. Qui fut fort étonné lorsqu'il apprit que madame l'impératrice d'Allemagne était arrivée dans sa ville ? ce fut le comte, je vous assure. Aussitôt qu'il eut certitude que cette nouvelle était vraie, il monta à cheval et se rendit à l'hôtel où elle était descendue. Là il n'eut plus de doute, car à peine l'eut-il aperçue qu'il reconnut parfaitement celle pour laquelle il avait combattu. Tous deux eurent grande joie de se revoir. Après qu'il se fut agenouillé devant elle et lui eut baisé la main, le comte lui demanda courtoisement par quelle aventure elle était venue en sa terre.

— Seigneur comte, lui répondit Praxède, il m'est défendu de retourner vers l'empereur mon époux avant que je ne vous ramène ; car votre seule vue, dont il a été trop privé, qui peut me rendre son amour et sa grâce. Lorsqu'il a su que c'était le gentil comte de Barcelone qui lui avait fait l'honneur de venir d'un si lointain pays pour me défendre, et qu'il était parti le même soir, il a dit qu'il n'aurait un instant de fête jusqu'au jour où il l'aurait remercié du grand honneur qu'il avait fait à la couronne de l'empire. Voilà pourquoi, monseigneur, je viens à vous, non plus comme impératrice d'Allemagne, mais comme votre servante pour vous supplier humblement de m'accompagner devant l'empereur et si vous voulez que je sois appelée encore impératrice.

— Madame, répondit le comte, c'est à vous de commander et à moi d'obéir ; je suis prêt à vous suivre partout où vous me voudrez conduire : faites de moi comme d'un vaincu et d'un prisonnier.

A ces mots le comte mit un genou en terre en lui présentant ses mains comme pour les enchaîner, ce que voyant l'impératrice, elle détacha une magnifique chaîne d'or qu'elle faisait huit fois le tour de son cou, et en attachant un bout au poignet du comte de Barcelone, elle remit l'autre aux mains de la marquise de Provence. Alors, en se voyant au pouvoir d'un si gentil gardien, le comte Raymond jura qu'il ne romprait ni détacherait une si douce chaîne que du consentement de la marquise, qui lui donna aussitôt congé d'aller tout préparer pour son départ.

Trois jours après, l'impératrice d'Allemagne repartit pour Cologne accompagnée de ses cent chevaliers, de ses cent dames et de ses cent damoiselles, emmenant le seigneur comte enchaîné par une chaîne d'or que tenait la jolie fille d'honneur, et ils traversèrent ainsi le Roussillon, le Languedoc, le Dauphiné, la Suisse et le Luxembourg. Le seigneur comte, ainsi qu'il l'avait juré, ne dénoua sa chaîne qu'avec le congé de son gardien.

A cinq lieues en avant de Cologne, le cortége rencontra l'empereur qui, ayant appris l'arrivée du seigneur comte, venait au-devant de lui. En apercevant le brave chevalier qui avait sauvé l'honneur de sa femme bien-aimée, Henry mit pied à terre ; ce que voyant Raymond Berenger, il se hâta d'en faire autant ; et toujours conduit par la marquise de Provence, il s'avança vers l'empereur, qui l'embrassa tendrement, lui demandant quel don il pouvait lui accorder pour le remercier du grand et honorable service qu'il lui avait rendu.

— Seigneur, répondit le comte, je demande qu'il vous plaise ordonner, qu'ainsi que je ne pouvais rompre ni délier ma chaîne sans le congé de la marquise, elle ne puisse plus, dès aujourd'hui, la rompre ni délier sans le mien, et par ainsi, monseigneur, nous serons enchaînés à toujours, et s'il plaît à Dieu, non-seulement dans ce monde-ci, mais encore dans l'autre.

Douce de Provence rougit et voulut se défendre ; mais elle relevait de l'empereur, et à tout ce qu'il lui plaisait ordonner il lui fallait obéir.

Or, l'empereur ordonna que le mariage serait fait dans les huit jours. Douce de Provence était une vassale si fidèle, qu'elle ne songea pas même à demander une heure de retard.

Ce fut ainsi que Raymond Bérenger III, déjà comte de Barcelone, devint marquis de la terre de Provence.

FIN DE PRAXÈDE.

PIERRE LE CRUEL.

I.

Vers la fin de l'année 1356, par une chaude soirée du mois de septembre, un de ces orages comme peuvent seuls s'en faire une idée ceux qui ont habité les pays méridionaux, éclatait sur Séville et ses environs. Le ciel n'était qu'une nappe de flamme que le tonnerre grondant parcourait d'une extrémité à l'autre, et cependant des torrens de pluie semblaient tomber, au lieu de lave, de ce volcan renversé. De temps en temps un sillon de feu se détachait de ce vaste cratère, parcourait rapidement la distance et s'enroulait comme un serpent à la cime de quelques sapins. L'arbre prenait feu comme un phare gigantesque, illuminait un instant le précipice sur lequel il avait poussé; puis, s'éteignant bientôt, laissait le cercle qu'il avait éclairé dans une obscurité rendue plus profonde encore par l'absence de la lumière accidentelle qui l'avait un instant tiré de sa nuit.

C'était par ce temps qui semblait l'annonce d'un nouveau déluge, que deux chasseurs séparés de leur suite descendaient, en traînant par la bride leurs chevaux qui n'avaient plus la force de les porter, par une espèce de chemin pierreux qui, pour l'heure, servait de lit à un des mille torrens qui se précipitaient du versant méridional d'une des montagnes de la Sierra Morena, dans la vallée au fond de laquelle roule le Guadalquivir. De temps en temps ces voyageurs, qui marchaient en silence comme font des hommes perdus, s'arrêtaient écoutant s'ils n'entendraient pas d'autre bruit que celui du tonnerre; mais tout semblait faire silence sur la terre pour écouter la grande voix qui parlait au ciel. Enfin, dans un moment où la foudre comme lassée se reposait un instant, le moins âgé des deux chasseurs, qui était un grand jeune homme de vingt-deux à vingt-quatre ans, aux longs cheveux blonds, au teint blanc comme celui d'un homme du Nord, aux traits réguliers et à l'air noble et majestueux, porta à sa bouche un cor d'ivoire et en tira des sons si aigus et si prolongés, qu'au milieu de cette tempête et de ce chaos, ils durent sembler à ceux qui les entendirent un appel de l'ange du jugement dernier. C'était la troisième ou quatrième fois que le chasseur égaré avait recours à ce moyen sans qu'il amenât aucun résultat. Cette fois il fut plus heureux, car au bout d'un instant les accens d'un cor montagnard répondirent au sien, mais si faibles et si éloignés, que les deux chasseurs doutèrent un instant si ce n'étaient pas quelques moqueries de l'écho. Le jeune homme porta donc une seconde fois le cor à ses lèvres et en sonna de nouveau avec une force accrue par l'espérance; et cette fois il ne conserva aucun doute, car les sons qui lui répondirent, se graduant sur les siens, lui arrivèrent assez distincts pour qu'il reconnût la direction de laquelle ils venaient. Aussitôt le jeune homme aux cheveux blonds jeta la bride de son cheval aux mains de son compagnon, monta sur l'une des éminences qui bordaient le chemin creux, et plongeant ses regards dans la vallée, que de temps en temps un éclair illuminait jusque dans ses profondeurs, il aperçut, à une demi-lieue à peu près, aux flancs de la montagne opposée à celle qu'ils suivaient, un grand feu brûlant sur la pointe d'un rocher. Un instant il douta s'il avait été allumé par la main des hommes ou par celle de Dieu; mais ayant donné du cor une troisième fois avec une nouvelle force, les sons qui lui répondirent lui semblèrent si directement partis du même lieu où brillait la flamme, qu'il n'hésita pas un instant à redescendre dans le ravin où l'attendait son compagnon et à marcher avec lui droit de ce côté. En effet, après une heure de marche au milieu des sinuosités de ce sentier, non sans avoir de temps en temps renouvelé leur appel, qui chaque fois leur apportait une réponse plus rapprochée, les voyageurs arrivèrent au bas de la montagne et virent directement de l'autre côté le feu qui leur avait servi de phare, éclairant une petite maison qui semblait une ferme ; mais entre eux et cette maison roulait, torrentueux et menaçant, le Guadalquivir.

— Que San-Iago nous protége ! s'écria à cette vue le plus jeune des deux chasseurs, car j'ai bien peur, Ferrand, que nous ayons fait un chemin inutile, et que ce qui nous reste à faire maintenant soit de chercher quelque trou où passer la nuit.

— Et pourquoi cela, monseigneur ? répondit celui auquel il s'adressait.

— Parce qu'il n'y a guère que Caron qui se hasarde à naviguer à cette heure sur ce fleuve infernal, que les poètes ont appelé le Guadalquivir et qu'ils auraient mieux fait de nommer l'Achéron.

— Peut-être que vous vous trompez, sire, nous sommes assez près maintenant de cette maison pour qu'on entende notre voix, et sans doute qu'en promettant à ceux qui l'habitent une grande récompense et en disant qui vous êtes...

— Par les blanches mains de Maria, s'écria don Pèdre, car le grand jeune homme blond était le roi de Castille lui-même, garde-t'en bien, Ferrand ; il pourrait se trouver là quelque partisan de mes bâtards de frères pour me donner l'hospitalité de la tombe et doubler la récompense que je lui aurais offerte avec le prix de mon sang. Non, non, Ferrand, sur ton âme, pas un mot de mon rang ni de ma fortune.

— Cela suffit, sire, répondit Ferrand s'inclinant en signe d'obéissance et de respect.

— D'autant plus que ce serait inutile, s'écria don Pèdre, car, Dieu me pardonne ! voilà une barque qui se détache du rivage.

— Votre Altesse voit bien qu'elle juge mal les hommes.

— C'est que je les juge par ceux qui m'entourent, Ferrand, dit en souriant le roi ; à quelques exceptions, je dois avouer que l'échantillon n'est pas à l'avantage de l'humanité.

Soit que Ferrand fût au fond du cœur de l'avis du roi, soit qu'il ne trouvât rien à lui répondre, il garda le silence, et ses yeux, comme ceux de don Pèdre, se fixèrent sur la barque qui s'avançait vers eux, prête à chaque minute à être entraînée par le courant, ou brisée par les arbres déracinés qui suivaient le fil de l'eau. Elle était montée par un homme de quarante à quarante-cinq ans, aux traits prononcés, mais francs et ouverts ; et, chose remarquable, cet homme au milieu du danger ramait avec un calme et une égalité de mouvements qui indiquaient un de ces courages froids qu'ont en partage ces quelques âmes élues et vigoureusement trempées qui, selon que Dieu les a fait naître au bas ou en haut de la société, font l'admiration d'un village ou d'un empire. Il s'avançait donc lentement, mais cependant avec une adresse et une force telles que le roi don Pèdre, grand appréciateur de tous les exercices du corps, auxquels il excellait, le regardait venir avec étonnement. Arrivé à quelques pieds du rivage, il s'élança sur le bord avec une sûreté et une élasticité toute montagnarde ; puis, tirant la barque avec une corde jusqu'à ce qu'elle touchât la rive, il étendit la main vers elle, et d'un ton aussi simple que s'il ne venait pas de risquer sa vie :

— Entrez, messeigneurs, leur dit-il en s'inclinant avec respect, mais sans humilité.

— Et nos chevaux, demanda don Pèdre, que vont-ils devenir ?

— Ils vous suivront en nageant, messeigneurs ; et en leur tenant la bride courte, ce qui leur soutiendra la tête hors de l'eau, il n'y a pour eux aucun danger.

Don Pèdre et Ferrand firent ainsi que leur recommandait le montagnard, et effectivement ils arrivèrent à l'autre bord à travers mille dangers, mais sans aucun accident, tant leur pilote avait déployé d'habileté et de force. Aussitôt eux et leurs chevaux prirent terre, et leur guide, marchant devant eux pour leur montrer le chemin, les conduisit par un sentier facile jusqu'à la cabane qui depuis une heure faisait l'objet de leur ambition. Devant la porte, un jeune homme de vingt ans qui les attendait prit leurs chevaux par la bride et les conduisit vers un hangar.

— Quel est ce jeune homme ? demanda don Pèdre en le regardant s'éloigner.

— C'est mon fils Manuel, monseigneur.

— Et comment a-t-il laissé son père s'exposer pour venir nous chercher, tandis qu'il restait ici à nous attendre ?

— Sauf votre plaisir, monseigneur, répondit le montagnard, il était à Carmona, où je l'avais envoyé chercher quelques provisions, du moment où j'avais entendu pour la première fois le son de votre cor ; car, sachant qu'il y avait eu aujourd'hui grande battue dans la forêt voisine, je me suis bien douté que vous étiez des chasseurs égarés et que vous arriveriez mourans de faim ; or, je voulais vous offrir quelque chose de mieux que ce que contient ordinairement la cabane d'un pauvre montagnard, et voilà qu'il vient d'arriver sans doute à l'instant même. S'il eût été ici, il n'eût point été vous chercher sans moi ni moi sans lui : nous eussions été ensemble.

— Comment t'appelles-tu ? demanda don Pèdre.

— Juan Pasquale, pour servir votre seigneurie.

— Eh bien, Juan Pasquale, dit le roi, je voudrais avoir beaucoup de serviteurs comme toi, car tu es un brave homme.

Juan Pasquale s'inclina comme fait un homme qui reçoit un compliment qu'il sait avoir mérité ; et, indiquant de la main la porte de sa cabane, il invita les voyageurs à y entrer.

Ils trouvèrent le couvert mis par les soins de la ménagère et un bon feu dans la cheminée ; ce qui prouvait que Juan Pasquale avait pensé aux deux choses les plus importantes en pareille circonstance : au froid et à la faim.

— Voilà, dit don Pèdre en le jetant dans un coin de la cabane, un manteau qui pèse bien une centaine de livres, et je crois qu'en le tordant il rendrait assez d'eau pour donner une honnête question au digne Albuquerque, s'il n'avait pris la précaution de se sauver à la cour de Lisbonne.

— Si vous le trouvez bon, messeigneurs, dit Pasquale, je puis vous prêter, tant de ma garderobe que de celle de mon fils, des habits qui, bien que grossiers, vaudront mieux que ceux que vous portez et qui sècheront pendant ce temps.

— Si nous le trouvons bon ! je le crois pardieu bien, mon digne hôte, et c'est une de ces propositions qu'un chasseur trempé ne refuse jamais ! Vite donc les habits, car je t'avoue que voilà un souper qui m'attire, et que je ne voudrais mettre que juste le temps nécessaire à mon changement, afin de revenir lui dire deux mots le plus tôt possible.

Juan Pasquale ouvrit la porte d'une petite chambre où un lit était dressé et un feu allumé, puis, tirant d'un bahut des habits et du linge, il les étendit sur un escabeau et laissa ses hôtes seuls. Les deux chasseurs commencèrent aussitôt leur toilette.

— Eh bien ! Ferrand, dit don Pèdre, crois-tu que quand j'aurais dit mon nom j'aurais été mieux reçu ?

— Le fait est, répondit le courtisan, que notre brave hôte aurait pu y mettre plus de respect, mais non plus de cordialité.

— C'est justement cette cordialité qui me charme. J'ai souvent fait dans mes excursions incognito bon profit des avis que l'on a donnés à l'inconnu, jamais des louanges que l'on a faites au roi. Je veux faire causer ce brave homme, Ferrand.

— Ce ne sera pas difficile, sire, et je crois d'avance que vous pourrez être certain de la sincérité de ce qu'il vous dira. Au reste, Votre Altesse ne peut rien entendre que de flatteur.

— Ainsi soit-il, dit don Pèdre. Et comme la toilette était achevée, ils rentrèrent dans la salle où était servi le souper.

— Eh bien ! dit don Pèdre, qu'est-ce donc ? Je ne vois que deux couverts sur la table.

— Attendez-vous quelque nouveau compagnon ? demanda Pasquale.

— Non pas, Dieu merci ; mais vous et votre famille, avez-vous donc soupé ?

— Non, pas encore, monseigneur ; mais il n'appartient

pas à de pauvres gens comme nous de nous mettre à la table d'aussi nobles seigneurs. Nous vous servirons pendant que vous souperez, et nous souperons après vous.

— Par saint Jacques ! brave homme, s'écria don Pèdre, il n'en sera pas ainsi. Toi et ta femme vous vous mettrez à table et ton fils nous servira, non pas que je veuille établir une distinction entre lui et nous, mais parce qu'il est le plus jeune et que c'est le devoir du plus jeune de servir ceux qui sont plus âgés que lui. Allons, Manuel, je te fais mon échanson et mon panetier ; acceptes-tu cette charge ?

— Oui, pour ce soir, monseigneur, répondit Manuel, et parce que vous êtes notre hôte.

— Comment, demanda don Pèdre, refuserais-tu, si elle t'était offerte, une pareille place près de quelque riche seigneur ?

— Je la refuserais.

— Près de quelque puissant prince ?

— Je la refuserais encore.

— Mais près du roi ?

— Je la refuserais toujours.

— Et pourquoi cela ?

— Parce que j'aimerais mieux être le dernier des montagnards que le premier des valets.

— Diable ! maître Pasquale, dit don Pèdre en s'asseyant, tu m'as l'air d'avoir là un garçon diablement dégoûté. Je ne lui en suis au reste que plus reconnaissant de déroger aujourd'hui à ses habitudes.

— C'est qu'aujourd'hui, répondit Pasquale, vous êtes plus qu'un seigneur, vous êtes plus qu'un prince, vous êtes plus qu'un roi.

— Eh ! que suis-je donc ? demanda don Pèdre.

— Vous êtes notre hôte, répondit en s'inclinant Pasquale ; vous nous êtes envoyé par Dieu, tandis que les seigneurs, les princes et le roi...

— Vous sont envoyés par le diable, n'est-ce pas ? s'écria don Pèdre en se renversant en arrière et en tendant son verre à Manuel.

— Ce n'est pas cela que j'allais dire, répondit Pasquale, et cependant, au train dont vont les choses dans le pauvre royaume de Castille, je serais parfois tenté de le croire.

— Et vont-elles mieux en Aragon ?

— Non, par ma foi ! dit le montagnard, Pèdre pour Pèdre, cruel pour cruel *, Tibère pour Néron, il n'y a pas de choix.

Don Pèdre se mordit les lèvres et reposa, sans l'avoir vidé, son verre sur la table ; Ferrand de Castro pâlit.

— Allons, voilà que tu vas encore parler, dit Juana, lorsque tu ferais bien mieux de te taire.

— Laissez parler le père, dit Manuel, ce qu'il dit est bien dit.

— Oui, sans doute, reprit le roi, ce qu'il dit est bien dit ; cependant il devrait faire une distinction entre don Pèdre d'Aragon et don Pèdre de Castille, et ne pas oublier que si tous nomment l'un le Cruel, quelques-uns appellent l'autre le Justicier.

— Oui répondit Pasquale, avec cela que la justice est bien faite et qu'il ne se commet à Séville ni vol ni assassinat !

— Ceci n'est point la besogne du roi, maître Pasquale, mais celle du *primer assistente*.

— Alors, pourquoi le *primer assistente* ne fait-il pas sa besogne ?

— Mais il ne peut connaître les auteurs de tous les crimes qui se commettent dans une grande ville.

— Il le doit cependant, et si j'étais le roi don Pèdre, ce qu'à Dieu ne plaise, je saurais bien le forcer, moi, à les découvrir.

— Et comment ferais-tu, Pasquale ?

— Je le rendrais responsable des vols, argent pour argent, et des assassinats, tête pour tête.

---

* Pierre-le-Cruel, fils d'Alphonse IX, régnait sur l'Aragon en même temps que Pierre-le-Cruel, fils d'Alphonse XI, régnait sur la Castille.

— A cette condition, qui voudrait accepter une pareille charge ?

— Le premier honnête homme venu, monseigneur.

— Mais par le temps qui court, dit en riant don Pèdre, sais-tu que c'est chose rare qu'un honnête homme ?

— C'est qu'on le cherche dans les villes, monseigneur, dit Manuel.

— Pardieu ! s'écria le roi, vous avez là, maître Pasquale, un garçon qui a plus de sens qu'on n'en devrait attendre de son âge, et s'il ne parle pas souvent, toutes les fois qu'il parle, parle bien ; néanmoins, je voudrais vous voir *primer assistente*, mon hôte, car vous avez certainement la principale qualité que vous demandez pour une pareille charge.

— Vous riez, monseigneur, dit Pasquale, mais si ma position m'avait mis à même d'occuper jamais une si haute place, je vous jure que je n'eusse reculé devant aucune considération, et que si je n'avais pu aller au-devant du crime, du moins, le crime commis, j'aurais poursuivi le coupable, si puissant qu'il fût, fut-ce un baron, fut-ce un prince, fut-ce le roi.

— Mais, dit don Pèdre après un moment de silence et de réflexion, il y a de ces actions que le peuple qualifie de crime, parce qu'il voit les résultats et non les causes, et qui sont des nécessités politiques imposées à ceux qui règnent.

— Cela va sans dire, répondit Pasquale ; il est évident que je n'irais pas demander compte au roi de l'exil de sa femme, de l'exécution du grand-maître de San-Iago, ni de ses amours avec la courtisane Padilla. Toutes ces choses sont dans les apanages du trône, et les rois n'en doivent compte qu'à Dieu. Mais je parle de ces vols à main armée qui ruinent en un instant toute une famille ; je parle de ces assassinats par l'épée ou le poignard qui ensanglantent toutes les nuits les rues de Séville. Je parle enfin de tout ce qui serait de ma juridiction, si j'étais au roi sa prérogative.

— Ces nobles seigneurs sont fatigués, dit Juana, qui voyait avec peine son mari s'engager dans une telle discussion, et ils aimeraient mieux aller se reposer qu'écouter toutes tes folies.

— Tu as raison, femme, répondit Pasquale, et ces messieurs m'excuseront, mais lorsqu'on me met par hasard sur ce sujet, il faut que je dise tout ce que j'en pense.

— Et comme vous n'avez probablement pas tout dit, mon brave homme, ajouta don Pèdre, nous reprendrons un jour ou l'autre cette conversation, je vous le promets.

— Prenez garde, monseigneur, dit Pasquale, car c'est un engagement que vous prenez de repasser par ma pauvre cabane.

— Et que je tiendrai avec plaisir, si ton lit est aussi bon que ton souper. Bonsoir, mon hôte.

— Dieu vous garde, seigneur chevalier.

Et faisant de la tête et de la main un geste d'adieu à Manuel et à Juana, le roi rentra dans la chambre avec don Ferrand de Castro.

A peine furent-ils seuls que Juana continua ses reproches.

— Vous pouvez vous vanter d'avoir fait là de belle besogne, Pasquale, lui dit-elle en se croisant les bras et en le regardant en face. Et que diriez-vous si ces seigneurs allaient répéter votre conversation au roi ? Mais, je vous le demande, n'y a-t-il pas folie à parler de roi, des courtisans, des magistrats et de tous les grands de Séville comme vous l'avez fait ? Et que vous importe, je vous le demande, que le roi répudie sa femme, tue son frère et vive avec une courtisane ? Que vous fait que l'on assassine la nuit dans les rues de Séville, puisque vous êtes si bien en sûreté ; et d'où vous vient cette pitié pour ceux qui sont assez bêtes pour se laisser enlever leur coffre-fort ? Eh ! mon Dieu, occupez-vous de vos vaches et de vos récoltes que vous conduisez à merveille, et ne vous occupez pas des affaires d'État, auxquelles vous n'entendez rien.

— Mais, femme, dit Pasquale, parvenant enfin à placer un mot entre le flux de paroles qui l'inondait, ai-je dit autre chose que la vérité ?

— La vérité, la vérité ! vous croyez avoir tout dit, n'est-ce pas, quand vous avez lâché ce mot-là ? Oui, vous avez dit la vérité ; mais vous l'avez dite à plus grand que vous, voilà où est la faute. Vous pensez qu'il suffit d'être honnête, de payer ses dettes, d'aller à la messe, d'ôter son chapeau à tout le monde, et qu'avec cela on peut dire tout ce qui vous passe par la tête ! Eh bien ! Dieu veuille que vous n'appreniez pas à vos dépens ce qu'il en coûte.

— Tout ce que Dieu voudra m'envoyer sera le bien venu, femme, dit Pasquale en embrassant Juana. Car, comme tous les caractères forts, il était d'une douceur extrême, et, dans les occasions pareilles, il cédait le champ de bataille et se retirait dans sa chambre. La bonne Juana demeura un instant à grommeler dans la salle à manger, mais comme il n'y restait que Manuel et qu'elle savait que sous le rapport de la rigidité le fils était l'enthousiaste de son père, elle ne se hasarda point à continuer la discussion avec lui, et au bout d'un instant elle alla rejoindre Pasquale. Quant à Manuel, resté seul, il s'assit à la table que venaient de quitter ses hôtes et ses parents, ne mangea que d'un plat, ne but que de l'eau, puis, après ce repas montagnard, il étendit une peau d'ours devant la porte de la chambre de ses hôtes, se coucha dessus et s'endormit.

Le lendemain, au point du jour, le roi don Pèdre et le comte Ferrand de Castro prirent congé de Juan Pasquale en lui promettant qu'avant peu de jours il entendrait parler d'eux.

II.

Huit jours à peine s'étaient écoulés depuis les événements que nous venons de raconter, lorsqu'un *messager* se disant porteur de nouvelles très importantes vint frapper à la porte de Juan Pasquale. Le digne fermier était absent, mais Juana n'en fit pas moins entrer le voyageur ; et comme elle avait grand désir de savoir ce qui l'amenait, et que celui-ci n'avait aucun motif de le lui cacher, elle apprit bientôt que son mari, par ordre du roi, était mandé à l'Alcazar de Séville. A cette nouvelle, qui réalisait ses pressentiments, il se fit chez la bonne femme une telle révolution, que l'inconnu fut obligé de la rassurer en lui affirmant que, d'après la voix et le visage qu'avait don Pèdre lorsqu'il lui avait donné l'ordre de le venir chercher, il croyait pouvoir affirmer que son mari ne courait aucun risque. Malgré cette protestation, Juana n'était rien moins que rassurée encore, lorsque Pasquale rentra avec son fils.

Le fermier reçut la nouvelle qui avait bouleversé sa femme avec la sérénité de visage qui lui était habituelle ; il écouta avec le calme d'un homme qui n'a rien à se reprocher ce qu'avait dit le messager ; et comme le repas était servi, il l'invita à se mettre à table, lui demandant seulement le temps de dîner et de changer d'habits.

Pasquale dîna comme d'habitude, mais Juana ne put manger, et Manuel lui-même, quoiqu'il se modelât sur son père, ne put avoir une telle puissance sur lui qu'il ne manifestât quelques inquiétudes. Le repas fini, Pasquale passa dans sa chambre, et revint un instant après revêtu de ses plus beaux habits : il était prêt à partir.

C'était le moment terrible : Juana éclata en sanglots, criant qu'elle voulait le suivre, qu'on l'envoyait prendre pour le faire mourir et qu'elle ne devait pas, dans une occasion pareille, se séparer de lui. Ce ne fut pas sans peine que Pasquale parvint à lui faire entendre que c'était impossible. Alors elle se renversa sur une chaise, se tordant les bras et jetant de grands cris. Pasquale connaissait ces paroxysmes pour être le fin de toutes ; aussi il se retourna vers Manuel : Manuel était à genoux.

Pasquale lui recommanda trois choses, quelque événement qui arrivât : c'était d'aimer Dieu, d'obéir au roi et de ne jamais quitter sa mère ; puis il lui donna la bénédiction qu'il attendait, et remettant Juana entre ses bras, il sortit avec le messager.

Deux chevaux les attendaient ; le messager monta l'un, Pasquale l'autre ; et comme c'étaient d'excellents coursiers andalous, deux heures après ils étaient à Séville.

Un officier attendait à la porte de la ville. Le messager remit Pasquale entre ses mains, et tous deux s'acheminèrent vers l'Alcazar. Au fond du cœur le montagnard n'était point sans inquiétude en voyant la tournure mystérieuse que cette affaire prenait ; mais fort de la conviction de n'avoir rien fait de mal, il conserva ce maintien grave et calme qui lui était habituel. L'officier l'introduisit, sans lui avoir dit jusque-là une seule parole, dans un magnifique appartement, où il l'invita à attendre, puis il se retira le laissant seul. Quelque temps après une porte secrète s'ouvrit et Juan Pasquale vit paraître un de ses hôtes : c'était le jeune homme aux cheveux blonds.

— Juan Pasquale, lui dit-il d'un ton grave mais affectueux, vous vous rappelez qu'en prenant congé de vous, je vous ai promis que nous nous reverrions bientôt ?

— Je me le rappelle, répondit Pasquale.

— Vous rappelez-vous aussi la conversation que nous eûmes pendant le souper, et comment vous me dîtes la vérité sur la manière dont la police était faite à Séville ?

— Je me le rappelle encore, répondit Juan Pasquale.

— Et vous rappelez-vous toujours ce que vous avez dit à l'égard de l'exil de Blanche, de la mort du grand-maître de San-Yago et du pouvoir de Maria Padilla ?

— Rien de ce que j'ai dit, monseigneur, n'est sorti de ma mémoire.

— Eh bien ! le roi est instruit de notre conversation.

— J'en suis fâché, monseigneur.

— Et pourquoi cela ?

— Parce que tout en continuant de pratiquer l'hospitalité comme je l'ai fait jusqu'aujourd'hui, je serai forcé de m'interdire la franchise, puisque les cavaliers que je reçois reconnaissent ma confiance en me trahissant.

— Tu as raison, Pasquale, répondit l'inconnu, et cela serait infâme si les choses s'étaient passées ainsi ; mais rien de tel n'est arrivé.

— J'attends alors, monseigneur, que vous daigniez m'expliquer cette énigme.

— L'explication est bien facile, l'un de vos hôtes était don Pèdre lui-même.

— Si l'un des deux était don Pèdre, répondit Pasquale en fléchissant le genou, alors celui-là, sire, c'était Votre Altesse.

— Comment sais-tu cela ?

— Comme il n'y avait qu'un lit dans votre chambre, il était bien simple, ou que mes deux hôtes couchassent ensemble, ou que ce fût le plus âgé qui prît le lit. Or, quand je suis entré dans la chambre, c'était le plus jeune qui était couché et le plus vieux qui dormait sur une chaise. De ce moment je me doutai que vous étiez un très grand seigneur mais j'étais loin de penser que vous fussiez le roi lui-même.

— C'est bien, dit don Pèdre, tu es observateur. Eh bien ! maintenant que tu sais que je suis le roi de Castille, don Pèdre le Cruel, comme on l'appelle, ne crains-tu pas de te trouver en ma présence ?

— Je ne crains rien au monde, monseigneur, que d'offenser Dieu ou de trahir mon roi en ne disant pas la vérité.

— Ainsi tu persistes dans les opinions que tu as émises ce l'autre jour ?

— Oui, sire.

— Tu sais cependant à quoi tu t'exposes, si ce que l'on rapporte de moi n'est point un mensonge ?

— Je le sais.

— Et tu penses toujours que lorsqu'il est impossible de prévenir un crime il est toujours possible de le punir ?

— Oui, sire, j'en suis convaincu.

— Et s'il n'en était point ainsi, quelle est la cause ?

— La corruption des magistrats.

— Par San-Iago ! dit le roi, tu es un intrépide réformateur ; et la chose se passerait autrement, je suppose, si tu étais *primer assistente*, par exemple.

— Quoique ce soit une supposition bien gratuite, je n'hésite pas à affirmer à Votre Altesse que je le crois.
— Et tu remplirais ta charge avec une rigueur inflexible?
— Oui, sire.
— Au risque de te faire des ennemis parmi les grands?
— N'ayant pas besoin de leur amitié, qu'ai-je à craindre de leur haine?
— Et le roi lui-même dût-il être compromis, tu ne reculerais pas devant une enquête?
— Dieu d'abord, dit Pasquale, la loi après Dieu, le roi après la loi.
— Il suffit, répondit don Pèdre. Puis, appelant un domestique avec un sifflet d'argent : Faites entrer les ventiquatros, continua le roi.

Au même instant les portes s'ouvrirent, et les officiers civils que l'on désigne sous ce nom, qui correspond à celui d'alderman en Angleterre, parurent dans le costume de leur charge.

— Messieurs, leur dit le roi, en plusieurs circonstances le *primer assistente* don Telesforo, par une indulgence coupable, a failli à son devoir. Don Telesforo n'est plus *primer assistente*. Voici son successeur.

A ces mots, il étendit la main vers Juan Pasquale.
— Que dites-vous? s'écria celui-ci.
— Je dis qu'à compter de cette heure, Juan Pasquale, vous êtes *primer assistente* de Séville, et que chacun vous doit respect et obéissance.
— Mais, s'écria le montagnard au comble de l'étonnement, que Votre Altesse considère que je n'ai pas un mérite suffisant...
— Vous avez plus que la science qui s'acquiert, interrompit le roi : vous avez les vertus que Dieu donne.
— Mais les grands voudront-ils m'obéir, à moi qui ne suis rien?
— Oui, sur mon âme! s'écria don Pèdre, car je donnerai l'exemple, moi qui suis le plus grand parmi les grands. Or, vous entendez ce que j'ai dit, messieurs : cet homme est revêtu par moi de la magistrature suprême. Que toute tête qui ne voudra pas tomber se courbe; tel est mon plaisir et ma volonté.

Il se fit un profond silence dans toute l'assemblée, car nul n'ignorait qu'avant toute chose le roi don Pèdre voulait être obéi. Un huissier remit alors aux mains de Juan Pasquale la *vara*, ou verge de justice, tandis qu'un autre lui passait la robe rouge doublée d'hermine, symbole de sa nouvelle charge.

— Et maintenant, messieurs, dit don Pèdre, passez dans la chambre voisine; tout à l'heure le seigneur Juan Pasquale vous y rejoindra, et vous conduira au palais du gouvernement, où, à compter de cette heure, il tiendra ses audiences, auxquelles nul, entendez-vous bien, nul, même moi, s'il est cité, ne pourra se dispenser de comparaître. Allez.

Tous les assistants sortirent en s'inclinant en signe d'obéissance, et Juan Pasquale resta seul avec le roi.
— Maintenant, dit don Pèdre en s'approchant de lui, il nous reste à parler des accusations que vous avez portées contre le roi.
— Votre Altesse se rappellera, répondit Pasquale, que j'ai ajouté qu'elles n'étaient pas de la juridiction du *primer assistente*.
— Aussi n'est-ce point au juge que je veux faire des révélations, c'est à l'honnête homme que je fais une confidence.
— Parlez, sire, répondit Pasquale.
— Vous m'avez reproché d'avoir exilé Blanche de Castille, vous m'avez reproché d'avoir fait tuer le grand-maître de San-Iago, vous m'avez reproché de vivre publiquement avec une courtisane.
— C'est vrai, sire.
— D'abord, vous le savez comme tout mon royaume, Pasquale, Maria Padilla n'est point une courtisane, mais une jeune fille que j'avais rencontrée chez mon gouverneur Albuquerque longtemps avant mon mariage. Nous étions jeunes tous deux. Elle était belle; j'en devins amoureux : elle céda. Elle était libre, son honneur était à elle; elle me sacrifia son honneur. J'étais son premier, je fus son seul amant. Les jours que je passai près d'elle à cette époque furent les plus heureux de ma vie. Malheureusement, ils furent peu nombreux : ma mère et mon gouverneur me dirent que le bien de l'État exigeait que j'épousasse Blanche de Bourbon. Longtemps je refusai, car j'aimais Maria plus que mon royaume, plus que ma vie, plus que tout au monde. Mais un matin que, comme d'habitude, je me rendais chez elle, je n'y trouvai qu'une lettre dans laquelle elle me disait qu'apprenant qu'elle était un obstacle à la paix de la Castille et au bonheur de mes sujets, elle abandonnait Séville pour ne plus y revenir. Voilà sa lettre, lisez-la et dites-moi ce que vous en pensez.

Et le roi remit la lettre à Pasquale et attendit en silence qu'il l'eût achevée.

Pasquale la lut d'un bout à l'autre, et la remettant au roi :
— Sire, dit-il, c'est la lettre d'une fidèle sujette de Votre Altesse, et je ne puis nier qu'elle ne soit dictée par un noble cœur.
— Ce que je souffris est au-dessus de la parole humaine, continua don Pèdre; je crus que je deviendrais fou. Mais à cette époque j'avais le cœur jeune et plein d'illusions : je me dis que le bonheur public me tiendrait lieu du bonheur privé : je ne fis point chercher Maria. Je donnai mon consentement au mariage projeté, et pour faire oublier à don Fadrique la mort d'Éléonore de Gusman, sa mère, je le chargeai d'aller en mon nom au-devant de ma jeune épouse. Il obéit, pour notre malheur à tous trois, car lorsqu'il arriva à Séville avec la reine, il aimait la reine et la reine l'aimait.

Je fus longtemps sans m'apercevoir de cette passion, qui, tout innocente qu'elle était par le fait, n'en était pas moins adultère par la pensée. J'attribuais la froideur de la jeune reine à son indifférence pour moi. Je vis bientôt que je me trompais et que je devais m'en prendre à son amour pour un autre. La reine parla pendant son sommeil et je sus tout. Le lendemain de la révélation fatale elle partit pour le château de Tolède, où, je vous le jure, Pasquale, sous la garde d'Hinestrosa, l'un de mes plus fidèles serviteurs, elle fut traitée comme une reine. Un mois ne s'était pas écoulé que je reçus une lettre d'Hinestrosa, qui me disait que don Fadrigue avait tenté de la séduire. Je répondis à Hinestrosa d'entrer en apparence dans les complots de mon frère et de m'envoyer les copies des lettres qu'il écrirait à Blanche, jusqu'au moment où il en trouverait une d'une assez grande importance pour m'adresser l'original lui-même. De ce jour le château de Tolède devait pour Blanche se changer en prison.

Deux mois après je reçus cette lettre.

Et don Pèdre, comme il l'avait déjà fait, présenta cette seconde preuve à Pasquale.

Le *primer assistente* la prit et la lut : cette lettre était tout entière de la main de don Fadrigue e contenait la révélation d'un complot contre le roi. Don Fadrigue s'était associé à la ligue des seigneurs commandée par Henri de Transtamarre, son frère, et écrivait à Blanche de se rassurer, lui promettant qu'elle ne demeurerait pas longtemps sous la puissance de celui qu'elle détestait. Pasquale rendit la lettre en soupirant.
— Que méritait l'auteur de cette lettre? demanda le roi.
— Il méritait la mort, répondit le juge.
— Je me contentai de le dépouiller de sa maîtrise; mais alors, comme il ignorait que je susse tout, savez-vous ce qu'il fit? Il sauta sur un cheval, et plutôt que de fuir pour gagner les frontières de mon royaume, il vint droit à Séville, l'insensé! Il me voulait pas le voir. Il força la garde en disant qu'il était mon frère et que ce palais lui appartenait aussi bien qu'à moi. Alors je le laissai entrer. Savez-vous ce qu'il venait faire, Pasquale? Il venait, disait-il, me demander raison de l'affront qu'il avait reçu. J'avais les copies de toutes les lettres qu'il avait écrites à la reine; je les lui montrai. J'avais cette même lettre que vous venez de voir; je la lui montrai encore; et alors, Pasquale, savez-vous ce

qui se passa entre nous deux? Au lieu de tomber à mes genoux, au lieu de baiser la poussière de mes pieds, comme il devait un traître, il tira son épée, monsieur le juge.

— Grand Dieu! s'écria Pasquale.

— Oh! heureusement que je connais mes frères et que j'étais en garde, répondit en riant don Pèdre. Oh! je l'avoue, oui, j'eus un moment d'atroce plaisir lorsque je sentis son fer contre le mien; aussi je me gardai bien d'appeler, je voulais le tuer moi-même. Mais au bruit de notre combat les balesteros de Muzza accoururent, et avant que je n'aie eu le temps de proférer une parole, l'un d'eux lui brisa la tête d'un coup de masse. Ce n'était point ce que je voulais, je vous le répète; ce que je voulais, je vous l'ai dit, c'était le tuer de ma propre main.

— Il avait mérité son sort, dit Pasquale. Dieu lui pardonne sa trahison!

— Oui; mais lorsqu'il fut mort, celui que j'aimais comme un frère et qui m'avait trahi; lorsqu'elle fut éloignée celle que j'aurais voulu aimer comme une épouse et qui m'avait trahi aussi, je me trouvai seul au monde, et je pensai à Maria Padilla, par laquelle j'avais eu de si heureux jours. Je la fis chercher partout le royaume, et lorsque j'appris où elle était, je courus moi-même sans permettre qu'on l'avertît; et tandis que les autres conspiraient contre ma vie, je la trouvai dans son oratoire et priant pour moi. Maintenant vous savez ce que j'avais à vous dire. Voilà don Fadrigue et voilà don Pèdre; jugez entre nous. Voilà l'épouse et voilà la courtisane; jugez entre elles.

— Sire, répondit le juge, vous n'êtes encore que Pierre-le-Justicier; tâchez de ne pas devenir Pierre-le-Cruel.

Et s'inclinant devant le roi, il alla rejoindre les ventiquatros, qui, ainsi que nous l'avons dit, l'attendaient dans la chambre à côté.

III.

Juan Pasquale était depuis un mois *primer assistente* de Séville, et pendant tout ce temps un seul assassinat avait été commis; mais l'auteur, don Juan de Nalverde, ayant été soupçonné de ce meurtre, avait été arrêté le lendemain. Convaincu par des témoignages irrécusables, le *primer assistente* l'avait condamné à mort; et malgré son grand nom et l'influence de sa famille, le roi don Pèdre ayant laissé son cours à la justice, il fut exécuté sans miséricorde. Cet exemple avait été efficace; il avait donné dès-lors une haute idée de l'incorruptibilité et de l'adresse du nouveau juge. Il est vrai que pour première mesure, le *primer assistente* avait commencé par renvoyer plus des trois quarts des alguazils en fonctions sous son prédécesseur, car presque tous recevaient, des grands seigneurs dont le libertinage ou la vengeance avait besoin de les trouver aveugles, une paie plus considérable que celle qu'ils tenaient de l'État. A leur place il avait mis des hommes sûrs, et ayant organisé un corps de montagnards de trois ou quatre cents hommes, il le divisait chaque soir en patrouilles nocturnes, qui, dès que neuf heures étaient sonnées à la Giralda, parcouraient en tous sens les rues de Séville. Ces hommes, ainsi que leurs surveillans, placés de distance en distance dans les rues les plus désertes comme sur les places les plus fréquentées, avaient l'ordre formel de ne laisser stationner personne dans l'enfoncement des portes ni devant les grilles des fenêtres. C'était un service pénible, mais ces hommes étaient généreusement payés; et comme sur son traitement, qui était considérable, le *primer assistente* ne prenait que ce qui lui était strictement nécessaire pour vivre, il pouvait avec le surplus faire face au surcroît de dépenses occasionné par l'augmentation de traitement qu'il avait cru devoir accorder à ses employés.

Or, comme nous l'avons dit, depuis douze ou quinze jours, contre toutes les habitudes nocturnes de la capitale de l'Andalousie, il ne s'était commis dans ses rues que quelques vols sans importance et dont les auteurs avaient été punis selon la loi, lorsque par une nuit des plus sombres, Antonio Mendez, un des gardes de nuit en qui Juan Pasquale avait la plus entière confiance, vit venir à lui, dans une rue suspecte et écartée, un homme enveloppé de son manteau: arrivé au milieu de la rue, cet homme s'arrêta un instant devant une fenêtre, frappa trois fois dans ses mains, écouta si on lui répondait, puis, voyant que tout restait muet, il pensa sans doute que celui ou celle qu'il appelait n'était point encore là, et se promena en long et en large devant la maison. Jusque-là il n'y avait rien à dire; le cavalier n'était point stationnaire, puisqu'il allait et venait d'un bout de la façade de la maison à l'autre bout. Aussi, Antonio Mendez, esclave de sa consigne, se garda même de paraître, pensant qu'il n'y avait pas encore violation des ordres donnés.

Cependant, au bout de quelques minutes, le cavalier parut se lasser d'attendre; il s'arrêta de nouveau en face de la fenêtre, et de nouveau frappa dans ses mains. Cet appel, quoiqu'il eût haussé de diapason, n'ayant pas eu plus de succès cette fois que la première, il résolut de prendre patience encore quelque temps, quoiqu'il fût facile de voir à ses jurons étouffés, qu'il faisait, pour agir ainsi, violence à son caractère; mais comme Juan Pasquale n'avait point défendu de jurer, pourvu qu'on jurât en marchant, et que le cavalier tout en jurant s'était remis à sa promenade, Antonio Mendez resta muet et immobile dans l'angle où il était caché et d'où il pouvait voir les moindres mouvements et, même, pourvu qu'il parlât un peu haut, entendre jusqu'aux paroles du cavalier. Enfin, celui-ci s'arrêta une troisième fois, frappant cette fois ses mains l'une contre l'autre de manière à réveiller les plus endormis. Voyant que tout était inutile, il résolut de se mettre en rapport plus direct avec ceux à qui il avait affaire: il alla à la porte de la maison et y frappa du poing un coup si violent qu'à l'instant même, dans la conviction qu'un second coup pareil au premier mettrait la porte en dedans, une vieille femme ouvrit une fenêtre et, avançant la tête, demanda qui troublait le repos d'une maison honnête à pareille heure de la nuit.

Le cavalier demeura étonné; ce n'était point la voix qu'il était accoutumé d'entendre. Croyant d'abord s'être trompé, il regarda autour de lui, mais reconnaissant parfaitement la maison pour être celle où sans doute il avait l'habitude d'être admis:

— Que se passe-t-il donc ici, demanda-t-il, et d'où vient que ce n'est point Paquita qui me répond?

— Parce qu'elle est partie depuis ce matin avec dona Léonor, sa maîtresse.

— Dona Léonor est partie! s'écria le cavalier. Par Santiago, qui a osé l'enlever?

— Quelqu'un qui en avait le droit.

— Enfin, ce quelqu'un, quel est-il?

— Son frère, don Saluste de Haro.

— Tu mens, vieille! s'écria le cavalier.

— Je vous jure par Notre-Dame del Pilar...

— Ouvre-moi, et que je m'assure de la vérité par moi-même.

— J'ai l'ordre de ne recevoir personne en l'absence du seigneur don Saluste, et surtout à cette heure.

— Vieille, dit le cavalier arrivé au dernier degré de l'exaspération, je te dis d'ouvrir ou j'enfonce la porte.

— Oh! la porte est solide, seigneur cavalier, et avant que vous ne l'ayez enfoncée la garde sera venue.

— Et que m'importe la garde! s'écria l'inconnu. La garde est faite pour les voleurs et les bohémiens, et non point pour les gentilshommes comme moi.

— Oui, oui, c'était bien ainsi du temps de l'ancien *primer assistente*; mais depuis que le roi don Pèdre, que Dieu conserve, a nommé Juan Pasquale à la place du seigneur Telesforo, la garde est faite pour tout le monde. Frappez donc tant que bon vous semblera, mais prenez garde de n'enfoncer d'autre porte que celle de la prison.

A ces mots, la vieille referma sa fenêtre. Le cavalier se précipita vers la jalousie, secoua les barreaux avec rage, puis voyant qu'ils étaient trop fortement scellés dans la muraille pour céder, il revint à la porte, contre laquelle il frappa de toute sa force avec le pommeau de son épée. Alors Antonio Mendez, qui avait assisté, comme nous l'avons dit, à toute cette scène, crut que c'était le moment d'intervenir.

— Seigneur cavalier, lui dit-il, vous m'excuserez si je vous fais observer, avec tout le respect que je dois à votre seigneurie, que passé neuf heures du soir tout tapage est défendu dans les rues de Séville.

— Qui es-tu, drôle? demanda le cavalier en se retournant.

— Je suis Antonio Mendez, chef des gardes de nuit du quartier de la Giralda.

— Eh bien! Antonio Mendez, chef des gardes de nuit du quartier de la Giralda, passe ton chemin et laisse-moi tranquille.

— Sauf votre respect, monseigneur, c'est vous qui passerez le vôtre, attendu qu'il est défendu à tout promeneur nocturne de stationner à cette heure devant aucune maison, si ce n'est pas la sienne.

— J'en suis fâché, mon ami, répondit le cavalier en se remettant à frapper, mais je ne bougerai pas de cette place.

— Vous dites cela dans un moment de colère, seigneur, mais vous réfléchirez.

— Toutes mes réflexions sont faites, répondit le cavalier, et il continua de frapper.

— Ne me forcez pas à employer la violence! dit le garde de nuit.

— Contre moi? s'écria le cavalier.

— Contre vous aussi bien que contre quiconque désobéit à l'autorité suprême du *primer asistente*.

— Il y a une autorité au-dessus de cette autorité suprême, prends-y garde.

— Laquelle?

— Celle du roi.

— Je ne la connais pas.

— Misérable!

— Le roi est le premier sujet de la loi, et, le roi serait à votre place que je mettrais un genou en terre comme je dois le faire devant mon souverain, et qu'un genou en terre je lui dirais: Sire, retirez-vous.

— Et s'il refusait?

— S'il refusait, j'appellerais la garde de nuit et je le ferais reconduire avec toute le respect qui lui est dû en son palais de l'Alcazar. Mais vous n'êtes pas le roi; ainsi, une dernière fois, retirez-vous, ou bien....

— Ou bien?... répéta le cavalier en riant.

— Ou bien je saurai vous y forcer, monseigneur, continua le garde de nuit en étendant la main pour saisir l'inconnu au collet.

— Misérable! dit le cavalier en faisant un bond en arrière et en dirigeant la pointe de son épée vers le garde de nuit, va-t'en, ou tu es mort!

— C'est vous qui me forcez à tirer l'épée, monseigneur, dit Mendez. Que le sang versé retombe donc sur vous!

Alors un combat terrible commença entre ces deux hommes, dont l'un était enflammé par la colère et l'autre soutenu par le droit. Le cavalier était adroit et paraissait expert au plus haut degré dans le maniement de son arme; mais Antonio Mendez était fort et agile comme un montagnard, de sorte que la lutte se soutint quelque temps sans avantage de part et d'autre. Enfin, l'épée du garde de nuit s'étant engagée dans le manteau de son adversaire, et le malheureux n'ayant pu la ramener assez promptement à la parade, celle du cavalier inconnu lui traversa la poitrine. Antonio Mendez jeta un cri et tomba. En ce moment une légère lueur s'étant répandue dans la rue, le cavalier leva la tête et aperçut à la fenêtre d'une maison en face une vieille femme qui tenait une lampe à la main. Il s'enveloppa promptement de son manteau et s'éloigna avec rapidité, sans qu'à son grand étonnement la vieille poussât un seul cri; au contraire, la lueur disparut, la fenêtre se referma et la rue, retombée dans son obscurité resta dans le silence.

IV.

Le lendemain, au point du jour, Juan Pasquale reçut l'ordre de se rendre au palais de l'Alcazar.

Il obéit aussitôt et trouva don Pèdre déjà levé et qui l'attendait.

— Seigneur Pasquale, dit le roi aussitôt qu'il aperçut le *primer asistente*, avez-vous entendu dire qu'il se soit passé quelque chose de nouveau cette nuit à Séville?

— Non, sire, répondit Pasquale.

— Alors votre police est mal faite, car entre onze heures et minuit un homme a été tué dans la rue de la Candil, derrière la Giralda.

— Cela se peut, sire; mais si le fait est vrai on retrouvera le cadavre.

— Mais votre tâche, seigneur *asistente*, ne se borne pas à retrouver les cadavres; elle doit découvrir l'assassin.

— Je le découvrirai, monseigneur.

— Je vous donne trois jours; et souvenez-vous que, d'après nos conventions, vous répondez du vol et du meurtre, argent pour argent, tête pour tête. Allez.

Juan Pasquale voulut faire quelques observations sur la brièveté du délai; mais don Pèdre sortit de l'appartement sans les écouter.

Le *primer asistente* revint chez lui fort préoccupé de cette affaire et y trouva la garde de nuit qui, ayant relevé le corps d'Antonio Mendez, venait lui faire son rapport; mais ce rapport ne contenait aucun éclaircissement. La patrouille, en passant par la rue de Candil, avait heurté un cadavre, et ayant porté ce cadavre au-dessous d'une lampe qui brûlait sur une place voisine devant une image de la Vierge, elle avait reconnu son chef Antonio Mendez; mais de l'assassin aucune nouvelle, la rue de la Candil étant complètement solitaire au moment où le cadavre avait été retrouvé.

Juan Pasquale se rendit aussitôt sur le lieu de l'assassinat. Cette fois la rue était pleine de monde, et les curieux étaient rassemblés en demi-cercle devant une borne au pied de laquelle stagnait une mare de sang : c'était là qu'était tombé Antonio Mendez.

Le *primer asistente* interrogea tout le monde, mais nul n'en savait plus que le juge lui-même. Il entra dans les maisons environnantes; mais soit qu'ils eussent peur de se compromettre, soit qu'effectivement ils ignorassent ce qui s'était passé, ceux qui les habitaient ne purent lui donner aucun détail. Pasquale revint chez lui, espérant que pendant son absence quelques découvertes auraient été faites.

On ne savait rien de nouveau; la garde interrogée une seconde fois, déclara seulement qu'elle avait trouvé Mendez tenant encore son épée nue, ce qui prouvait qu'il s'était défendu contre son assassin. Juan Pasquale se rendit près du corps, l'examina avec soin. L'épée était entrée au sein droit et était sortie au dessous de l'épaule gauche : le pauvre Antonio faisait donc bravement face à son ennemi. Mais tout cela ne disait pas quel était son ennemi.

Juan Pasquale passa la journée en conjectures; mais toutes ces conjectures ne l'amenèrent pas même jusqu'à l'ombre d'une probabilité. La nuit se passa sans rien produire de nouveau. Au point du jour il reçut l'ordre de se rendre au palais.

— Eh bien! lui demanda don Pèdre, connais-tu l'assassin?

— Pas encore, monseigneur, répondit Pasquale; mais j'ai ordonné les recherches les plus actives.

— Tu as encore deux jours, dit le roi. Et il rentra dans son appartement.

Juan Pasquale passa cette journée en nouvelles recherches; mais ces recherches, comme celles qui les avaient précédées, furent infructueuses. La nuit vint sans avoir rien amené et s'écoula comme la précédente. Au point du jour, Pasquale fut mandé au palais.

— Eh bien ! lui demanda don Pèdre, qu'as-tu de nouveau ?

— Rien, monseigneur, répondit Pasquale, plus honteux encore de l'inutilité de ses recherches qu'inquiet pour lui-même.

— Il te reste un jour, dit froidement le roi, c'est plus qu'il n'en faut à un juge aussi habile que toi pour découvrir le coupable. Et il rentra dans son appartement.

Juan Pasquale réunit dans cette journée tous les témoignages qu'il put obtenir, mais ces témoignages réunis ne jetaient aucun jour sur l'affaire : tout était bien clair sur la victime, mais quelque chose que pût faire le *primer assistente*, le côté de l'assassin restait toujours dans l'ombre.

Le soir vint : Juan Pasquale n'avait plus qu'une nuit. Il résolut de visiter une dernière fois le lieu du meurtre, espérant que c'était de ces lieux et de ses environs que devait jaillir quelque clarté. Le meurtre d'Antonio Mendez était déjà oublié, et la pierre, rouge encore, était le seul témoignage qui restait.

Juan Pasquale s'arrêta devant cette dernière trace du crime, qui allait s'effaçant elle-même, comme si tous les indices dussent lui manquer. Il y était immobile et pensif depuis une demi-heure, lorsqu'il crut s'entendre appeler. Il retourna la tête, et à la fenêtre en face de la maison de Léonor de Haro, il vit une vieille femme qui lui faisait signe qu'elle avait quelque chose à lui dire. Dans la circonstance où se trouvait le juge, aucun avis n'était à négliger ; il s'avança donc sous la fenêtre. Au même moment une clef tomba à ses pieds, et la fenêtre se referma. Il comprit que la vieille ne voulait pas être vue. Il ramassa la clef et l'essaya à la porte : la porte s'ouvrit. Juan Pasquale entra, et voulant mettre de son côté le même mystère que la vieille mettait du sien, il referma la porte derrière lui.

Alors il se trouva dans une allée sombre et étroite au bout de laquelle il heurta un escalier. La fenêtre que la vieille avait ouverte était au second ; cet escalier devait naturellement conduire à sa chambre. Juan Pasquale saisit donc la corde qui servait de rampe et commença de monter les degrés. Arrivé au second étage, il vit une faible lumière qui se glissait à travers une porte entr'ouverte ; il arriva à cette porte, la poussa, et à la lueur d'une petite lampe de fer, il reconnut la vieille qu'il avait vue à la fenêtre. Elle lui fit signe de fermer la porte : il obéit, puis s'avançant vers elle :

— C'est vous, ma bonne femme, lui dit-il, qui m'avez fait signe de monter ?

— Oui, lui répondit-elle, car je me doutais de ce que vous cherchiez.

— Et pourriez-vous me donner quelques renseignemens sur ce que je cherchais ?

— Peut-être bien, si vous jurez de ne pas me compromettre.

— Je vous le jure, et de plus je vous promets une récompense considérable.

— Oh ! c'est moins la récompense, qui ne fera pas de mal cependant, car je ne suis pas riche, que le regret de voir un aussi brave homme que vous dans la peine, qui m'a décidée ; car nous savons bien que vous n'avez plus que d'ici à demain pour trouver le meurtrier, et que si sa tête ne tombe pas, la vôtre doit tomber à sa place. Or, que deviendrait cette pauvre cité de Séville, si elle n'avait plus son bon juge !

— Eh bien, parlez donc, bonne femme ; au nom du ciel, parlez.

— Il faut vous dire, continua la vieille, que la maison en face de celle-ci appartient au comte Saluste de Haro.

— Je le sais.

— Elle était habitée par sa sœur Léonor.

— Je le sais encore.

— Eh bien ! la signora avait pour amant un beau cavalier qui venait toutes les nuits enveloppé de son manteau, s'arrêtait devant la maison et frappait trois fois dans ses mains.

— Alors ?

— Alors la porte s'ouvrait, le cavalier entrait et ne ressortait plus qu'une heure avant le jour.

— Après ?

— Hier matin le frère, qui avait sans doute appris l'intrigue, est venu et il a enlevé sa sœur, ne laissant dans la maison qu'une vieille gouvernante à qui il a défendu d'ouvrir à qui que ce soit; de sorte qu'hier, quand le cavalier est venu, il a trouvé la porte fermée.

— Continue, j'écoute.

— Eh bien ! comme cela ne faisait pas son affaire, et que la vieille gouvernante, fidèle à sa consigne, ne voulait pas lui ouvrir, il a tenté d'enfoncer la porte.

— Ah ! ah ! violence, murmura Pasquale.

— C'est dans ce moment qu'est venu le pauvre Antonio, qui a essayé de le faire partir, mais le cavalier n'a rien voulu entendre ; et, tirant son épée, il a tué Antonio.

— Sur mon âme, voilà des détails précieux, s'écria Pasquale. Mais ce cavalier, quel est-il ?

— Ce cavalier ?

— Oui, ce cavalier qui venait toutes les nuits.

— Ce cavalier qui a tué Antonio ?

— Sans doute, ce cavalier qui a tué Antonio.

— Eh bien ! c'est.....

— C'est...

— C'est le roi, dit la vieille.

— Le roi ! s'écria Juan Pasquale.

— Le roi lui-même.

— Avez-vous donc vu son visage ?

— Non.

— Et à quoi l'avez-vous reconnu alors ?

— A ce que ses os craquent en marchant.

— C'est vrai ! s'écria le juge, j'ai remarqué en lui cette singularité. Femme, tu auras ce soir la récompense promise.

— Et le secret toujours ?

— Toujours.

— Dieu vous garde alors, mon bon juge, et ce sera un jour heureux pour moi que celui où j'aurai conservé votre vie, qui nous est précieuse à tous.

Alors Juan Pasquale, prenant congé de la vieille, rentra chez lui et envoya aussitôt un message à l'Alcazar.

C'était une assignation à don Pèdre, roi de Castille, de comparaître le lendemain par-devant le tribunal du *primer assistente*.

V.

Le lendemain, au point du jour, Juan Pasquale convoqua le tribunal des *ventiquatros* sans qu'ils sussent pour quelle cause ils étaient assemblés. Tous étaient dans le grand costume de leur charge, et le *primer assistente* les présidait en silence, la verge de la justice à la main, lorsque l'huissier annonça :

— Le roi !

Tous se levèrent étonnés.

— Asseyez-vous, messieurs, dit Juan Pasquale.

Ils obéirent et le roi entra.

— Eh bien ! senor *assistente*, dit don Pèdre s'avançant au milieu de cette grave assemblée, quel est votre bon plaisir ? car vous voyez que je me rends à vos ordres, quoiqu'ils auraient pu m'être transmis avec un peu plus de politesse et de courtoisie.

— Sire, répondit Pasquale, il ne s'agit en ce moment ni de politesse ni de courtoisie, mais de justice ; car à cette heure, je n'agis point en courtisan du roi, mais en magistrat du peuple.

— Ah ! ah ! reprit don Pèdre, il me semble pourtant, mon digne maître, que ce n'est pas le peuple, mais bien le roi qui vous a mis aux mains cette baguette blanche que vous avez l'air de prendre pour un sceptre.

— Et c'est justement, répondit gravement et respectueusement Pasquale, parce que c'est le roi qui m'a remis cette baguette entre les mains, que je dois me montrer digne de l'honneur qu'il m'a fait en me la confiant, et non la déshonorer par une lâche complaisance.

— Trêve de morale, interrompit don Pèdre, que me veux-tu?

— Sire, dit Juan Pasquale, un meurtre a été commis dans la nuit du dernier vendredi au dernier samedi. Votre Altesse le sait bien, puisque c'est elle-même qui me l'a annoncé.

— Après?

— Votre Altesse m'a donné trois jours pour découvrir l'assassin.

— Eh bien?

— Eh bien! dit Juan Pasquale en regardant fixement le roi, je l'ai découvert.

— Ah! ah! fit le roi.

— Alors je l'ai assigné à paraître à mon tribunal, car la justice est une, pour les forts comme pour les faibles, pour les grands comme pour les petits. Roi don Pèdre de Castille, vous êtes accusé d'assassinat sur la personne d'Antonio Mendez, chef des gardes de nuit du quartier de la Giralda. Répondez au tribunal.

— Et qui a l'audace d'accuser le roi d'assassinat?

— Un témoin à qui j'ai juré le secret.

— Et si le roi de Castille nie qu'il soit coupable.

— Il sera soumis à l'épreuve du cercueil. Le corps d'Antonio Mendez est exposé dans l'église voisine, où il a été conservé dans ce but.

— C'est inutile, dit don Pèdre d'un air léger, c'est moi qui ai tué cet homme.

— Je regrette, répondit Pasquale d'un ton plus grave encore, que le roi de Castille paraisse attacher aussi peu d'importance au meurtre d'un de ses sujets, surtout lorsque ce meurtre a été commis de sa propre main.

— Doucement, senor *assistente*, reprit don Pèdre forcé par l'ascendant que prenait sur lui Pasquale de se défendre, doucement, il n'y a pas de meurtre ici, mais un combat: je n'ai point assassiné Antonio Mendez, je l'ai tué en légitime défense.

— Il n'y a pas de légitime défense contre un agent de la justice qui accomplit un ordre et exerce ses fonctions.

— Mais peut-être aussi mon zèle pour son devoir l'avait-il entraîné trop loin, reprit don Pèdre.

— La loi n'est point si subtile, sire, répondit l'*assistente* d'un ton ferme, et d'après votre propre aveu, vous êtes convaincu de meurtre.

— Tu mens, misérable! s'écria le roi; je t'ai dit que je l'avais tué, c'est vrai, mais je ne l'ai tué qu'après lui avoir dit de se retirer. L'insensé alors a tiré son épée, et il est tombé après un combat loyal. Tant pis pour lui, pourquoi a-t-il refusé d'obéir à mes ordres?

— Parce que c'était à vous, sire, d'obéir aux siens, au lieu de lui opposer une résistance coupable. Oh! la menace ne m'empêchera point, sire, d'accomplir mes fonctions terribles. Lorsque vous m'avez pris dans mes montagnes sans me demander ma volonté, sire, lorsque malgré moi, vous m'avez fait *primer assistente*, c'était pour avoir un juge et non pas un courtisan. Eh bien! vous avez un juge; répondez donc!

— J'ai dit ce que j'avais à dire. Oui, j'ai tué Antonio Mendez dans un combat; c'est donc un duel et non pas un meurtre.

— Il n'y a pas de duel, sire, entre un roi et ses sujets. Tant qu'ils sont loyaux et fidèles, rien ne l'autorise à tirer contre eux son épée. Il les a reçus du ciel, et il en rendra compte à Dieu. D'ailleurs, vous saviez que vous vous opposiez violemment à l'exercice de la loi que vous-même vous avez faite; et votre rang royal, loin d'être une excuse en cette circonstance, aurait dû vous faire comprendre que plus haut vous êtes placé, plus grand devait être l'exemple. Écoutez donc votre arrêt.

Le roi fit un mouvement de fierté. Ses yeux étincelèrent, et il porta la main à la garde de son épée. Juan Pasquale continua:

— Demain à midi, je vous somme, don Pèdre de Castille, de vous trouver sur la place de la Giralda, la plus voisine de l'endroit où le crime a été commis, pour y écouter et subir la sentence que la justice trouvera convenable de prononcer. Si vous espérez dans la miséricorde de Dieu, je vous engage à ne pas manquer à cet appel, mais à vous y rendre avec tous les sentimens qui font la dernière espérance du coupable.

Et ayant ainsi prononcé l'arrêt d'une voix lente, mais ferme, Juan Pasquale fit signe au roi qu'il pouvait se retirer. Après quoi il se leva lentement lui-même et sortit de la salle d'audience suivi des venticuatros.

Le premier mouvement de don Pèdre avait été la colère, le second fut l'admiration. A cette époque, le roi de Castille était encore dans cette première moitié de la vie qui lui avait fait donner le titre de justicier; son cœur était donc accessible à tout grand exemple, et c'était pour lui un exemple inouï et surtout inattendu, au milieu de ses courtisans agenouillés sur son passage, que celui d'un homme qui osait faire publiquement le procès d'un roi qui n'avait pas exécuté les lois de son royaume. Il se décida donc à obéir à la sommation de l'*assistente* et à comparaître le lendemain, revêtu des insignes du rang suprême, sur la place de la Giralda. Don Pèdre désigna pour l'accompagner Ferrand de Castro et Juan de Padilla, ne voulant pas d'autre suite, afin qu'on ne pût pas l'accuser d'intimidation.

Cependant la nouvelle de ce procès étrange s'était répandue dans Séville et y avait excité une vive curiosité. Cette citation faite au roi, et dont nul ne pouvait prévoir le résultat; cette obéissance de don Pèdre à l'ordre d'un de ses magistrats, lui qui était habitué à commander à tout le monde; cette fermeté d'un juge, inouïe jusqu'alors, et qui, en face, avait si imprudemment bravé l'autorité royale, tout présageait pour le lendemain une de ces scènes solennelles dont les peuples gardent le souvenir: aussi, dès le point du jour, toute la population de Séville se précipita-t-elle vers la place de la Giralda. Quant à don Pèdre, il attendait avec ses deux compagnons l'heure à laquelle il devait comparaître pour entendre la lecture de son jugement. Ceux-ci avaient bien essayé d'obtenir de lui qu'il prît un cortège plus nombreux et une garde assurée; mais le roi avait répondu positivement qu'il désirait que tout se passât ainsi qu'il l'avait ordonné, et qu'il n'y eût d'autre garde que celle qui présidait d'habitude aux jugemens du premier *assistente*; seulement il permit qu'une douzaine de seigneurs le suivissent par derrière, mais sans armes, et après leur avoir fait jurer que, quelque chose qui arrivât, ils ne feraient rien sans un ordre positif de sa bouche.

A peine le peuple le vit-il paraître, qu'il le salua avec ces acclamations que les rois sont rarement habitués à entendre. Don Pèdre ne se trompa point à ce témoignage, car ce que le peuple applaudissait en lui, c'était son obéissance bien plus que sa majesté. Il continua donc de s'avancer vers la place de la Giralda, mais, arrivé à une certaine rue des gardes lui barrèrent le passage et lui indiquèrent un autre chemin. Les seigneurs voulaient continuer nonobstant la défense, mais don Pèdre leur rappela leur promesse et donna l'exemple de l'obéissance en prenant, sans objection aucune, la route indiquée. Les acclamations redoublèrent. Les seigneurs froncèrent le sourcil, car il leur semblait visible, cette fois, que les acclamations étaient une insulte au pouvoir royal abaissé dans leur souverain. Mais don Pèdre demeura impassible, et sa figure n'exprima rien dont ses courtisans pussent s'autoriser à lui désobéir. Ils le suivirent donc en silence et arrivèrent ainsi par un long détour à la place de la Giralda. Une enceinte était réservée pour le cortège royal.

Au milieu de la place, adossé au Campanile, et sur une estrade élevée, siégeait le tribunal des venticuatros, présidé par Juan Pasquale. A sa droite et formant une des extrémités du cercle, était la statue en pied du roi don Pèdre, revêtue des insignes royaux ; seulement le piédestal avait été masqué par un échafaud. Et le bourreau, sa grande épée à la main, se tenait debout sur la plate-forme. En face était réservée la place que, avons-nous dit, le roi était venu prendre avec sa suite ; toute l'autre partie du cercle était réservée aux spectateurs. Quant aux intervalles qui se trouvaient à droite entre le tribunal et l'échafaud, et à gauche entre le tribunal et le roi, ils étaient remplis par la garde montagnarde du *primer assistente*.

Aussitôt que le roi parut, un roulement de tambours, rendus plus lugubres par le voile de crêpe qui les recouvraient, se fit entendre et répandit aussitôt dans l'âme des assistans ce sentiment sourd et pénible que l'on éprouve, malgré soi dans les circonstances suprêmes. Don Pèdre n'en fut pas plus exempt que les autres, et les seigneurs qui l'accompagnaient manifestèrent hautement leur indignation ; mais le roi leur imposa silence. Lorsque le roulement eut cessé, l'huissier se leva et appela à haute voix :

— Don Pèdre, roi de Castille.

— Me voici, dit le roi du haut de son cheval ; que me voulez-vous ?

— Sire, répondit l'huissier, vous êtes cité pour entendre votre sentence et pour la voir mettre à exécution.

— Insolent ! s'écria Padilla en faisant franchir la barrière à son cheval et en le dirigeant vers l'homme de justice.

— Soldats, dit Juan Pasquale, qu'on amène le cavalier.

— Le premier qui me touche est mort ! cria Padilla tirant son épée.

— Sir castillan, dit don Pèdre d'une voix ferme et sonore, retirez-vous, je vous l'ordonne.

Padilla remit son épée au fourreau et fit sortir son cheval de l'enceinte. Un grand murmure d'étonnement courut par toute la foule et la curiosité redoubla.

— Don Pèdre de Castille, dit Juan Pasquale se levant à son tour, vous êtes atteint et convaincu d'avoir commis un homicide volontaire sur la personne du garde de nuit Antonio Mendez lorsqu'il était dans l'exercice de ses fonctions ; ce crime mérite la mort.

Il se fit alors dans la foule une exclamation puissante qui dégénéra en un long murmure pareil au grondement d'une tempête. Le peuple lui-même commençait à trouver que le juge allait trop loin.

— Silence ! cria don Pèdre ; laissez le magistrat continuer son office.

On se tut.

— Je prononce donc contre vous, continua avec le même sang-froid Juan Pasquale, la sentence de mort ! Mais, comme votre personne est sacrée et que nul que Dieu, qui vous a mis la couronne sur la tête, ne peut toucher ni à votre tête ni à votre couronne, cette sentence sera exécutée sur votre effigie ; et maintenant que j'ai accompli autant qu'il est en moi le devoir que ma place m'impose, que le bourreau fasse le sien.

Le bourreau leva son épée, et la tête de la statue royale, brisée à la hauteur des épaules, roula au bas de l'échafaud.

— Maintenant, dit Juan Pasquale, que cette tête soit placée au coin de la rue où a été tué Antonio Mendez, et qu'elle y reste pendant un mois en mémoire du crime du roi.

Alors don Pèdre descendit de cheval, et s'avançant vers Juan Pasquale :

— Très digne *assistente* de Séville, lui dit-il d'une voix calme, je m'applaudis de vous avoir confié l'administration de ma justice, car je vois que je ne la pouvais remettre à personne qui la méritât autant que vous. Je vous confirme donc dans les fonctions que vous avez jusqu'à ce jour si loyalement et si impartialement remplies. Votre sentence est juste, qu'elle demeure entière ; seulement, ce n'est point un mois, mais toujours, que cette tête tranchée par la main du bourreau restera exposée, afin qu'elle transmette à la postérité le souvenir de votre jugement.

La volonté de don Pèdre fut exécutée, et de nos jours encore on peut voir au coin de la rue *del Candilejo* cette tête déposée dans une niche, et que le peuple assure être la même qui y fut déposée en l'an 1357 par la main du bourreau.

Voilà la légende de don Pèdre, telle qu'elle est racontée par l'historien Zurita dans ses *Annales de Séville*.

FIN DE PIERRE LE CRUEL.

CÉCILE.

INTRODUCTION.

C'était entre la paix de Tilsitt et la conférence d'Erfurth, c'est-à-dire au plus haut degré de la splendeur impériale.

Une femme en négligé du matin, vêtue d'un long peignoir de mousseline des Indes garni de magnifiques valenciennes, à l'extrémité duquel on n'apercevait que la pointe d'une petite mule de velours, coiffée comme on se coiffait à cette époque, c'est-à-dire sur le haut de la tête et le front ombragé par de nombreuses boucles de cheveux châtains, qui trahissaient par la régularité de leurs anneaux la présence récente du coiffeur, était couchée sur une chaise longue recouverte de satin bleu, dans un charmant boudoir formant la chambre la plus reculée d'un appartement situé au premier, rue Taitbout, n° 11.

Disons quelques mots de la femme, ensuite du boudoir, puis nous entrerons en matière.

Cette femme, nous aurions presque pu dire au premier coup d'œil cette jeune fille, car quoiqu'elle eût vingt-six ans à peu près, cette femme n'en paraissait guère avoir que dix-neuf; cette femme, disons-nous, outre l'élégance de sa taille, la finesse de ses pieds et la mate blancheur de ses mains, était douée d'une de ces figures qui de tout temps ont eu le privilége de faire tourner les têtes les plus sûres d'elles. Ce n'est pas qu'elle fût précisément belle, surtout à la manière dont on entendait la beauté à cette époque, où les tableaux de David avaient à peu près ramené toute la France au goût du Grec, si heureusement abandonné pendant les deux règnes précédens; non : tout au contraire, sa beauté à elle était pleine d'une capricieuse fantaisie. Peut-être ses yeux étaient-ils trop grands, son nez trop petit, ses lèvres trop roses, son teint trop transparent; mais ce n'était que lorsque ce charmant visage restait impassible qu'on pouvait reconnaître ces étranges défauts; car dès qu'il s'animait par une expression quelconque, celle dont nous essayons de tracer le portrait avait le don de forcer son visage à toutes les expressions possibles, depuis celle de la vierge la plus timide jusqu'à celle de la bacchante la plus échevelée; et dès qu'il s'animait, disons-nous, par une expression quelconque de tristesse ou de gaîté, de pitié ou de raillerie, d'amour ou de dédain, tous les traits de ce joli visage s'harmoniaient de telle façon qu'on n'eût pas pu dire lequel de ces traits on eût voulu modifier, car très certainement, en ajoutant de la régularité à l'ensemble, on eût ôté du piquant à la physionomie.

Cette femme tenait à la main un rouleau de papier sur lequel étaient tracées des lignes écrites de deux écritures différentes. De temps en temps, elle levait la main avec un geste de fatigue plein de grâce, ramenait le manuscrit à la hauteur de ses yeux, lisait quelques-unes de ces lignes en faisant une gracieuse petite moue, puis, poussant un soupir, laissait retomber sa main, qui à chaque instant semblait prête à s'ouvrir pour laisser échapper le malencontreux rouleau de papier qui paraissait être pour le moment la cause principale d'un ennui qu'elle ne cherchait pas même à dissimuler.

Cette femme, c'était une des artistes les plus à la mode du Théâtre-Français; ce rouleau, c'était une des tragédies les plus ennuyeuses de l'époque; nous désignerons l'une sous le nom de Fernande, nous nous garderons bien de dire le titre de l'autre.

Le boudoir, bien que d'une suprême élégance, portait le cachet du mauvais goût du temps : c'était une jolie petite pièce carrée tendue de satin bleu, dont chaque lez était encadré entre deux minces colonnettes d'ordre corinthien dont le chapiteau doré supportait une frise de stuc sur laquelle était peinte, dans le genre de Pompéïa, une foule d'amours portant arcs et carquois, et pas mal d'autels à l'hymen et à la fidélité devant lesquels les susdits amours immolaient des victimes; cela se disait ainsi à cette époque. En outre, ce boudoir avait quatre portes, dont deux simulées pour la symétrie ; ces quatre portes étaient peintes en blanc et rehaussées, dans chaque panneau, d'ornemens d'or se composant du thyrse de Bacchus et du masque de Thalie et de Melpomène ; une de ces portes était ouverte et laissait pénétrer dans le boudoir la vapeur humide et la suave odeur d'un bain parfumé.

Quant aux meubles de ce boudoir, recouverts de satin bleu comme les parois, ils avaient cette forme raide et désagréable qui surprend encore aujourd'hui la vue des gens de goût et des amateurs du confortable, qui ne comprennent plus, non-seulement comment on pouvait admettre de pareilles contrefaçons de l'antiquité, mais encore comment on pouvait s'en servir, attendu qu'on était à peine couché sur les canapés, presque pas assis sur les fauteuils, pas du tout sur les chaises ; nous ne parlons pas des tabourets en X, c'étaient les seuls meubles qui, à part leur forme excentrique et leurs ornemens athéniens, satisfaisaient à peu près à leur destination.

La garniture de la cheminée était dans le même sentiment ; la pendule représentait un grand bouclier rond, celui d'Achille probablement, porté par quatre maigres amours qui fléchissaient sous le poids ; les candélabres se composaient de quatre autres amours réunis en groupe et dont les quatre flambeaux composaient un chandelier à quatre branches.

Et, comme nous l'avons dit, tout cela cependant, malgré son mauvais goût, était riche, coquet, élégant et rehaussé surtout par l'éclat, la grâce et la beauté de la sirène qui l'habitait ; on voit que nous sommes entraînés nous-mêmes par notre sujet et que nous tombons malgré nous dans le style mythologique de l'époque.

La déesse que l'on adorait dans ce petit temple était donc, comme nous l'avons dit, mollement couchée sur une chaise longue, ayant l'air d'étudier son rôle et ne pensant au fond qu'à la manière dont elle poserait son peplum et dont elle draperait sa tunique dans la tragédie nouvelle qu'elle allait jouer, quand la porte s'ouvrit et quand la femme de chambre entra avec cette allure familière qui dénote à la fois la confidente de tragédie et la soubrette de comédie : Ismène et Dorine, la donneuse de conseil et la receleuse de secrets.

— Comment ! c'est encore vous ? — s'écria l'actrice avec ce charmant petit air de mauvaise humeur qui, tout en adressant une réprimande, semble dire qu'on lui fait de la mériter : — j'avais cependant bien dit que je voulais être seule, absolument seule pour étudier à mon aise ; je ne saurai jamais ce rôle, et ce sera votre faute, entendez-vous, mademoiselle Cornélie.

La femme de chambre s'appelait de son véritable nom patronimique, Marie ; mais elle avait trouvé ce nom commun, et elle s'était débaptisée et rebaptisée de son autorité privée, pour prendre le nom plus euphonique et surtout plus distingué de Cornélie.

— Mon Dieu ! j'en demande mille fois pardon à madame, dit la soubrette, et suis prête à prendre vis-à-vis de l'auteur la responsabilité du retard ; mais c'est un beau jeune homme qui demande à parler à madame, et cela avec tant d'instance qu'il n'y a pas eu moyen de le renvoyer.

— Et comment s'appelle votre beau jeune homme, mademoiselle ?

— Monsieur Eugène.

— Monsieur Eugène, reprit l'actrice en répétant lentement les trois syllabes qui composaient le mot, monsieur Eugène. Mais ce n'est pas un nom, cela.

— Si fait, madame, c'est un nom et même un fort joli nom ; j'aime beaucoup le nom d'Eugène, moi.

— Ah ! ah ! et vous voulez me faire adopter vos sympathies. Et pouvez-vous me tracer le portrait de votre protégé ?

— Oh ! certainement, c'est, comme je l'ai dit à madame, un beau jeune homme de cinq pieds cinq pouces à peu près, avec des cheveux noirs, des yeux noirs, des moustaches noires. Il est habillé en bourgeois, mais je parierais que c'est un officier ; d'ailleurs, il porte à sa boutonnière le ruban de la Légion-d'Honneur.

Autrefois, cette dernière désignation pouvait encore être un renseignement ; aujourd'hui, elle pourrait paraître un peu bien vague.

— Monsieur Eugène, un brun, le ruban de la Légion-d'Honneur... — répéta Fernande en interrogeant ses souvenirs ; puis, se retournant vers mademoiselle Cornélie. — Et depuis un an que vous êtes à mon service, vous rappelez-vous, mademoiselle, avoir jamais vu ce *beau jeune homme* ?

— Jamais, madame.

— Voyons, qui cela peut-il être ? Est-ce Eugène d'Harville ?

— Oh ! non, madame, ce n'est pas lui.

— Eugène de Chastellux ?

— Ah ! ce n'est pas lui encore.

— Eugène de Clos-Renaud ?

— Ce n'est pas lui non plus.

— En ce cas, ma chère, allez dire à ce monsieur que je n'y suis pas.

— Comment ! madame m'ordonne ?...

— Allez.

Fernande prononça ce dernier mot avec une telle dignité de princesse tragique, que, quelque envie qu'eût encore la soubrette de plaider la cause de son protégé, force lui fut de tourner les talons et d'obéir à une injonction devenue si précise.

Mademoiselle Cornélie sortit donc, et Fernande, d'un air encore plus distrait et plus ennuyé qu'auparavant, reporta les yeux sur son manuscrit ; mais elle n'en eut pas le loisir de tourner vers que la porte se rouvrit et que la soubrette reparut.

— Eh bien ! mademoiselle, encore vous ! dit Fernande d'un ton qu'elle tâchait de rendre grave et qui cependant avait déjà beaucoup perdu de sa sévérité.

— Oh ! mon Dieu, oui, madame, répondit Cornélie ; oh ! mon Dieu, oui, c'est encore moi ; mais que madame me pardonne, monsieur Eugène ne veut pas s'en aller.

— Comment ! il ne veut pas s'en aller ?

— Non ; il dit qu'il sait que madame ne sort jamais si matin.

— Oui, mais le matin je ne reçois que mes amis.

— Il dit qu'il est des amis de madame.

— Oh ! par exemple, voilà qui se complique, — Eugène, — un brun, — le ruban de la Légion d'Honneur, — de mes amis intimes ; — ce n'est pas Eugène de Miremont ?

— Non, madame, — Oh ! celui-ci est mieux.

— Eugène d'Harcourt.

— Oh ! celui-ci est beaucoup mieux.

— Eugène d'Argy ?

— Oh ! celui-ci est infiniment mieux.

— Mais savez-vous, mademoiselle Cornélie, que vous piquez ma curiosité.

— Au reste, reprit la soubrette en présentant à la maîtresse un petit écrin de maroquin rouge grand comme une pièce de cinq francs, — il a ajouté : — Remets ceci à Fernande et elle saura qui je suis.

— A Fernande ?

— Oui, madame, il a dit à Fernande.

— Ma foi, j'avoue que je n'y suis pas le moins du monde, dit l'actrice en faisant glisser le crochet et en ouvrant avec curiosité le petit écrin.

— Tiens ! — le portrait de madame ! s'écria la soubrette ; — oh ! comme il est ressemblant ! — comme madame est jolie avec ce voile qui flotte autour de sa tête !

— Mon portrait, murmura Fernande en cherchant visiblement par un dernier effort à rappeler ses souvenirs, — mon portrait ! — qui cela peut-il être ? — Ma foi, je m'y perds.

Puis après un instant de silence :

— Ah ! s'écria-t-elle, — Eugène ?

— Oui.

— Un brun ?

— Oui.

— Le ruban de la Légion-d'Honneur ?

— Oui.

— De mes amis... ce portrait... ce chiffre que je n'avais pas remarqué sur l'écrin : E. B. C'est cela, c'est cela ; mon Dieu, que j'ai peu de mémoire, que je suis distraite ; faites entrer, faites entrer ce pauvre Eugène, et moi qui lui ai fait faire antichambre. Quand je pense que même chose m'est arrivée, il n'y a pas un mois avec Jérôme.

Mademoiselle Cornélie ne se l'était pas fait redire à deux fois; elle était partie comme une flèche, de sorte qu'à peine les reproches mnémoniques que Fernande s'adressait à elle-même étaient-ils finis, qu'à la place de Cornélie le beau jeune homme aux cheveux, aux yeux et à la moustache noirs et au ruban rouge, parut sur la porte.

— Ah! pardon, ma chère Fernande! s'écria le jeune homme en riant; mais j'étais loin, sur mon honneur, de me douter qu'en mon absence vous étiez devenue imprenable.

— Mais aussi qui va se douter que c'est vous, mon cher prince, dit Fernande en tendant au nouvel arrivant une main que celui-ci baisa d'un air tout-à-fait vainqueur; vous vous faites annoncer purement et simplement sous le nom de monsieur Eugène. Ma foi, moi, je connais tant d'Eugène...

— Que vous m'avez confondu avec tous les Eugène de la terre : — c'est flatteur pour moi. Ah! pardon, mon portrait! ayez la bonté de me le rendre.

— Vous y tenez donc encore? dit Fernande avec une coquetterie charmante.

— Toujours, dit le prince en approchant un tabouret de la chaise longue.

— Cornélie, dit Fernande, tant que Son Altesse Impériale sera chez moi, je n'y suis pour personne.

Cornélie ouvrit de grands yeux; elle avait vu venir jusque-là chez sa maîtresse beaucoup de princes, mais parmi tous ces princes, il y en avait peu qu'on désignât sous le titre pompeux d'Altesse, et surtout d'Altesse Impériale.

Aussi mademoiselle Cornélie sortit-elle sans répliquer un seul mot.

— Et depuis quand êtes-vous donc à Paris, mon cher Eugène? — Ah! pardon, monseigneur, je vous parle toujours comme si vous étiez un simple colonel de la garde consulaire.

— Et vous faites bien, ma belle Fernande. Allez, allez. — Depuis quand je suis arrivé? depuis hier; et ma première visite a été pour vous, ingrate!

— Comment cela? Vous êtes venu ici?

— Non pas; je ne vous aurais pas trouvée, puisque vous jouiez.

— Ah! c'est vrai.

— J'ai été aux Français.

— Dans la loge de l'empereur? Mais je ne vous y ai pas vu.

— Ce n'était pas faute d'y regarder, perfide! Je n'y étais pas, non, mais Poniatowski y était.

— Tiens! je ne l'y ai pas vu.

— Oh! triple menteuse! s'écria le prince. Non, madame, non; j'étais incognito dans une baignoire.

— Seul?

— Non, avec votre portrait.

— Oh! mon Dieu! que c'est donc galant ce que vous me dites, et comme je vous jure que je n'en crois pas un mot.

— C'est pourtant la vérité pure.

— Eh bien! je suis désespérée que vous soyez venu hier.

— Et pourquoi cela? Vous avez été adorable dans Zaïre et merveilleuse dans Roxelane.

— Je n'ai pas en beauté.

— Laissez donc, vous étiez ravissante, au contraire.

— Non, j'étais de mauvaise humeur.

— Est-ce que Poniatowski parlait trop souvent à sa voisine?

— J'étais maussade.

— Est-ce que Duroc est mort?

— J'étais triste.

— Est-ce que Murat est ruiné?

— A propos de Murat, il est grand-duc, n'est-ce pas? et l'on dit qu'on va le faire vice-roi comme vous, ou roi comme Joseph, que sais-je?

— Oui, j'en ai entendu dire quelques mots.

— Ah çà! et toutes ces royautés-là ont-elles de bonnes subventions, au moins?

— Mais, pas trop mauvaises; et si cela peut vous être le moins du monde agréable, eh bien! nous... nous causerons de cela.

— Ah! vous, mon cher Eugène, vous, vous êtes toujours prince; ce n'est pas comme votre empereur.

— Eh bien! que vous a-t-il donc fait, mon empereur? Je croyais qu'il vous avait fait... impératrice.

— Ah! oui, il est aimable, parlons encore de cela. Tenez, j'ai envie de quitter la France et de m'en aller à Milan.

— Accourez, ma chère, accourez, vous y serez la bien reçue; je viens justement à Paris pour recruter ma troupe, d'abord, puis ensuite pour aller à Erfurth et à Dresde. En êtes-vous du voyage de Dresde?

— Je sais que Mars, Georges et Talma en sont, mais on ne m'en a pas encore dit une parole à moi.

— Désirez-vous en être?

— Si je désire en être! Tenez, mon cher prince, voulez-vous que je sois franche; c'était cela qui me mettait hier soir de si méchante humeur.

— Vraiment?

— Parole.

— Eh bien! j'arrangerai la chose avec Rovigo. Je crois que c'est lui qui cela regarde.

— Ah! vous serez un amour.

— Maintenant, de votre côté, faites quelque chose pour moi.

— Oh! tout ce que vous voudrez.

— Donnez-moi le répertoire de la semaine, que je voie à combiner mes soirées avec les vôtres. Je veux voir les Templiers; vous jouez dedans?

— Oui, j'y fais une espèce de pleureuse. J'aimerais mieux que vous me vissiez dans une autre chose.

— Je veux vous voir dans tout.

— Alors vous voulez donc ce répertoire?

— Oui.

— Oh! il est bien mal fait, maintenant. Tout cela n'est plus que brigues, cabales, intrigues. Notre pauvre Comédie-Française va, j'en ai bien peur, où allait le café de Louis XV.

— Vraiment!

— Mais où donc peut être ce répertoire? Ah! je me rappelle.

Fernande étendit la main vers un cordon de sonnette terminé par un arc et un carquois de cuivre doré et sonna. Mademoiselle Cornélie parut.

— Qu'avez-vous fait du répertoire que je vous ai donné hier? dit Fernande.

— Je l'ai mis dans une des coupes de la chambre à coucher de madame.

— Allez le chercher, Son Altesse Impériale le demande.

Mademoiselle Cornélie sortit et rentra un instant après tenant l'imprimé hebdomadaire.

Fernande le lui prit des mains et le donna au prince; puis, se retournant vers Cornélie qui était restée debout à sa place.

— Eh bien! mademoiselle, lui demanda-t-elle, qu'attendez-vous?

— J'en demande bien pardon à madame, dit la soubrette; mais il y a là une personne qui désire parler à madame.

Et elle accompagna ces mots d'un de ces coups d'œil de femme de chambre à maîtresse qui veulent dire : — Soyez tranquille, je sais ce que je fais.

— Encore un beau jeune homme? demanda Fernande.

— Oh! non, madame; cette fois, c'est une pauvre jeune fille qui est bien triste et qui paraît avoir bien du chagrin.

— Comment s'appelle-t-elle?

— Cécile.

— Cécile! Cécile qui?

— Cécile tout court.

— Allons, dit le prince, c'est la journée aux prénoms.

— Et que désire-t-elle?

— Elle désire montrer à madame quelque chose que madame, j'en suis sûre, trouvera bien beau. Je lui ai dit d'abord que c'était inutile, attendu que madame est en train de faire des économies ; mais elle a tant insisté, la pauvre enfant ! que je n'ai pas eu le courage de la renvoyer. Je lui ai dit d'attendre, et que dès que madame pourrait la recevoir, elle la recevrait ; alors elle s'est assise modestement dans un petit coin, son carton sur les genoux, et elle attend le bon plaisir de madame.

— Votre Altesse Impériale permet-elle ? demanda Fernande.

— Comment donc ! répondit le prince ; d'ailleurs, je serai fort aise de voir cette jeune fille, et surtout d'admirer ce qu'il y a dans ce carton qu'elle tient si modestement sur ses genoux.

— Alors, faites entrer, dit Fernande.

Cornélie s'éloigna aussitôt et rentra un instant après annonçant mademoiselle Cécile : derrière Cornélie, la personne annoncée entra.

C'était une belle jeune fille de dix-neuf ans, aux cheveux blonds, au teint rosé, aux grands yeux bleus et à la taille frêle comme un roseau ; elle était en grand deuil et toute vêtue de noir, sans aucun ornement à sa robe, ni à son bonnet de même couleur ; ses joues étaient pâles et ses yeux rouges ; on voyait qu'elle avait beaucoup souffert et beaucoup pleuré.

Sur la désignation que mademoiselle Cornélie avait faite de la personne qui demandait à lui parler, Fernande avait d'abord cru avoir affaire à quelque petite ouvrière chargée de porter des échantillons en ville ; mais au premier coup d'œil qu'elle jeta sur cette triste et sévère jeune fille, elle vit qu'elle s'était trompée. Le prince, de son côté, remarqua avec étonnement l'air de chaste dignité répandu sur toute la personne de la belle affligée.

Cécile s'était arrêtée à la porte, muette et immobile.

— Approchez, mademoiselle, dit Fernande, et veuillez me dire ce qui me procure le plaisir de vous voir.

— Madame, répondit Cécile d'une voix tremblante, mais dans laquelle il y avait cependant plus de douleur que de crainte, il y a dans ce carton une robe que j'ai déjà fait voir à plusieurs personnes, mais toujours le prix qu'il faut que cette robe soit payée a dépassé celui que les personnes à qui je l'avais proposée ont voulu y mettre. La dernière même m'a dit, en me la rendant, qu'il n'y avait qu'une reine qui pût acheter une pareille robe, et alors je suis venue à vous qui êtes une reine.

Ces paroles avaient été dites à la fois d'une voix si vibrante et avec tant de tristesse et de dignité, que le prince et Fernande sentirent redoubler leur étonnement ; cependant, les derniers mots firent sourire la belle artiste.

— De la, une reine, dit-elle, reine de sept heures et demie à dix heures du soir, reine avec un théâtre pour royaume, des murailles de carton pour palais et un bandeau de cuivre doré pour couronne. Mais, cependant, vous ne vous êtes pas tout-à-fait égarée en venant ici, car si je suis une fausse reine, vous y avez du moins trouvé un vrai roi.

La jeune fille leva gravement ses beaux yeux bleus sur le prince avec une expression qui indiquait qu'elle ne comprenait absolument rien aux paroles qui venaient d'être dites.

Pendant ce temps, Cornélie levait le couvercle du carton.

Fernande poussa un cri d'admiration et de surprise.

— Oh ! la merveilleuse robe ! s'écria-t-elle en s'en emparant avec l'avide curiosité d'une femme qui voit un chef-d'œuvre en toilette, et la dépliant sur la chaise longue et en passant sa main sous le tissu pour mieux juger de la finesse de la mousseline et de la beauté de la broderie.

En effet, peut-être n'avait-on, même à Nancy, le pays des merveilles en ce genre, vu rien de pareil à cette robe, tellement chargée de broderies, qu'à peine si l'on voyait, de place en place, apparaître la mousseline sur laquelle serpentaient les tiges les plus déliées, les feuilles les plus gracieuses, les fleurs les plus élégantes qui eussent jamais frappé le regard envieux d'une fille d'Ève ; ce n'était pas l'ouvrage d'une femme, c'était certainement le caprice de quelque fée.

Si peu appréciateur que fût le prince de ce genre de chef-d'œuvre, il n'en reconnut pas moins que cette robe devait être un miracle de patience et d'habileté.

Fernande resta plusieurs minutes en contemplation devant ces gracieux arabesques ; puis se retournant vers Cécile :

— Et qui donc a brodé cette robe, lui demanda-t-elle ?

— Moi, madame, répondit Cécile.

— Et vous avez passé combien d'années à cet ouvrage ?

— Deux ans et demi, madame.

— Je le crois bien ; voyez donc, prince, c'est que c'est brodé au plumetis et non au métier, ce qui rend la chose encore plus précieuse ; deux ans et demi : alors vous avez dû énormément travailler.

— Nuit et jour, madame.

— Et vous avez entrepris un pareil ouvrage dans le but de le vendre ?

— Je l'avais entrepris dans un autre but, madame.

— Je conçois que vous n'ayez pas trouvé à vous défaire de cette robe, mademoiselle, car cette robe doit coûter la rançon d'un roi.

— Hélas ! oui, et je suis forcée d'en demander un prix assez élevé : c'est ce qui fait que jusqu'ici, malgré le besoin extrême que j'ai de cet argent, je n'ai pas encore trouvé à la vendre.

— Et quel prix en demandez-vous donc ? demanda en souriant le prince.

La jeune fille garda un instant le silence comme si elle eût craint de laisser tomber de ses lèvres les fatales paroles qui déjà tant de fois lui avaient enlevé l'espérance ; enfin, d'une voix à peine intelligible :

— Trois mille francs, dit-elle.

— Plaît-il ? demanda Fernande.

— Trois mille francs, répéta Cornélie.

— Dam ! fit l'actrice avec ces mouvemens combinés des yeux et de la bouche qu'il est impossible de rendre, dam ! c'est cher, mais c'est ce que cela vaut.

— Et en même temps, s'écria la jeune fille en joignant les mains et en tombant presque à genoux ; en même temps, madame, vous ferez, je vous le jure, si vous l'achetez, une sainte et noble action.

— Mon Dieu ! mon enfant, dit Fernande, j'achèterais cette robe de grand cœur, et je vous avoue même qu'elle me fait fort envie, mais mille écus !

— Oh ! mon Dieu ! mais qu'est-ce que mille écus pour vous ? dit la jeune fille en regardant autour d'elle et en paraissant se faire une idée de la fortune de celle à qui elle s'adressait par le somptueux ameublement du boudoir que nous avons décrit.

— Comment ! qu'est-ce que c'est que mille écus pour moi ! s'écria l'artiste, mais c'est trois mois de mes appointemens. Tenez, mademoiselle, adressez votre demande au prince, et il achètera cette robe pour quelque belle dame de la cour.

— En effet, dit le prince, madame a raison ; je prends cette robe, mon enfant.

— Vous ! vous, monsieur ! vous, prince ! s'écria la jeune fille ; est-ce bien vrai que vous la prenez, et pour le prix que j'en demande ?

— Oui, répondit le prince, et même si une somme plus forte vous était nécessaire...

— Non, monseigneur, non, dit la jeune fille ; j'ai besoin de trois mille francs, trois mille francs me suffisent. D'ailleurs, cette robe ne vaut pas plus de trois mille francs.

— Eh bien ! dit le prince, ayez la bonté de remettre ce carton à mon valet de chambre, Jean, que vous trouverez causant à la porte avec mon cocher ; dites-lui de le déposer dans ma voiture et donnez-lui votre adresse pour que je puisse vous faire porter aujourd'hui même cette somme dont vous paraissez avoir si grand besoin.

— Oh ! oui, oui ! répondit la jeune fille, et il m'a fallu un besoin bien grand, je vous le jure, pour me séparer de cette robe.

Et en disant ces mots, la pauvre enfant colla plusieurs fois ses lèvres sur le tissu dont elle allait se séparer avec un mélange à la fois de joie et de douleur qui brisait l'âme.

Puis, saluant une dernière fois Fernande et le prince, elle s'avança vers la porte.

— Un dernier mot, dit Fernande, — et pardonnez-le, mademoiselle, à deux sentiments que j'éprouve, je crois, à un égal degré, c'est-à-dire à la curiosité que vous excitez en moi et à l'intérêt que je vous porte. — A qui cette robe était-elle destinée?

— A moi, madame.
— A vous? quelle était donc cette robe?
— C'était ma robe de noces.

Et la jeune fille s'élança hors de l'appartement en étouffant un sanglot.

Deux heures après, les trois mille francs étaient chez la jeune fille.

Le lendemain, le prince se fit conduire lui-même à l'adresse indiquée et demanda mademoiselle Cécile. Cette jeune fille l'avait vivement intéressé; il avait raconté l'anecdote à l'impératrice, et l'impératrice avait désiré la voir.

— Mademoiselle Cécile! dit la concierge.
— Oui, mademoiselle Cécile; une jeune fille blonde avec des yeux bleus, âgée de dix-huit à dix-neuf ans. — N'est-ce pas ici, rue du Coq, n° 5, qu'elle demeure?
— Oh! je sais bien ce que monsieur veut dire, répondit la concierge; mais mademoiselle Cécile n'est plus ici. Sa grand'mère est morte il y a trois jours; on l'a enterrée avant-hier, mademoiselle Cécile est sortie toute la journée, et ce matin elle est partie.
— De Paris?
— Probablement.
— Pour quel pays?
— Je l'ignore.
— Et quel était son nom de famille?
— Nous n'en avons jamais rien su.

Et le prince, quoiqu'il reproduisît cinq ou six fois les mêmes questions sous les formes différentes, ne put parvenir à en savoir davantage.

Huit jours après, Fernande parut dans le *Philosophe sans le savoir*, avec une robe si merveilleusement brodée, que le bruit courut que c'était un cadeau que le sultan Sélim avait fait à la charmante Roxelane.

Et maintenant, nous, à qui notre qualité d'historien donne le privilège de connaître tous les secrets, disons ce que c'était que cette mystérieuse jeune fille qui n'avait apparu qu'un instant au prince et à Fernande, que nous ne connaissais, rue du Coq, n° 5, que sous le nom de Cécile...

I.

LA BARRIÈRE SAINT-DENIS.

Le 20 septembre 1792, une petite carriole à claire-voie, garnie de paille, recouverte de toile et conduite par un paysan assis sur le brancard, se présentait à six heures et demie du matin à la barrière Saint-Denis, à la suite d'une douzaine d'autres qui toutes s'avançaient avec la prétention bien évidente de sortir de la capitale, ce qui, à cette époque d'émigration, n'était pas une chose facile.

Aussi, chacune des voitures qui se présentaient était-elle soumise à une investigation rigoureuse. Outre les douaniers, dont l'état ordinaire est de visiter simplement les voitures qui entrent, quatre officiers municipaux stationnaient à la porte pour vérifier les passeports, et un poste de volontaires nationaux se tenait prêt à leur prêter main-forte si besoin était.

Chacune des voitures qui précédaient la petite charrette se présenta à son tour et fut fouillée jusque dans les moindres recoins. Aucune d'elles ne présentait sans doute un chargement suspect, car toutes passèrent sans encombre, et la petite charrette atteignit la grille à son tour et s'arrêta à son tour devant la porte du corps de garde.

Alors le paysan, sans attendre l'interrogatoire, leva lui-même la toile qui fermait sa voiture et présenta son passeport.

Ce passeport, délivré par la mairie d'Abbeville, invitait les autorités à laisser circuler librement le fermier Pierre Durand, sa femme Catherine Payot, et sa mère Gervaise Arnoult, tous trois se rendant à Paris. D'un autre côté, la municipalité de Paris autorisait les mêmes personnes à retourner au village de Nouvion, lieu de leur résidence habituelle.

L'officier municipal allongea sa tête dans la charrette; elle renfermait une femme de quarante-cinq à cinquante ans, une autre femme de vingt-cinq à vingt-huit ans et une petite fille de quatre ans; toutes trois étaient vêtues en paysannes normandes, et, l'enfant excepté, portaient le grand bonnet des femmes du pays de Caux.

— Qui s'appelle Gervaise Arnoult? demanda le municipal.
— Moi, monsieur, répondit la plus âgée des femmes.
— Qui s'appelle Catherine Payot? continua l'interrogateur.
— Moi, citoyen, répondit la plus jeune.
— Pourquoi cette petite fille n'est-elle pas portée sur le passeport?
— Ah! dam! ça, mon officier, dit le paysan en répondant à la question adressée aux deux femmes, ça c'est toute la faute; ma femme me disait bien: Pierre, il faut la faire inscrire sur le papier tout de même; mais moi je lui ai dit: Laisse donc, Catherine, un brin d'enfant comme cela, ça n'est pas la peine.
— Est-ce ton enfant? demanda le municipal.

L'enfant ouvrait la bouche pour répondre, mais sa mère lui mit la main sur les lèvres.

— Pardieu! dit le paysan, et à qui voulez-vous donc qu'elle soit?
— C'est bien, dit le municipal. Mais, comme l'avait pensé la citoyenne, il est important qu'il soit fait mention de cet enfant sur le passeport; et puis, ajouta-t-il, c'est sans doute par erreur qu'il est dit que ta mère a soixante-cinq ans et ta femme trente-cinq, ni l'une ni l'autre des deux citoyennes ne paraît l'âge qui est porté comme étant le sien.
— J'ai pourtant bien soixante ans, monsieur, dit la plus âgée des deux femmes.
— Et moi trente-cinq, dit la plus jeune.
— Et moi, monsieur, et la petite fille, moi j'ai quatre ans, et je sais bien lire et bien écrire.

Les deux femmes frissonnèrent et le paysan reprit:
— Je crois bien que tu sais lire et écrire, ça m'a coûté assez cher comme ça: six francs par mois à l'école d'Abbeville; merci, si tu ne savais pas lire pour ce prix-là, je lui ferais un procès à la maîtresse d'école; qu'on n'est pas Normand pour rien, donc.
— Assez, assez, dit l'officier municipal, vous allez descendre dans mon cabinet, tandis qu'on va visiter votre voiture et s'assurer qu'il n'y a dedans personne autre que vous.
— Mais, monsieur.... répondit la plus âgée des deux paysannes.
— Ma mère!... dit la plus jeune en lui serrant le bras.
— Allons, allons, faites donc ce que veut le citoyen, reprit le paysan, et quand il verra que nous n'avons pas d'aristocrates cachés dans notre paille, il nous laissera passer; n'est-ce pas, mon officier?

Les deux femmes obéirent et entrèrent dans le corps de garde: en y mettant le pied, la plus âgée des deux porta son mouchoir à son nez. Heureusement ce mouvement ne fut remarqué de personne que de sa compagne, qui lui fit deux ou trois fois signe de réprimer ce sentiment de dégoût un peu hasardé dans une paysanne.

Quant à l'homme, il resta près de sa charrette.

L'officier municipal ouvrit la porte de son cabinet; les deux femmes et l'enfant y entrèrent; puis il ferma la porte derrière eux.

Il y eut un instant de silence pendant lequel l'officier regarda alternativement les deux femmes avec la plus grande attention; toutes deux ne savaient trop que penser de cette interrogation muette, lorsque avançant un fauteuil à la plus âgée et indiquant de la main une chaise à la plus jeune:

— Donnez-vous donc la peine de vous asseoir, madame la marquise, dit-il à la plus âgée; prenez donc un siége, madame la baronne! dit-il à la plus jeune.

Les deux femmes devinrent pâles comme la mort et se laissèrent tomber plutôt qu'elles ne s'assirent sur les siéges qu'on leur offrait.

— Mais, monsieur, vous vous trompez, dit la plus âgée des deux femmes.

— Citoyen, je t'assure que tu es dans l'erreur! s'écria la plus jeune.

— Ne dissimulez pas avec moi, mesdames; d'ailleurs, vous n'avez rien à craindre.

— Mais qui êtes-vous, et comment nous connaissez-vous?

— Je suis l'ex-intendant de madame la duchesse de Lorges, ancienne dame d'honneur de madame la comtesse d'Artois, laquelle a quitté Paris avec les princes, et m'a laissé ici pour sauver ce que je pourrais de sa fortune; vingt fois je vous ai vue chez ma maîtresse, et je vous ai reconnue du premier coup d'œil.

— Notre vie est entre vos mains, monsieur, dit celle des deux femmes que l'officier municipal avait désignée sous le titre de baronne, car nous ne nierons pas plus longtemps que nous soyons les personnes que vous avez connues chez madame la duchesse de Lorges, qui était une de mes meilleures amies; mais vous aurez pitié de nous, n'est-ce pas?

— Vous pouvez être tranquilles, mesdames, répondit l'ex-intendant, et je ferai même tout ce qui sera en mon pouvoir pour aider votre fuite.

— Oh! monsieur! s'écria la marquise, croyez que nous vous serons éternellement reconnaissantes, et si nous-mêmes, par nos recommandations, nous pouvons vous être bonnes à quelque chose...

— Hélas! ma mère, à quoi voulez-vous que nos recommandations puissent servir maintenant à monsieur, si ce n'est à le compromettre, et loin que nous puissions quelque chose pour les autres, c'est nous qui avons besoin de protection.

— Hélas! oui, tu as raison, ma fille, répondit la marquise; j'oublie toujours qui nous sommes et ce que notre pauvre pays est devenu.

— Silence, ma mère! dit la jeune femme; au nom du ciel! ne dites point de pareilles choses.

— Oh! vous n'avez rien à craindre, mesdames, dit l'officier... c'est-à-dire, ajouta-t-il, tant que vous ne direz ces choses-là que devant moi... Mais si j'ai un conseil à vous donner, madame la marquise, c'est de parler le moins possible, ajouta-t-il en souriant... Vous avez un accent aristocratique qui n'est pas de mise à cette heure; et, quand vous parlerez, je vous ajouter un deuxième conseil au premier, prenez sur vous de dire tu et d'appeler les gens citoyens.

— Jamais! monsieur, jamais! s'écria la marquise.

— Pour moi, ma mère, pour ma pauvre petite fille! dit la baronne; elle a déjà perdu son père: que deviendrait-elle si elle nous perdait encore toutes deux?

— Eh bien! soit, dit la marquise; je vous promets, ma chère fille, de faire ce que je pourrai.

— Et maintenant, mesdames, voulez-vous continuer votre route avec ce passeport?

— Quel est votre avis, monsieur? demanda la baronne.

— Qu'au lieu de vous servir, il peut étrangement vous compromettre. Vous ne paraissez ni l'une ni l'autre l'âge qui vous y est attribué: et, comme je vous l'ai dit, mademoiselle votre fille n'est point portée dessus.

— Que faut-il donc faire? nous n'en avons pas d'autre.

— Mais je puis vous en procurer un, moi!

— Oh! monsieur, s'écria la baronne, seriez-vous donc assez bon pour cela?

— Sans doute; mais vous serez forcées d'attendre ici une demi-heure, et peut-être plus longtemps.

— Oh! tant que vous voudrez, monsieur, dit la baronne, car je sens que près de vous nous sommes en sûreté.

L'officier municipal sortit et revint un instant après rapportant le passeport plein de boue et à moitié déchiré.

— Citoyen greffier, dit-il en appelant un jeune homme ceint comme lui d'une écharpe tricolore, fais-moi le plaisir d'aller de ma part prendre un passeport tout signé à la mairie. Tu montreras celui-là et tu diras que je l'ai laissé tomber sous la roue d'une voiture. Ajoute que les personnes sont dans mon cabinet et que je mettrai le signalement moi-même.

Le jeune homme prit le passeport des mains de l'officier municipal et sortit sans faire la moindre observation.

— Et maintenant, monsieur, dit la baronne, pouvons-nous savoir, à notre tour, comment vous vous nommez, afin que nous conservions votre nom dans notre souvenir et que nous puissions prier Dieu pour notre libérateur?

— Ah! madame, répondit l'officier municipal, j'ai, heureusement pour moi et pour vous peut-être, un nom bien ignoré et bien inconnu. J'étais, je vous l'ai dit, intendant de madame la duchesse de Lorges, qui m'a marié avec une institutrice anglaise qu'elle avait fait venir pour compléter l'éducation de sa fille. Ma femme l'a accompagnée dans l'émigration avec mon fils, qui a six ans. Maintenant ils sont en Angleterre, à Londres, et, comme je le présume, si c'est à Londres que vous vous rendez...

— Oui, monsieur, répondit la baronne.

— Je puis vous donner l'adresse de la duchesse, que vous retrouverez, d'ailleurs, toujours près de Son Altesse Royale madame la duchesse d'Artois.

— Et elle demeure? demanda la baronne.

— Regent's street, 14.

— Merci, monsieur, je ne l'oublierai pas, et si vous avez quelque commission pour madame...

— Vous lui direz que j'ai eu le bonheur de vous rendre un petit service, que jusqu'à présent mon patriotisme m'a sauvé de toute mauvaise affaire; mais que, comme je ne m'y fie pas, j'irai la rejoindre aussitôt que j'aurai achevé de lui faire passer notre petite fortune.

— Oh! monsieur, soyez certain que je n'oublierai pas un mot de ce que vous venez de me dire. Mais dans tout cela vous ne m'avez pas appris votre nom.

— Vous le trouverez au-dessous du visa que je vais mettre au bas de votre passeport, et je désire qu'il vous protége encore, madame, quand je ne serai plus là pour vous protéger.

En ce moment le greffier rentra apportant le nouveau passeport. Il avait laissé l'autre comme dépôt à la mairie.

— Mettez-vous là et écrivez, dit l'officier municipal au jeune homme.

Celui-ci obéit et remplit les formules d'usage, puis arrivé aux noms des individus, il leva la tête attendant qu'on les lui dictât.

— Comment s'appelle ton mari, citoyenne? demanda le municipal, et quel âge a-t-il?

— Il s'appelle Pierre Durand et il est âgé de trente-six ans.

— Bien, et ta mère?

— Gervaise Arnoult, et elle est âgée de quarante-cinq ans.

— Et toi?

— Catherine Payot, vingt-cinq ans.

— Et la fille?

— Cécile.

— Agée de?

— Quatre ans.

— Bien, dit le municipal; maintenant, combien as-tu déboursé, Joseph?
— Quarante sous, dit le greffier.
La marquise tira un double louis de sa poche.
— Ma mère! ma mère! dit la baronne en lui arrêtant la main.
Et elle compta les uns après les autres une pièce de trente sous et dix gros sous, qu'elle remit au greffier, qui salua et sortit.
Pendant ce temps, l'officier municipal mettait son visa, puis quand le visa fut mis, il tendit le précieux papier à la baronne en lui disant :
— Maintenant, madame, vous pouvez continuer votre route, et j'espère qu'elle s'achèvera sans accident.
— Monsieur, dit la baronne, le service que vous nous rendez ne peut se payer qu'avec une reconnaissance éternelle, et elle passera du cœur de ma mère et du mien dans celui de ma fille, quand ma fille pourra savoir ce que c'est que la reconnaissance.
La marquise fit une révérence pleine de dignité à l'officier municipal, et la petite Cécile lui envoya un baiser.
Alors, toutes trois remontèrent dans la carriole. Pierre Durand reprit sa place sur le brancard, puis après s'être assuré que les deux femmes et l'enfant étaient bien établies dans la voiture, il allongea un coup de fouet au cheval, qui partit au petit trot.
— A propos, ma fille, dit au bout de quelques instans la marquise, comment s'appelle ce brave homme?
— Louis Duval! dit la baronne dont le premier soin avait été de chercher au bas du passeport le nom de leur sauveur.
— Louis Duval, reprit la marquise; il paraît que ces gens du peuple ne sont cependant pas tous des Jacobins et des massacreurs.
A ce dernier mot, deux grosses larmes coulèrent sur les joues de la baronne.
La petite Cécile les essuya avec deux baisers.

II.

ON A VU DES REINES PLEURER COMME DE SIMPLES FEMMES.

Maintenant, quelques mots sur ces deux femmes et cet enfant qui, grâce au digne municipal, venaient, comme on l'a vu, d'échapper à un assez grave danger.
La plus âgée des deux femmes s'appelait la marquise de la Roche-Bertaud; elle était née Chemillé; c'était donc, comme naissance et comme alliance, une des grandes dames du royaume.
La plus jeune, qui était sa fille, s'appelait la baronne de Marsilly.
L'enfant, qui était sa petite-fille, s'appelait, comme nous l'avons déjà dit, Cécile : c'est l'héroïne de cette histoire.
Le baron de Marsilly, son père, mari de la plus jeune des deux femmes, était officier aux gardes depuis huit ans.
La baronne de Marsilly était dame du palais de la reine depuis cinq.
Tous deux étaient restés fidèles à leurs princes : le baron de Marsilly aurait bien pu, en 91 et 92, passer à l'étranger comme l'avaient fait beaucoup de ses collègues; mais il avait pensé que son devoir était de demeurer près du roi, et, s'il mourait pour lui, de mourir près de lui. La baronne n'avait fait aucune réflexion; elle était restée près de son mari, qu'elle adorait, et près de la reine, qu'elle vénérait.

Quand le roi et la reine avaient essayé de fuir, ils avaient rendu au baron et à la baronne de Marsilly leur liberté, et tous deux s'étaient retirés dans leur hôtel, situé rue de Verneuil, n° 6. Là ils se préparaient, de leur côté, à sortir de France et à rejoindre leurs souverains, lorsqu'ils apprirent que Leurs Majestés avaient été arrêtées à Varennes et qu'on les ramenait à Paris; ils allèrent aussitôt reprendre leurs postes aux Tuileries, et les deux premières personnes que le roi et la reine, en descendant de voiture, retrouvèrent prêtes à leur rendre leurs hommages, furent le baron et la baronne de Marsilly.
Et qu'on le remarque bien, dès cette époque les circonstances étaient assez graves pour que cette marque de dévouement ne passât point tout-à-fait inaperçue. Le 20 juin préparait le 10 août, et le 10 août allait préparer le 21 janvier.
Paris avait pris un aspect étrange ; il semblait que les passans ne se rendaient plus à leurs affaires, mais où leurs passions les appelaient; au lieu de cette bonne physionomie occupée à des niaiseries, qui fait le caractère particulier du badaud parisien, on ne voyait que des gens qui paraissaient occupés à se soustraire à des haines ou à poursuivre une vengeance ; chaque jour on entendait parler de quelque assassinat nouveau; tantôt c'était un malheureux procureur qu'on faisait périr sous le bâton, rue de Reuilly, sous prétexte que c'était un émissaire de Lafayette ; tantôt c'était un ancien garde du corps qu'on noyait dans le bassin des Tuileries en lui tenant la tête sous l'eau, en face d'une centaine de promeneurs qui regardaient cet odieux spectacle en riant d'un rire stupide; un jour, c'était quelque prêtre réfractaire qu'on accrochait à la lanterne au milieu des huées de la populace; un autre jour, enfin, c'était Duval d'Epremesnil qu'on écharpait sur la terrasse des Feuillans; et tous ces assassinats, tous ces meurtres, tous ces massacres se coloraient du nom pompeux et solennel de justice du peuple.
Quand de pareils bruits entraient aux Tuileries, escortés de cette singulière excuse, on se regardait avec étonnement en se demandant quelle était cette nouvelle justice qui prenait impunément la place de la justice du roi.
Tout cela annonçait quelque grande catastrophe, puis un jour, comme si les présages célestes voulaient se réunir aux menaces humaines, un de ces orages auguraux, qui annoncent une certaine harmonie entre le monde supérieur et le monde inférieur, éclata.
C'était le 5 août 1792, toute la journée avait été écrasante : un soleil de plomb avait brûlé Paris ; une certaine lassitude, une vague terreur, un sombre découragement semblaient planer sur la population; les voisins inquiets, rassemblés sur le pas des portes ou causant d'une fenêtre à l'autre, se montraient avec étonnement de grands nuages cuivrés qui passaient rapidement au-dessus des rues étroites, comme d'immenses vagues, et allaient au couchant se confondre dans une vaste mer de sang. Jamais le ciel n'avait eu cette couleur, jamais le soleil n'avait quitté la terre en lui faisant de si tristes adieux.
Bientôt il passa dans les airs une brise chaude et sifflante, si étrange, si inattendue, que, sans échanger une parole, les groupes se dissipèrent, et que chacun rentra chez soi fermant portes et fenêtres : alors l'orage éclata.
Qu'on se rappelle l'orage du mois de juillet qui précéda de quelques jours la révolution de 1830.
Pendant une heure ou deux, cependant, des hommes voulurent lutter avec les élémens. A la lueur des éclairs, aux fracas de la foudre, cette horde étrangère qu'on appelait les Marseillais, non pas qu'ils fussent de Marseille, mais parce que, comme les tempêtes, ils étaient venus du midi, se répandirent dans les rues, orage vivant mêlé à l'orage du ciel, torrent d'hommes mêlé aux torrens de feu et de pluie qui sillonnaient les airs. Mais enfin la tempête du Seigneur vainquit cette espèce de rébellion, ces bandes hurlantes se dispersèrent, et les rues désertes restèrent le domaine des éclairs et de la foudre.
Personne ne dormit aux Tuileries pendant cette nuit terrible : plus d'une fois, par un volet entr'ouvert, le roi et la

reine jetèrent les yeux sur les Feuillans ou sur les quais; ils ne reconnaissaient plus leur peuple, ils ne reconnaissaient plus leur ville, et à peine si en l'entendant gronder ainsi et en ne se rappelant pas l'avoir jamais offensé, ils reconnaissaient Dieu.

A sept heures du matin seulement l'orage se calma. Alors on apprit des détails inouïs.

Le tonnerre était tombé en plus de cinquante endroits, dix-huit ou vingt personnes avaient été foudroyées, la croix de la plaine d'Issy, la croix de Crosne, la croix du cimetière d'Ivry et la croix du pont de Charenton avaient été abattues.

Enfin, ce fut pendant cette nuit, au bruit de cet orage, que Danton, Camille Desmoulins, Barbaroux et Panis, décrétèrent la journée du 10 août.

Le 9, le baron de Marsilly était de garde aux Tuileries, et, comme d'habitude, la baronne faisait son service près de la reine.

A huit heures du matin, on entendit battre le tambour dans les différens quartiers de Paris. C'était Mandat, commandant en chef de la garde nationale, qui appelait la milice citoyenne à la défense des Tuileries, qu'on savait depuis la veille menacées par les faubourgs.

Trois ou quatre bataillons à peine se rendirent à cet appel. On les établit les uns dans la cour des Princes, les autres dans la cour des Suisses, les autres enfin dans l'étage inférieur du château. La cour des Princes conduisait au pavillon de Flore, c'est-à-dire au pavillon qui donne sur le quai ; la cour des Suisses conduisait au pavillon Marsan, c'est-à-dire au pavillon qui donne sur la rue de Rivoli.

A midi, monsieur de Maillardor assigna aux Suisses les différens postes qu'ils devaient occuper.

A midi et demi, le baron de Marsilly reçut l'ordre d'accompagner le roi à la chapelle. Toute la famille royale voulait entendre la messe, comme autrefois les chevaliers communiaient à l'heure du combat ; on sentait sans rien voir encore qu'il s'approchait un événement terrible.

Ce fut quelque chose de solennel que cette messe, l'avant-dernière que Louis XVI entendit.

La dernière fut celle du 21 janvier.

Le reste de la journée fut assez tranquille et se passa à faire faire dans l'intérieur du château quelques ouvrages de défense. Le baron fut chargé de couper le plancher de la galerie du Louvre, aujourd'hui la galerie du Musée.

A onze heures du soir, Péthion, le maire de Paris, le même qui, un an plus tard, fugitif à son tour, devait être dévoré presque vivant par les loups, dans les bruyères de Saint-Emilion, entrait chez le roi d'où il sortait à minuit.

Aussitôt le roi parut, et ouvrant la porte d'une chambre où était un poste :

— Monsieur de Marsilly, dit-il en reconnaissant l'officier qui le commandait, je vous annonce une nuit plus tranquille que nous ne la croyions ; monsieur le maire de Paris m'assure que tout se pacifie. Faites passer cette bonne nouvelle à monsieur de Maillardor, mais que cependant elle ne l'empêche pas de veiller.

Le baron s'inclina et sortit pour exécuter les ordres du roi, mais en arrivant au poste du grand escalier, il s'arrêta prêtant l'oreille et croyant d'abord avoir mal entendu. Le tocsin et le roulement de la générale retentissaient à la fois, et le cri : A vos postes ! se faisait entendre d'un bout à l'autre des Tuileries, en même temps qu'on fermait la grande grille du Carrousel.

Une demi-heure après, le bruit se répandit que les canonniers de la garde nationale, qui avaient été appelés pour la défense du roi et qui stationnaient dans la cour, venaient de tourner leurs pièces contre le château.

A deux heures du matin, on vint annoncer au baron de Marsilly que le roi le demandait.

Le baron trouva le roi, la reine, madame Elisabeth et leurs plus intimes réunis dans la chambre qui précède le cabinet du roi. La baronne était dans l'embrasure d'une fenêtre avec deux autres dames d'honneur.

Toutes les femmes étaient fort pâles. Le caractère des physionomies, modelées même dans cette circonstance extrême sur celle des souverains, était la résignation.

Le roi ne s'était pas mis au lit. Au moment où le baron entra, il était couché sur un canapé. Sa Majesté se leva ; elle était en habit violet et avait l'épée au côté.

Louis XVI alla au devant du baron, et, le prenant par un bouton de son habit, comme c'était son habitude quand il parlait à ses familiers, il le conduisit dans un coin.

— Eh bien ! mon cher baron, lui dit-il, il paraît que malgré ce que m'avait dit monsieur Péthion, les choses tournent au pire. Ils se rassemblent, et au point du jour on assure qu'ils marcheront sur les Tuileries. Que veulent-ils ? Je n'en sais rien... Nous égorger, sans doute... Croyez-vous les Tuileries en état de défense ?

— Sire, répondit le baron, vous me demandez la vérité, n'est-ce pas ?

— Oh ! oui ! la vérité, toute la vérité. Si on me l'avait toujours dite, je n'en serais pas où j'en suis.

— Si nous sommes attaqués avec quelque ensemble et quelque acharnement, le château ne tiendra pas deux heures.

— Comment ! vous croyez que mes défenseurs m'abandonneront ?

— Non, sire, répondit le baron, mais au bout de deux heures, ils seront tous morts.

— Baron, ne dites pas cela tout haut, ménagez la reine. Ainsi, c'est votre avis ?

— Oui, sire.

— C'est aussi celui de Maillardor, que je viens de faire venir. Baron, prenez cinquante hommes parmi ceux que vous connaissez pour les plus braves et chargez-vous du poste de la porte de l'Horloge ; il est défendu par deux pièces de canon. Je veux pouvoir compter sur tous ceux qui seront à ce poste, le plus important des Tuileries.

— Je remercie Sa Majesté de la confiance dont elle m'honore et je m'en rendrai digne, répondit le baron en s'inclinant pour se retirer.

— Dites quelques mots à la baronne, je vous le permets, dit le roi le retenant.

— Merci, sire. Je n'eusse point osé demander cette grâce, mais Votre Majesté sait aller chercher au fond du cœur les désirs de ceux qui la servent.

— C'est que je suis père et mari comme vous, baron, répondit le roi, et que moi aussi j'aime la reine du fond du cœur. Puis, il ajouta à voix basse : — Pauvre Marie ! que Dieu la garde !

Le baron s'approcha de sa femme.

— Louise, lui dit-il, on ne sait pas ce qui peut arriver. Dans le cas où les Tuileries seraient prises, réfugie-toi dans le cabinet derrière la bibliothèque de madame Elisabeth. Si je ne suis pas mort, je te retrouverai là.

— Mais si la reine quitte Paris ?

— Alors, comme de mon côté je suivrai le roi, nous ne nous quitterons pas.

Tous deux se serrèrent la main.

— Embrassez-la, dit le roi en se penchant à l'oreille du baron et en lui mettant la main sur l'épaule, — qui sait si ceux qui se quittent à cette heure se reverront jamais

— Merci, sire, merci, dit le baron, et il pressa sa femme contre son cœur.

La reine essuya une larme. Le baron vit ce témoignage d'intérêt ; il alla mettre un genou en terre devant Marie-Antoinette.

La reine lui donna sa main à baiser.

Le baron s'élança hors de la chambre ; le soldat sentait que lui aussi allait pleurer comme un enfant.

III.

L'ARTILLEUR DE LA CROIX-ROUGE.

Derrière le baron de Marsilly, le roi, la reine et madame Élisabeth sortirent ; ils allaient tous trois faire une visite à leurs défenseurs. A chaque poste, le roi essaya de dire à ceux qui le composaient quelques paroles d'encouragement. La reine voulut l'imiter, mais ce fut en vain qu'elle essaya de parler, les sanglots lui coupèrent la parole.

En effet, le spectacle qu'offrait les Tuileries était peu rassurant.

Les gardes suisses et françaises étaient à leurs postes, prêtes à mourir pour le roi ; mais il y avait dissension dans les rangs de la garde nationale. Les bataillons des Petits-Pères, de la Butte des Moulins et des Filles-Saint-Thomas étaient restés fidèles et tenaient ferme dans la cour des Suisses et dans la cour des Princes ; mais les bataillons des Thermes-de-Julien, et les artilleurs de la Croix-Rouge, du Finistère et du Panthéon avaient déjà pointé leurs canons sur les Tuileries.

Le roi rentra le cœur brisé. La reine et madame Élisabeth avaient perdu tout espoir ; personne ne dormit au château que le dauphin.

A six heures du matin on entendit un grand bruit, c'était l'avant-garde des faubourgs qui débouchait sur le Carrousel. En même temps, on vit descendre le roi, la reine et le dauphin par le grand escalier. La reine portait l'auguste enfant dans ses bras ; tous trois se rendaient à l'assemblée.

En passant, le roi jeta un coup d'œil au baron de Marsilly, qui se tenait debout, l'épée à la main, sous la grande porte, à la tête de ses cinquante hommes. Deux pièces de canon présentaient à la porte leurs gueules de bronze : les artilleurs se tenaient derrière, mèche allumée.

Le dauphin salua de la main ses défenseurs, et les cris de : « Vive le roi » se firent entendre, proférés à l'unanimité par cette petite troupe.

Mais il n'en fut pas ainsi quand le roi s'approcha de la terrasse des Feuillans, qui était couverte de monde ; des vociférations terribles l'accueillirent. Un sapeur accabla la reine d'injures et lui arracha le dauphin des bras.

Ce fut porté par cet homme que le royal enfant entra dans l'assemblée.

Au même instant les premiers coups de canon tonnèrent.

A ce bruit la baronne se rappela ce que lui avait dit son mari : elle se retira dans le cabinet indiqué. Trois ou quatre femmes de la reine l'y suivirent.

A chaque instant le bruit du canon redoublait, et dans les intervalles on entendait le pétillement de la fusillade. A chaque bordée, le château tremblait de son faîte à sa base. Les carreaux, brisés, tombaient dans les appartemens, les balles cliquetaient contre les boiseries.

Bientôt on entendit des cris ; ces cris se rapprochèrent, c'étaient ceux des Suisses et des gardes nationaux qu'on égorgeait dans les escaliers. Ils avaient reçu, de l'assemblée, une dépêche du roi qui leur ordonnait de cesser le feu et de capituler ; il était trop tard pour capituler, le château était pris d'assaut.

Les pas des fuyards commencèrent à retentir dans les appartemens ; et la lutte, après avoir eu lieu dans les escaliers, se renouvela de chambre en chambre. La baronne, l'oreille collée à la porte du cabinet, écoutait le bruit se rapprocher, et dans chaque cri qu'elle entendait croyait entendre le dernier cri de son mari. Tout à coup la porte, ébranlée par une violente secousse, céda. Trois gardes nationaux de la Butte-des-Moulins se précipitèrent dans le cabinet en implorant du secours. Ils y trouvèrent la baronne et ses compagnes tout éplorées. La baronne demanda des nouvelles de son mari, s'oubliant elle-même pour ne penser qu'à lui ; mais aucun d'eux ne le connaissait et elle ne put rien apprendre.

Au reste, à la vue de ces hommes, dont les vêtemens en lambeaux étaient couverts de sang, la terreur s'empara des pauvres femmes. Ce cabinet avait une porte qui donnait dans un corridor, lequel descendait par un escalier secret dans les appartemens inférieurs. Une des femmes proposa ce moyen de fuite. Il fut adopté d'autant plus vivement qu'on entendait les coups de fusil et les cris des mourans dans la chambre qui précédait la bibliothèque. Hommes et femmes s'élancèrent pêle-mêle dans le corridor, puis dans l'escalier qu'on descendit rapidement. La baronne seule, au moment de les suivre, s'était arrêtée sur la première marche. Son mari lui avait dit de l'attendre où elle était, et même, au plus fort de sa terreur, cette recommandation lui était revenue à l'esprit et l'avait arrêtée à sa place.

Un instant elle crut ses compagnes sauvées. Penchée sur la rampe, elle les suivait des yeux dans l'escalier et de l'oreille dans les corridors. Le bruit de leurs pas s'éteignit. Mais bientôt on entendit retentir trois ou quatre coups de fusil, puis des cris, puis la rumeur causée par cinq ou six personnes qui fuyaient leur succéda : c'étaient les compagnes de la baronne, c'étaient les gardes nationaux qui étaient allés heurter au bout du corridor une bande de Marseillais qui s'étaient mise à leur poursuite, et qui revenaient chercher un asile dans le cabinet où la baronne attendait toujours.

Sur l'escalier, un des gardes nationaux tomba ; il avait, à la dernière décharge, reçu une balle au travers du corps : les femmes furent obligées d'enjamber par-dessus son cadavre.

Maintenant, le massacre se rapprochait des deux côtés.

Il n'y avait plus moyen de rester dans le cabinet ; on entendait rugir les Marseillais dans le corridor. Il n'y avait pas d'espérance de fuir par la bibliothèque, on s'y égorgeait. Les femmes tombèrent à genoux, et les hommes saisirent les chaises pour mourir au moins en se défendant.

En ce moment, par un œil-de-bœuf donnant dans une petite chambre retirée, un homme vêtu du costume d'artilleur de la Croix-Rouge, s'élance et vient tomber au milieu des femmes, qui jettent un cri de terreur, et des gardes nationaux qui s'apprêtent à lui briser la tête avec leurs chaises, quand tout-à-coup la baronne étend les deux mains sur cet homme : c'était le baron.

En un instant les femmes le reconnaissent, et les deux gardes nationaux savent qu'ils ont affaire à un ami.

En deux mots le baron les met au fait ; forcé à son poste, poursuivi de chambre en chambre, il a trouvé à la porte du cabinet attenant le cadavre d'un artilleur de la Croix-Rouge ; il l'a tiré dans le cabinet, a revêtu ses habits et, par l'œil-de-bœuf qu'il savait communiquer avec la bibliothèque, il a rejoint sa femme.

A peine a-t-il donné cette explication que les Marseillais, qui ont perdu de vue les fuyards, mais qui les ont suivis à la trace du sang, se précipitent dans l'escalier. Le baron prend une résolution rapide, soudaine, complète, et s'élance à leur rencontre.

— Par ici, amis, dit-il, par ici.

— Canonnier de la Croix-Rouge, crient les Marseillais ?

— Oui, frères, nous avons été pris, ces deux braves gardes nationaux et moi ; nous allions être égorgés quand ces femmes nous ont cachés dans ce cabinet. La vie pour elles, car elles nous ont sauvé la vie ?

— Eh bien ! qu'elles crient Vive la nation !

Les pauvres femmes crièrent tout ce qu'on voulut.

Puis les Marseillais se répandirent dans les appartemens, emmenant les deux gardes nationaux avec eux.

— Et ces pauvres femmes qui nous ont sauvés, s'écria le baron, les abandonnerez-vous à d'autres qui, ne sachant pas les services qu'elles nous ont rendus, les égorgeront peut-être ?

— Non, dirent les Marseillais en revenant sur leurs pas, mais que veux-tu que nous en fassions ?
— Qu'on les reconduise chez elles et que leur dévoûment soit récompensé.
— Alors, qu'elles prennent nos bras et qu'elles nous disent où elles demeurent.
— Où demeures-tu, citoyenne? demanda le baron à sa femme.
— Rue de Verneuil, n° 6, répondit madame de Marsilly.
— Camarade, dit le baron à celui des Marseillais qui lui paraissait avoir la meilleure physionomie, je te recommande celle-ci ; c'est celle qui a pris le plus particulièrement soin de moi et elle demeure en face ; il n'y a que la Seine à traverser.
— Sois tranquille, dit le Marseillais, elle arrivera à bon port, la petite mère ; c'est moi qui t'en réponds.
— Mais toi, citoyen ! s'écria la pauvre femme se cramponnant au bras de son mari, que vas-tu faire?
— Moi, dit le baron en affectant un langage et une allure en harmonie avec l'habit qu'il avait momentanément revêtu, moi, je vas voir un peu ce qu'est devenu le roi.
La baronne poussa un soupir, lâcha le bras de son mari et s'éloigna au bras de son protecteur.
Puis le baron, repassant par l'œil-de-bœuf dans le cabinet voisin, revêtit son uniforme, qu'il n'avait abandonné un instant que dans l'espérance que, grâce à ce déguisement, il pourrait sauver sa femme.
La baronne attendit vainement son mari pendant toute la journée du 10 et du 11.
Le 11 au soir, comme on enlevait les cadavres de la cour des Suisses, un portier qui aidait à les jeter dans les charrettes qui les emportaient, reconnut le baron, fit porter le corps dans sa loge et alla annoncer à madame de Marsilly, qui était arrivée saine et sauve chez elle, que son mari venait d'être reconnu parmi les morts.

IV.

LA MARQUISE DE LA ROCHE-BERTAUD.

La douleur de la baronne fut profonde ; mais comme c'était une âme à la fois simple et forte, une grande consolation lui fut offerte par cette conviction que son mari était mort en faisant son devoir.

D'ailleurs, il lui restait à vivre pour sa mère et pour sa fille.

Demeurer à Paris avec la marquise, c'était s'exposer à mille dangers. La marquise avait un de ces caractères qui n'admettent aucune dissimulation, non point par force d'âme ou par conviction politique, mais parce que, née dans un certain milieu et élevée d'une certaine façon, il lui était impossible de cacher un seul instant ni sa naissance, ni ses opinions, ni ses haines, ni ses sympathies. Or, les temps devenaient de plus en plus orageux ; le roi et la reine étaient au Temple ; les massacres partiels continuaient dans les rues en attendant le massacre général qui couvait déjà. M. Guillotin venait enfin de faire hommage à l'assemblée législative de l'instrument philanthropique qu'il avait eu le bonheur d'inventer : il était temps, comme on le voit, de quitter la France.

Mais quitter la France n'était pas chose facile. Les peines les plus sévères attendaient ceux qui tentaient d'émigrer, e il ne fallait pas, en essayant de fuir un danger, se jeter dans un danger plus grand encore.

La marquise voulait tout conduire ; elle parlait de berline, de chevaux de poste, de passeports impossibles qu'elle prétendait obtenir par la protection d'ambassadeurs qui, au nom de leurs souverains, forceraient bien, disait-elle, tous ces manans-là de la laisser sortir, elle, sa fille et sa petite-fille. La baronne la supplia de lui laisser mener cette affaire, et, à force de supplications, elle obtint de sa mère qu'elle ne se mêlerait de rien.

Ce fut donc elle qui dirigea tout.

Le baron avait une terre située entre Abbeville et Montreuil. Cette terre était détemptée par un métayer dont les pères, depuis deux cents ans, avaient été fermiers des ancêtres de M. de Marsilly. La baronne croyait à bon droit pouvoir compter sur ce brave homme. Elle lui envoya un vieux domestique qui avait élevé le baron et qui, depuis quarante ans, était entré dans la famille ; cet ancien serviteur, de peur de perquisitions, n'avait aucune instruction écrite, mais il avait reçu de la baronne ses instructions verbales, et il savait tout ce qu'il avait à dire.

La famille du fermier se composait justement de sa mère et de sa femme ; il fut convenu qu'il viendrait à Paris et que la marquise et la baronne sortiraient de la capitale avec les habits et les passeports de ces deux paysannes.

Pendant ce temps, la baronne de Marsilly fit tous ses préparatifs de départ.

Il y avait à cette époque, où tout le numéraire avait été converti en assignats, très peu d'argent comptant, même dans les plus riches maisons ; cependant, la baronne parvint à réunir une vingtaine de mille francs qui, joints à quatre-vingt mille francs de diamans appartenant à la marquise, rassuraient d'avance les émigrantes sur leurs premiers besoins. D'ailleurs, chacun pensait que l'état de choses ne pouvait durer, et cette émigration, aux yeux même des pessimistes, devait avoir son terme avant trois ou quatre années.

Les deux pauvres femmes s'occupèrent donc des préparatifs de leur départ.

Du côté de la baronne, ils ne furent pas longs et se firent avec l'intelligente simplicité qui formait la base de son caractère ; mais il n'en fut pas ainsi de la part de la marquise. Sa fille, en passant dans son appartement, la trouva au milieu d'une multitude de caisses, de malles et de paquets suffisante pour encombrer trois fourgons : elle n'avait voulu laisser aucune de ses robes, et elle emportait jusqu'à son linge de table.

— Ma mère, lui dit la baronne en secouant tristement la tête, vous vous donnez bien de la peine inutilement. Nous ne pourrons guère, afin de ne pas éveiller les soupçons, emporter que la robe que nous aurons sur nous, et, quant au linge, un seul de vos mouchoirs brodés et à dentelles suffirait pour nous faire reconnaître et arrêter.

— Mais cependant, ma chère, dit la marquise, nous ne pouvons pas nous en aller sans être vêtues.

— Oui, ma mère, vous avez raison, répondit la baronne avec son inaltérable douceur, mais nous ne nous en irons qu'à la condition d'être vêtues de choses simples et en harmonie avec notre état apparent. N'oubliez pas, ajouta-t-elle en essayant de sourire, que nous sommes des paysannes, mère et femme de paysan ; que vous vous nommez Gervaise Arnoult et moi Catherine Payot.

— Oh ! quel temps ! quel temps ! murmura la marquise, et que si Sa Majesté avait, dès le premier moment, réprimé les abus, fait pendre M. Necker et fusiller M. de Lafayette, nous n'en serions pas où nous en sommes.

— Songez à des infortunes plus grandes que la nôtre encore, ma mère, et que cette comparaison vous donne la patience. Songez au roi et à la reine prisonniers au Temple, songez au pauvre petit dauphin, et ayez pitié, sinon de nous, mais du moins de Cécile, qui, si elle nous perdait, resterait orpheline.

C'étaient là de trop bonnes raisons pour que la marquise ne s'y rendît point, mais elle ne s'y rendit qu'en soupirant. La marquise était née dans le luxe ; elle s'était habituée à y vivre ; elle comptait y mourir, et les choses superflues surtout lui étaient devenues d'absolue nécessité.

Mais ce fut bien pis lorsque la baronne lui remit sa part du linge qu'elle venait de faire faire, et qui, sans être tout-à-fait grossier, était cependant bien rude auprès de la toile de Hongrie et de la batiste dont elle usait habituellement : les chemises surtout l'exaspérèrent, et elle déclara qu'elle ne porterait jamais de pareil linge, tout au plus bon pour des manans.

— Hélas ! ma mère, répondit tristement la baronne, bien heureuses si, pendant huit jours, nous parvenons à faire croire que nous appartenons à cette classe que vous méprisez tant, et qui, aujourd'hui, est toute puissante.

— Mais cela ne durera pas ! s'écria la marquise ; j'espère bien que cela ne durera pas !

— Et moi aussi, ma mère, je l'espère : mais cela est ainsi, et si vous le voulez, en attendant le jour de notre départ, je porterai le linge qui vous est destiné, afin d'en user la première rudesse.

Cette proposition de la baronne toucha la marquise, dont le cœur était excellent au fond, au point qu'elle consentit à tout, et il fut arrêté qu'aux nombreux sacrifices qu'elle avait déjà faits, elle joindrait ce dernier sacrifice, qui était pour elle, à ce qu'elle affirmait, le plus pénible de tous.

Sur ces entrefaites le fermier, sa mère et sa femme arrivèrent ; la baronne les reçut comme des gens qui venaient sauver sa vie, et la marquise, comme des gens à qui elle voulait bien faire l'honneur de devoir la sienne.

Outre les vêtements qu'ils avaient sur eux, ils apportaient leurs plus beaux habits, leurs habits des dimanches ; ceux-là étaient destinés pour la baronne et la marquise.

Heureusement, à peu de choses près, les tailles étaient les mêmes. Le soir même de l'arrivée, on barricada les portes, on ferma les volets et l'on fit l'essai des costumes.

La baronne se prêta à merveille aux incommodités relatives de ses nouveaux vêtements, mais la marquise éclata en plaintes : le bonnet ne tenait pas sur sa tête, les sabots lui faisaient mal aux pieds et les ouvertures de ses poches n'étaient pas à la même place.

La baronne lui donna le conseil de garder ces habits jusqu'au moment du départ afin de s'y habituer. Mais la marquise répondit qu'elle aimerait mieux mourir que de porter de pareilles nippes une heure de plus que le temps strictement nécessaire.

Le départ fut fixé au surlendemain.

Pendant ce temps, Catherine Payot confectionna à la petite Cécile un costume complet ; l'enfant était charmante sous ses nouveaux habits et surtout enchantée : le changement est le bonheur de l'enfance.

La veille du départ, Pierre Durand s'occupa de faire viser son passeport. La chose fit moins de difficultés qu'on ne s'y attendait ; il était entré avec sa mère, sa femme, sa charrette et son cheval ; il sortait cinq jours après avec sa mère, sa femme, sa charrette et son cheval : il n'y avait trop rien à dire. On avait bien songé à faire ajouter l'enfant aux personnes inscrites, mais on craignit que cette adjonction n'éveillât les soupçons des municipaux, et, après mûre délibération, il fut convenu qu'on n'en parlerait même pas.

Le lendemain matin, à cinq heures, la petite carriole, tout attelée, était dans la cour de l'hôtel. La marquise, habituée à se mettre au lit à deux heures et à se lever à midi, avait préféré ne pas se coucher ; la baronne, de son côté, avait passé la nuit à coudre de l'or dans son corset et des diamans dans les replis de la robe de la petite Cécile.

A cinq heures, la baronne rentra chez sa mère et la trouva prête ; seulement elle avait conservé, toute vêtue en paysanne qu'elle était, les boutons de diamans à ses oreilles et une magnifique émeraude à son doigt ; on eût dit qu'elle allait à quelque bal masqué et qu'elle avait pris toutes ses précautions pour que l'on vit bien que ce n'était qu'un déguisement.

Après une légère discussion, la baronne obtint d'elle qu'elle ôtât ses boucles d'oreilles et sa bague, opération qui ne s'accomplit point sans que la marquise poussât de profonds soupirs.

Mais où fut la véritable lutte, ce fut lorsqu'il s'agit de monter dans la carriole : la marquise n'avait pas encore vu le véhicule destiné à la transporter hors de France, et elle s'était fait l'idée de quelque chose comme un remise ou comme un fiacre tout au plus. A la vue de la carriole, elle demeura anéantie. Cependant, comme les grandes circonstances amènent les grandes résolutions, la marquise fit sur elle un violent et dernier effort, et monta dans la carriole.

La baronne pleurait silencieusement en quittant son hôtel, où elle avait été si heureuse, ses gens qui l'avaient si bien servie, et les bonnes paysannes qui lui donnaient une si grande preuve de dévoûment.

Quant à la petite Cécile, elle ne faisait que répéter :

— Mais où est donc papa, et pourquoi ne part-il pas avec nous ?

Tout alla bien jusqu'à la barrière Saint-Denis ; mais à la barrière Saint-Denis eut lieu la scène que nous avons racontée, et qui, au lieu de tourner au pire, comme on l'avait cru d'abord, eut des résultats si heureux pour la famille émigrante.

En effet, comme l'avait prévu le bon municipal, grâce à leur nouveau passeport, plus en règle que l'ancien, on eut peu de difficultés aux voyageurs ; d'ailleurs, pour plus de sécurité, ils ne s'arrêtèrent, comme cela convenait à des gens de leur condition apparente, que dans de petites auberges de villages. Le cheval était bon et faisait ses douze lieues par jour, de sorte que, dans la nuit du sixième jour, les fugitifs étaient à Boulogne.

En passant à Abbeville, Pierre Durand avait fait viser son passeport pour continuer sa route.

Nous passons sous silence les plaintes de la marquise quand il lui fallut coucher dans des draps d'auberge et brûler de la chandelle.

La baronne supporta toutes ces boutades aristocratiques avec une angélique douceur.

Quant à la petite Cécile, elle était enchantée : elle voyait des arbres, des fleurs et des champs, les enfans sont comme les oiseaux, et n'en demandent pas davantage.

On arriva pendant la nuit à Boulogne, et on descendit à l'hôtel de France, dans la rue de Paris.

L'hôtel était tenu par madame Ambron, royaliste au fond de l'âme, et dont la baronne avait pris l'adresse, comme celle d'une femme sur laquelle on peut compter. En effet, à peine la baronne se fut-elle ouverte à elle, que son hôtesse lui répondit de tout et lui promit que dès la nuit du lendemain, si le vent était bon, elle partirait pour l'Angleterre.

Puis elle donna aux voyageurs d'humbles chambres, comme cela convenait à des paysannes, mais d'une propreté si remarquable, que la marquise elle-même fit momentanément trêve aux soupirs qu'elle n'avait cessé de pousser depuis qu'elle avait quitté son hôtel.

En effet, le lendemain matin, madame Ambron, qui avait des relations avec tous les mariniers de la côte, fit prix avec le patron d'un petit sloop, lequel, pour la somme de cent louis, s'engagea à conduire les trois fugitives à Douvres.

Toute la journée les yeux de la baronne demeurèrent fixés sur une girouette qui se trouvait en face de ses fenêtres. Le vent était contraire, et déjà depuis cinq ou six jours soufflait obstinément du même côté. Mais comme si Dieu, jugeant la pauvre famille suffisamment éprouvée par la perte de son chef, la regardait enfin en pitié, vers le soir la girouette tourna, et l'hôtesse entra toute joyeuse pour dire à la baronne de se tenir prête à sortir avant la fermeture des barrières.

En effet, à cinq heures, la marquise, la baronne et la petite Cécile reprirent place dans la carriole et Pierre Durand sur le brancard. Comme s'ils retournaient à Montreuil et surtout grâce au nouveau visa, ils sortirent sans difficulté. Mais, à une demi-lieue de la ville, on prit un chemin de traverse qui conduisait à une petite maison de campagne qu'avait achetée madame Ambron, et qui était située à un quart de lieue de la mer. C'était ordinairement à cette maison que, grâce au procédé qu'à son tour venait d'employer la baronne, on venait prendre les voyageurs qui désiraient passer en Angleterre.

Madame Ambron avait voulu cette fois s'y trouver elle-même ; ce fut donc cette digne femme qui reçut, à leur arrivée, la baronne, sa mère et sa fille ; il était dix heures du soir, on attendit jusqu'à minuit.

A minuit on frappa à la porte, c'était le patron du sloop en personne. Selon les conventions faites, la baronne lui paya cinquante louis à l'avance, les cinquante autres devaient lui être payés en mettant le pied sur la côte d'Angleterre.

Les deux femmes s'enveloppèrent dans leurs pelisses; madame Ambron se chargea de soutenir la marquise, à qui cette demi-lieue faite à pied et au milieu de la nuit causait une mortelle terreur ; Pierre Durand prit la petite Cécile dans ses bras et l'on partit.

A mesure qu'on avançait, on entendait la mer qui se brisait le long de la côte avec ce long et triste murmure qui semble la respiration de l'Océan. La marquise frissonnait à l'idée de s'embarquer ainsi sur une petite chaloupe et parlait de rester cachée en province.

De temps en temps la baronne regardait la petite Cécile qui s'était endormie dans les bras du fermier, et sans mot dire, essuyait une larme.

On arriva au bord de la falaise : il fallait descendre. On ne voyait rien qu'une espèce de muraille taillée à pic ; la marquise jeta de grands cris.

Un petit chemin large de deux pieds rampait le long de cette muraille ; la baronne reprit sa fille des bras de Pierre Durand, et s'y engagea la première ; madame Ambron la suivit en se retenant à la main du fermier, la marquise ferma la marche, soutenue par le patron.

On arriva sur le galet.

La baronne eut un instant de terreur. Aussi loin que la vue pouvait s'étendre on n'apercevait ni hommes ni barques, mais le patron fit entendre un coup de sifflet et l'on vit apparaître un point noir qui grossit en s'approchant ; c'était un canot et deux rameurs.

Madame de Marsilly se retourna une dernière fois pour remercier madame Ambron et dire un dernier adieu à Pierre Durand ; elle trouva le brave fermier tournant son chapeau entre ses mains avec l'air évidemment embarrassé d'un homme qui voudrait parler et qui n'ose le faire.

— Vous avez quelque chose à me dire, mon ami ? demanda la baronne.

— Pardon excuse, madame la baronne, dit Pierre Durand, car ça n'est pas à moi à me mêler de vos affaires.

— Dites toujours, mon cher Pierre, tout ce que vous me direz sera bien reçu.

— Je voulais donc dire, madame la baronne, continua Pierre, qu'en partant comme cela au moment où vous vous en doutez le moins et pour un pays aussi cher à vivre que l'Angleterre, sans savoir combien de temps vous y resterez...

— Eh bien ? dit la baronne voyant que Pierre hésitait de nouveau.

— Eh bien ! madame la baronne, continua le fermier, n'a peut-être pas réuni tous les fonds qui lui sont nécessaires ?

— Pierre, mon ami, dit la baronne en lui serrant la main, je vous comprends.

— Et, continua Pierre, si madame la baronne... comme nous avons encore six ans de bail et que, j'espère bien, madame la baronne nous le renouvellera ; je dis donc que si madame la baronne voulait nous permettre de lui donner d'avance deux années de fermage, outre que ça nous rendrait service, attendu que les brigands pourraient bien nous piller cet argent-là, et qu'il serait plus en sûreté dans les mains de madame la baronne que dans... les nôtres. Enfin, en acceptant ces dix mil'le francs, madame la baronne nous ferait bien plaisir. Les voilà dans un petit sac et tout en vieux louis. Oh ! madame peut les prendre de confiance, il n'y en a pas un de rogné.

— Oui, mon ami, oui, j'accepte, dit la baronne, et nous reverrons dans des temps plus heureux, et, soyez tranquille, Pierre, je n'oublierai pas votre dévoûment.

— Allons, en barque, en barque, cria le patron ; un douanier qui s'aviserait par hasard de faire sa ronde et nous serions flambés, voyez-vous.

La recommandation était juste. La baronne serra une dernière fois de sa main fine et blanche la grosse main calleuse de Pierre Durand, elle embrassa madame Ambron et sauta dans la barque où l'attendaient déjà la marquise et Cécile.

En ce moment on entendit une voix qui criait : Qui vive?

— Au large, dit le patron, et nageons, enfans, nageons vivement.

Et lui-même, tout en sautant dans la barque, la lança d'un coup de pied en mer.

Dix minutes après on était à bord du sloop, et le lendemain au matin les trois fugitives débarquaient à Douvres.

V.

LE COTTAGE.

En mettant pied à terre, la baronne voulait tout d'abord prendre une voiture pour Londres, mais la marquise déclara que, puisqu'elle avait enfin le bonheur d'avoir quitté la France et de se trouver en lieu de sûreté, elle ne ferait pas un pas de plus sous le ridicule accoutrement dont elle avait été obligée de s'affubler pour fuir. Comme la chose ne présentait aucun grave inconvénient, la baronne y consentit; d'ailleurs, quelque extravagantes que fussent souvent les exigences de madame de La Roche-Bertaud, la baronne y souscrivait presque toujours avec cette soumission filiale que l'on retrouve souvent encore dans les grandes familles qui ont conservé les traditions du dix-septième siècle.

En conséquence, la baronne se fit donc conduire dans le meilleur hôtel de Douvres, et là, malgré la fatigue de la route, avant de prendre aucun repos, la marquise ouvrit une caisse qu'elle avait cachée dans la carriole, en tira son linge et ses vêtemens habituels, et après avoir rejeté avec mépris loin d'elle les hardes populaires qui lui pesaient si fort, elle commença sa toilette qu'elle ne regarda comme achevée que lorsqu'elle fut coiffée et poudrée avec autant de soin que s'il se fût agi d'aller le soir même au cercle de la reine.

Quant à la baronne, tous ses soins étaient concentrés sur la petite Cécile qui, heureusement, avait assez bien supporté la mer ; cependant, comme elle avait hâte d'arriver à Londres et de faire le choix d'une résidence, elle fit retenir le même jour tout l'intérieur d'un coach qui partait le lendemain, à neuf heures du matin, pour la capitale.

On sait avec quel confortable sont exécutées les voitures anglaises ; la marquise ne fit donc pas trop de difficultés pour monter dans celle-ci, surtout lorsqu'elle vit que par les soins de sa fille elle se trouverait isolée du reste des voyageurs.

La route se fit, de Douvres à Londres, avec la rapidité ordinaire ; les voyageuses passèrent presque sans s'arrêter à Cantorbéry et à Rochester, et le même jour elles arrivèrent à Londres.

La baronne était trop absorbée dans sa douleur pour faire attention à ce qui se passait autour d'elle, mais la marquise était enchantée ; elle voyait des livrées, des armoiries et de la poudre, chose que depuis deux ou trois ans elle ne voyait plus en France, de sorte qu'elle trouvait Londres la plus belle ville du monde, et les Anglais le plus grand peuple de la terre.

Les deux femmes descendirent dans un hôtel que leur avait indiqué madame Ambron dans Golden-Square ; c'était à quelques centaines de pas de Regent's street ; la baronne envoya aussitôt une lettre à madame la duchesse de Lorges pour la prévenir de son arrivée.

Le même soir, la duchesse de Lorges accourut. La baronne et elle avaient été très liées : la duchesse de Lorges venait lui offrir ses services dans le cas où elle voudrait rester à Londres.

Mais ce n'était pas l'intention de madame de Marsilly ; elle comptait, pendant tout le temps qu'elle demeurerait à l'étranger, vivre de la façon la plus retirée ; elle demanda donc purement et simplement à la duchesse si elle connaissait un joli village qu'elle pût habiter, afin de se livrer tout entière à l'éducation de sa fille. La duchesse lui nomma Hendon comme une de ces charmantes résidences qui réunissent, au voisinage de la ville, la solitude de la campagne, et la baronne se promit d'aller dès le surlendemain visiter le petit paradis que lui recommandait son amie.

Le lendemain, la baronne et la marquise rendirent à la duchesse la visite qu'elles en avaient reçue. Le premier soin de la baronne fut de s'informer de madame Duval. C'était, comme on se le rappelle, à son mari que, selon toute probabilité, madame de Marsilly et sa mère devaient d'être arrivées à Boulogne sans qu'elle n'eût été inquiétées. La duchesse la fit appeler, et, quelques instans après, madame Duval entra, accompagnée de son fils, charmant enfant de six ans, que l'on donna aussitôt pour compagnon de jeu à la petite Cécile.

La baronne, après avoir raconté à madame Duval les obligations qu'elle avait à son mari, s'acquitta de la commission dont elle s'était chargée. La pauvre femme écouta toutes ses paroles avec une véritable reconnaissance ; il y avait plus de trois mois qu'elle n'avait reçu de nouvelles de son mari qui, n'osant risquer ses lettres à la poste, ne pouvait lui en faire parvenir que par des occasions qui devenaient de jour en jour plus rares. Or, depuis trois mois, les massacres du 10 août et des 2 et 5 septembre avaient eu lieu, et la pauvre femme, privée de nouvelles, ignorait complètement s'il n'était pas au nombre des victimes.

Lorsqu'elle apprit le contraire, elle appela son enfant, qui arriva tenant la petite Louise par dessous le bras.

— Henri, lui dit-elle, demandez à madame la baronne la permission de lui baiser la main, et remerciez-la du fond du cœur, car elle vient de m'assurer que vous avez encore un père.

— Et mon papa à moi, demanda la petite Cécile, où est-il, maman ?

La pauvre baronne se mit à fondre en larmes, et, prenant les deux enfans dans ses bras, elle les confondit dans le même embrassement, au grand scandale de la marquise.

Le soir, la baronne reçut une lettre de la duchesse, dans laquelle celle-ci lui annonçait qu'elle ne voulait point permettre qu'elle allât seule à Hendon, et qu'elle la prendrait le lendemain dans sa voiture et visiterait avec elle le petit village qui devait devenir sa résidence.

En effet, le lendemain la duchesse de Lorges était chez la baronne à dix heures du matin ; la baronne et la petite Cécile étaient prêtes, mais la marquise n'avait pas encore achevé sa toilette.

Il y avait quelques lieues seulement de Londres à Hendon ; on y fut donc rendu en deux heures. La baronne était charmée de cet aspect calme et modeste des petites maisons anglaises ; femme de goût simple et de jouissances intérieures, elle avait, surtout depuis la mort de son mari, rêvé l'isolement et la solitude dans un de ces jolis cottages comme il en surgissait à chaque pas sur sa route. Il lui semblait que, dans de pareilles demeures, l'existence devait être, sinon toujours heureuse, du moins presque toujours calme.

On arriva à Hendon ; c'était bien, comme l'avait dit la duchesse, un de ces charmans petits villages anglais dont on ne retrouve, même en Hollande et en Belgique, qu'une pauvre contrefaçon. La baronne s'informa si quelques-unes de ces jolies maisons qu'elle voyait étaient à louer, on lui en indiqua cinq ou six qui, d'après les désignations qu'elle donna, pouvaient parfaitement lui convenir.

La baronne avait une si grande hâte de posséder un de ces jolis cottages, qu'elle se mit aussitôt en quête, et que, dès le premier qu'elle vit, elle voulut l'arrêter, ne pouvant pas croire que celui-là ne fût pas le plus joli et le mieux distribué de tous. Mais la duchesse, plus au fait qu'elle de la distribution intérieure de ces petits logemens, lui assura qu'elle en trouverait de beaucoup plus convenables que celui qu'elle croyait une merveille ; et, moyennant cette assurance, madame de Marsilly continua ses perquisitions.

En effet, au cinq ou sixième qu'elle visita, il s'en présenta un si charmant, que la duchesse elle-même fut forcée d'avouer qu'il serait difficile de trouver mieux, et que l'on en arrêta le prix. Madame de Marsilly eut la faculté d'entrer en possession le jour même, si bon lui semblait, moyennant la somme de quatre-vingts livres sterling par an.

C'était une petite maison à deux étages, blanche, avec des contrevens verts, et le long de laquelle courait un treillage de même couleur, tout garni de plantes grimpantes dont les larges feuilles revêtaient, au moment de l'année où l'on était arrivé, les nuances du plus beau pourpre ; on parvenait à la façade de cette maison par une petite cour, de chaque côté de laquelle s'élevait un monticule de fleurs. Trois marches conduisaient à une porte de la couleur des contrevens, et au milieu de laquelle brillait un marteau de cuivre poli et resplendissant comme s'il eût été d'or. Cette porte ouverte, on se trouvait dans un corridor qui traversait toute la maison pour donner, de l'autre côté, sur un charmant petit jardin d'un demi-arpent environ, avec une belle pelouse verte, comme on n'en voit qu'en Angleterre, une allée circulaire, voilée de temps en temps par des massifs d'acacias, d'arbres de Judée et de lilas ; un cabinet rustique au fond, meublé de sa table et de quatre chaises, enfin, un petit ruisseau gazouillait gracieusement tout en sautillant sur des rochers en miniature, au bas desquels il formait un petit bassin qu'un rayon de soleil du Midi eût bu dans une seule journée.

Quant à l'intérieur de la maison, il était d'une grande simplicité.

Quatre portes donnaient sur le corridor du rez-de-chaussée ; la porte de la salle à manger, la porte du salon, la porte d'une chambre à coucher et la porte d'un cabinet de travail.

Le premier avait une distribution différente : l'escalier qui y conduisait donnait sur une antichambre dans laquelle s'ouvraient trois portes ; en face, celle d'un joli salon et, de chaque côté, celle d'une chambre à coucher et d'un cabinet de toilette formant boudoir.

L'étage supérieur était réservé aux domestiques, et, outre leurs chambres, contenait une lingerie.

La marquise trouvait bien la maison trop petite, trop mesquine, et tout au plus bonne pour un pied-à-terre d'été ; mais la baronne lui dit en souriant qu'on irait passer l'hiver à Londres, et moyennant cette promesse, que madame de La Roche-Bertaud prit au sérieux, elle donna son approbation au choix de sa fille.

Mais le cottage, comme on le comprend bien, n'était aucunement meublé ; il fallait tout acheter ou tout louer. La duchesse de Lorges et la marquise de La Roche-Bertaud, qui voyaient sans cesse la France châtiée comme elle le méritait par la coalition étrangère, les émigrés rentrés à Paris, les princes légitimes replacés sur le trône, étaient pour une location pure et simple ; mais madame de Marsilly, qui voyait les choses du fond d'une douleur réelle et par conséquent d'un point de vue infiniment plus positif, calcula que trois années de location équivaudraient à l'achat ; elle décida donc qu'on achèterait tous les meubles et tous les ustensiles dont on aurait besoin, invitant sa mère à choisir l'appartement qui lui conviendrait, afin qu'elle pût le faire arranger sans retard et autant que possible à son goût. La marquise ne trouvait pas la maison tout entière fût trop grande pour ses robes ; elle avait, disait-elle, dans son château de Touraine, des armoires dans lesquelles elle pourrait enfermer toutes les chambres du pauvre petit cottage ; c'était vrai, mais on n'était pas en Touraine, on était en Angleterre ; il fallait en prendre son parti et se décider. Après être montée et avoir descendu vingt fois l'escalier, avoir visité tous les coins et tous les recoins de sa demeure future, la marquise se décida pour la chambre à coucher et le cabinet du rez-de-chaussée.

Ce choix arrêté, on retourna à Londres.

Comme la baronne de Marsilly désirait s'installer le plus

tôt possible dans son logement, dès le lendemain madame de Lorges envoya son tapissier prendre les mesures.

La baronne avait protesté contre cette façon aristocratique de procéder, avouant franchement à la duchesse que toute sa fortune se bornait à cette heure en une centaine de mille francs y compris les diamans de la marquise; mais la duchesse avait répondu qu'avec cent mille francs et de l'économie, madame de Marsilly pouvait parfaitement attendre cinq ou six années. Or, il était évident qu'on n'aurait pas même ce temps à attendre, les troupes alliées étant à peine à cinquante lieues de la capitale.

D'ailleurs on avait des fermiers, on avait des terres, on avait des ressources, on tirerait de l'argent de France.

Toutes ces raisons paraissaient si bonnes à la duchesse et à la marquise, qu'elles ne savaient pas comment la baronne ne s'y rendait pas à l'instant même : la baronne fit une concession, elle accepta le tapissier, mais se chargea de l'achat des meubles.

Huit jours après, le cottage était prêt à recevoir ses hôtes : tout était d'une simplicité extrême, mais d'une propreté et d'un goût merveilleux.

Au reste, il avait fallu tout acheter : linge, argenterie, meubles, etc., de sorte que, quelque économie qu'y eût mise la baronne, son installation lui coûta vingt mille francs.

C'était le cinquième de tout ce qu'elle possédait ; il ne lui restait plus en argent comptant que les dix mille livres de Pierre Durand, plus les soixante ou quatre-vingt mille francs de diamans qui, comme nous l'avons dit, appartenaient à la marquise.

Mais avec cela on pouvait vivre cinq ou six ans, et, malgré le doute que le malheur passé avait fait naître pour l'avenir dans le cœur de madame de Marsilly, elle ne pouvait s'empêcher de répéter tout bas et après sa mère et madame de Lorges :

— Dans l'espace de cinq ou six ans, il arrive bien des choses.

En effet, ces cinq ou six années étaient destinées à voir s'accomplir de bien graves événemens.

Mais, pour le moment, nous n'avons par bonheur à nous occuper que de notre petit cottage et de ceux qui l'habitaient.

VI.

L'ÉDUCATION.

Comme on le comprend bien, la marquise avait été d'une parfaite inutilité à sa fille pour tous les arrangemens intérieurs de sa maison ; aussi était-elle restée pendant tout ce temps chez la duchesse de Lorges qui, en échange, avait prié madame Duval de donner tous ses soins à l'installation de son amie.

Madame Duval était Anglaise, comme nous l'avons dit, d'une naissance bourgeoise, mais d'une éducation distinguée, puisque, grâce à cette éducation, elle avait pu se livrer au professorat. Outre la sympathie qu'un malheur commun inspirait à la baronne pour elle, se joignait donc la reconnaissance de mille petits services rendus ; il en résulta que pendant cinq ou six jours que les deux femmes restèrent ensemble, occupées à présider à l'ameublement du cottage, il s'établit entre elles une certaine liaison, dans laquelle au reste, avec un tact parfait, madame Duval garda toujours la distance que les convenances sociales avaient mise entre elle et la baronne.

Les deux enfans, qui ne connaissaient encore rien de tout cela, tantôt se roulaient sur le gazon de la pelouse, ou sur le tapis du salon, tantôt couraient d'un après l'autre, ou en se tenant par la main, dans l'allée circulaire du petit jardin.

Au bout de huit jours tout fut prêt. Madame Duval se chargea de trouver à la baronne une femme qui pût à la fois faire un peu de cuisine et prendre soin du ménage, et retourna à Londres.

Cela fit bien gros cœur aux deux enfans de se quitter.

Le lendemain, la duchesse de Lorges arriva, amenant dans sa voiture la marquise de La Roche-Bertaud, et une femme de chambre française, que celle-ci avait arrêtée pour son service particulier.

La baronne vit avec inquiétude ce surcroît de domestique sur lequel elle n'avait pas compté ; mais elle connaissait les habitudes aristocratiques de sa mère, et comme celle-ci avait besoin d'être servie, elle pensa qu'il serait cruel de priver la marquise de ce luxe, elle qui avait déjà tant fait de sacrifices à sa position.

Certes, cette position était bien indépendante de la volonté de la baronne ; madame de Marsilly, sa mère, était habituée à toutes les commodités d'une vie grande et élégante, et, par conséquent, comme sa mère, elle subissait tous les ennuis de la gêne dans laquelle, comparativement à son opulence passée, elle allait se trouver ; mais il y a de ces caractères dévoués qui s'oublient toujours eux-mêmes pour ne songer qu'à autrui. Madame de Marsilly était un de ces caractères privilégiés de la douleur, et sa seule préoccupation était pour sa mère.

Quant à la petite Cécile, elle ne savait encore rien des choses de ce monde, douleur et bonheur, étaient, pour elle de vains mots, qu'elle prononçait comme un écho, sans avoir la conscience de leur valeur, et, sans faire encore une différence dans l'accent avec lequel elle les prononçait.

C'était, au reste, une adorable petite fille de trois ans et demi, belle et douce comme les anges, avec tous les instincts charmans de la nature féminine, souriant aux bonnes impressions comme une fleur printanière au soleil ; nature heureuse qui n'attendait que la fécondation de l'amour maternel pour réunir toutes les vertus.

Aussi la baronne, qui avait apprécié cette heureuse organisation, se réserva-t-elle à elle seule le soin de la développer.

Ce soin du reste lui fut facilement abandonné par la marquise : certes, elle aimait aussi sa petite fille. À la première vue, elle aurait même, pour des regards peu exercés, l'air de l'aimer plus que ne l'aimait sa mère. Elle l'appelait d'un bout à l'autre de l'appartement, elle se la faisait apporter du fond du jardin pour l'embrasser avec passion ; mais au bout de dix minutes, qu'elle était près d'elle, l'enfant la gênait et elle la renvoyait à sa mère. La marquise, à quarante-cinq ans, aimait Cécile comme enfant elle avait aimé sa poupée, c'est à dire pour jouer avec elle à la maternité. Cécile n'était pas pour elle, comme pour sa mère, un besoin du jour et de la nuit, c'était une simple distraction de quelques instans. La marquise, dans un moment d'enthousiasme, aurait donné sa vie pour sa petite-fille, mais pour sa petite-fille, comme au reste pour personne au monde, la marquise ne se serait pas imposé huit jours de privation.

Cependant, dès le premier jour, il s'établit une grave discussion entre la baronne et sa mère sur le genre d'éducation à donner à Cécile.

La marquise voulait une éducation brillante et digne en tout du rang que sa petite-fille serait appelée à remplir dans le monde, quand le roi, vengé de ses ennemis et rétabli sur son trône, aurait rendu à la baronne, en la grandissant encore, des intérêts de la reconnaissance, la fortune qu'elle avait perdue. C'était donc des maîtres de langue, de dessin et de danse, que, selon elle, il fallait donner à Cécile.

La baronne, de son côté, différait entièrement d'avis avec la marquise sur ce point ; femme de sens et de raison avant tout, elle envisageait les choses sous leur véritable aspect. Le roi et la reine étaient prisonniers au Temple ; elle et sa mère étaient exilées ; l'avenir lui semblait donc bien incertain et plus chargé de vapeurs sombres, que de lueurs dorées : or, c'était pour cet avenir incertain qu'il lui fallait élever Cécile.

Une éducation qui ferait d'elle une femme simple, sans besoins, et heureuse de peu, était donc l'éducation qui momentanément lui paraissait la plus convenable; libre à elle ensuite, si les temps changeaient et devenaient meilleurs, de répandre sur l'excellent fonds qu'elle aurait tissu la broderie d'une brillante éducation.

Puis, pour donner à sa fille des maîtres de danse, de dessin et de langue, il fallait la fortune qu'on avait eue et non celle qu'on possédait maintenant. Il est vrai que la marquise offrait de consacrer une partie de ses diamans à cette éducation, mais cette fois encore la baronne, qui voyait plus loin qu'elle, tout en la remerciant du fond du cœur de son amour pour sa petite-fille, amour qui l'entraînait à faire le sacrifice de ce qu'elle avait de plus cher au monde, la pria de garder cette ressource pour un besoin extrême, besoin qui, si les choses continuaient à marcher en France de la même façon, ne tarderait point à se faire sentir.

Au contraire, en se chargeant elle-même de cette éducation, la baronne pouvait donner à Cécile les premières notions de tous les arts et de toutes les connaissances nécessaires à une jeune fille, et de plus, en l'enveloppant entièrement de sa surveillance maternelle, développer les instincts excellens que la nature avait mis dans ce jeune cœur, tout en écartant les mauvais principes qu'une influence étrangère pouvait introduire dans son esprit.

La marquise, qui d'ailleurs n'aimait pas à discuter, céda donc bientôt devant les raisonnemens de la baronne, et madame de Marsilly, du consentement tacite de sa mère, se trouva chargée de l'éducation de Cécile.

Elle se mit aussitôt à l'œuvre. Les grandes et saintes âmes trouvent un adoucissement à leur douleur dans l'accomplissement de leurs devoirs. La douleur de la baronne était profonde, mais le devoir qu'elle s'était imposé était bien doux.

L'emploi du temps fut réglé par la baronne: elle était convaincue qu'un enfant peut apprendre, en jouant, les premiers élémens de ce que la femme doit savoir un jour. Elle offrit à Cécile le travail sous l'aspect d'un plaisir, et l'enfant s'y laissa prendre, d'autant plus facilement, que tout travail lui était indiqué par sa mère et qu'elle adorait sa mère.

Ainsi, la matinée était consacrée à la lecture, à l'écriture et au dessin; l'après-midi, à la musique et à la promenade.

Ces différens exercices de la pensée et du corps étaient interrompus par trois repas, après lesquels le salon du rez-de-chaussée devenait pour un temps plus ou moins long, un lieu de réunion.

Il va sans dire qu'au bout de quelque temps la marquise cessa de paraître au déjeuner. Ce repas, qui avait lieu à dix heures du matin, dérangeait trop ses habitudes. La marquise s'était, pendant trente années de sa vie, levée entre onze heures et midi, et pas une fois ne s'était montrée à qui que ce fût au monde, pas même à son mari, sans sa poudre et ses mouches. C'était donc une trop grande gêne pour elle que de se soumettre à cette discipline; elle s'en exempta, et, comme à l'hôtel de la rue de Verneuil, on lui apporta son chocolat dans son lit.

Quant à la baronne, les soins de la maison et l'éducation de sa fille occupaient tout son temps. La marquise qui n'était ni institutrice ni ménagère, passait le sien renfermée dans sa chambre, à lire les contes de Marmontel et les romans de Crébillon fils, tandis que mademoiselle Aspasie, c'était le nom de la femme de chambre française, qui n'avait plus rien à faire dès qu'elle avait habillé sa maîtresse, brodait, ou causait près d'elle, et élevée au rang de dame de compagnie, remplissait, par sa conversation, les intervalles que laissaient entre elles les différentes lectures de la marquise.

La marquise avait bien essayé d'établir quelque communication avec ses voisins de campagne; mais la baronne, tout en laissant sur ce point toute liberté à sa mère, avait déclaré que, pour son compte, elle vivrait isolée.

L'hiver se passa ainsi. L'intérieur de la petite famille, réglé par la baronne, ne s'était pas dérangé une seule fois. La marquise seule jetait, de temps en temps, un peu de trouble dans l'emploi du temps; mais presque aussitôt, par la constante et placide volonté de la baronne, toute chose reprenait sa marche accoutumée.

Cependant les nouvelles de France arrivaient de plus en plus désastreuses pour les émigrés. Un jour, plus terrible que tous les jours passés, un jour, devant lequel le 10 août et le 2 septembre s'effaçaient, s'était levé non seulement pour la France mais pour l'Europe, ce jour, c'était le 21 janvier.

Le coup fut terrible pour la pauvre famille isolée. La mort du roi présageait celle de la reine. En outre, c'était le dernier lien rompu entre la révolution et la royauté, et peut-être même entre la France et la monarchie. La marquise ne voulait pas croire à cette sanglante nouvelle; mais il n'en fut pas ainsi de la baronne: elle avait toujours vu l'avenir du côté sombre, parce qu'elle se voyait à travers son deuil. Le malheur habitué au malheur, elle crut à tout et cependant elle ne cout qu'à la vérité.

En voyant pleurer sa mère comme elle l'avait vue pleurer il y avait six mois, la petite Cécile demanda:

— Est-ce que papa a écrit qu'il ne reviendrait plus?

Cependant les terribles événemens qui se passaient en France, à part les larmes nouvelles qu'ils lui coûtaient, ne changeaient rien à la vie ordinaire de la baronne. La petite Cécile grandissait à vue d'œil, et, pareille aux fleurs du jardin, elle semblait prête à fleurir avec le printemps.

C'est qu'en effet les premiers jours du printemps étaient revenus, et tout, autour de la petite maison, avait repris un aspect de fête, le jardin s'épanouissait, les buissons de rosiers se couvraient de feuilles et se chargeaient de boutons, les lilas commençaient à montrer leurs grappes de pourpre, les acacias secouaient au vent leurs panaches parfumés, le ruisseau, que les glaces de l'hiver avaient emprisonné dans sa course souterraine, reparaissait tout grelottant encore; enfin il n'y avait pas jusqu'à la maison qui, grâce à ses fleurs grimpantes, ne reprît un air de vie, de jeunesse et de joie dont l'avait dépouillée l'hiver.

C'était une époque de bonheur aussi pour la petite Cécile. Pendant tout l'hiver, cet hiver sombre, froid et pluvieux de Londres, sa mère l'avait tenue renfermée avec le plus grand soin, et l'enfant, habituée à la vie de Paris et aux exigences de l'hôtel de la rue Verneuil, n'avait pas vu une grande différence entre cet hiver et l'hiver précédent, qu'elle avait au reste déjà oublié peut-être; mais quand elle vit venir le printemps, cet hôte inconnu de Paris, qu'elle put en quelque sorte le toucher de la main; qu'elle vit tout maître, s'animer, fleurir, sa joie fut grande, et tout le temps qu'elle ne donnait pas à ses petites études enfantines, elle le passait dans son jardin.

Sa mère la laissait faire: elle lui montrait le ciel s'éclaircissant à peu son voile de brouillard, et quand un rayon de soleil glissait par quelque crevure de nuage qui laissait apercevoir l'azur du firmament, elle disait à la petite Cécile que ce rayon de soleil était le regard de Dieu qui se fixait sur la terre, et que ce regard divin faisait fleurir le monde.

Quant à la marquise, il n'y avait pour elle ni printemps ni hiver. Elle se levait toujours à onze heures et demie, mangeait son chocolat dans son lit, s'habillait, se coiffait, se poudrait, mettait ses mouches et relisait pour la vingtième fois les contes de Marmontel et les romans de Crébillon fils, dont elle commentait les beautés avec mademoiselle Aspasie.

La baronne priait pour son mari et pour le roi qui étaient morts, pour la reine et pour le dauphin qui allaient mourir.

Puis, de temps en temps, on entendait dire que les armées républicaines avaient remporté quelques grandes victoires, et les noms de Fleurus et de Valmy venaient retentir jusqu'au fond du cottage.

VII.

DIEU DANS TOUT.

Grâce à cette vie isolée que menait la baronne et à cette vie excentrique que menait la marquise, la petite Cécile se trouva élevée dans des conditions toutes particulières.

Comme nous l'avons dit, par suite du système d'éducation adopté par la baronne, aucune étude n'était présentée à l'enfant sous l'aspect d'un travail ; cependant, lorsque son esprit avait été occupé par une lecture ou par une leçon de piano ou de dessin, sa mère pensait qu'il lui fallait une distraction, et alors la porte du jardin s'ouvrait pour l'enfant.

Ce jardin, c'était pour elle le paradis.

D'abord, la baronne le soignait elle-même, et elle y avait réuni les plus jolies fleurs qu'elle avait pu trouver. C'étaient des touffes de lis, des buissons de roses, des massifs d'aubépine et de boules de neige à ravir les yeux et l'odorat. La petite Cécile, avec ses jambes à moitié nues, sa robe courte, ses cheveux blonds flottans et ses joues veloutées, semblait une fleur de plus au milieu de ce parterre. Puis, ce petit jardin n'était pas seulement le domaine des lis et des roses, c'était un petit monde tout entier ; de beaux insectes fourmillaient sous le gazon et de temps en temps traversaient quelque allée, pareils à des émeraudes vivantes ; de splendides papillons aux ailes nacrées semblaient pleuvoir du ciel et voltigeaient d'une course inégale et capricieuse au-dessus de ce brillant tapis ; enfin, des chardonnerets et des fauvettes sautillaient de branche en branche, apportant la becquée à leurs petits qui sortaient le cou et tendaient le bec hors de leurs nids de mousse et d'herbes sèches.

Comme la baronne ne recevait personne, que la petite Cécile était entièrement isolée de la société des enfans de son âge, son jardin devint son univers. Les fleurs, les papillons et les oiseaux devinrent ses amis. Au premier mot qu'elle en avait dit à sa mère, la baronne lui avait expliqué comment chaque chose venait de Dieu et recevait sa vie de Dieu. Elle lui avait montré le regard du soleil animant la nature, et elle lui faisait remarquer que les fleurs qui s'ouvraient le matin se refermaient le soir ; que les papillons qui accouraient dans les heures chaudes de la journée, disparaissaient longtemps avant la nuit ; enfin que les oiseaux qui s'éveillaient avec l'aube, s'endormaient avec le crépuscule, excepté quelque rossignol dont le chant veillait comme une prière, comme un hymne nocturne, comme un écho mélodieux. Eh bien ! ces gazouillemens du matin et du soir, les vifs élans de ces fleurs volantes qu'on appelle des papillons, les doux parfums de ces étoiles de la terre qu'on appelle des fleurs, tout cela, grâce à l'esprit religieux et poétique de la baronne, n'était rien autre chose que les prières des êtres et des choses, que la façon dont oiseaux, papillons et plantes louaient et chantaient le Seigneur.

Mais les amies que Cécile aimait le mieux parmi ses amies, c'étaient les fleurs. Lorsque Cécile courait après quelque beau papillon aux ailes d'or, le papillon lui glissait entre les doigts ; lorsqu'elle voulait surprendre quelque oiseau gazouillant dans un buisson, l'oiseau s'envolait et allait achever sa chanson sur quelque arbre où l'enfant ne pouvait l'atteindre ; mais ses fleurs, ses fleurs chéries, elles se laissaient embrasser, caresser, cueillir même. Il est vrai qu'une fois cueillies elles perdaient leur couleur et leur parfum, languissaient tristement et mouraient enfin.

Ainsi ce fut à propos d'une rose sur sa tige que la baronne fit comprendre à sa fille ce que c'était que la vie, et à propos d'un lis brisé qu'elle lui expliqua ce que c'était que la mort.

Dès lors Cécile ne cueillit plus aucune fleur.

Cette conviction d'une existence réelle cachée sous une apparente insensibilité, établit entre l'enfant et les fleurs, ses amies, des rapports dans lesquels, grâce à sa jeune imagination, chaque chose s'expliquait. Ainsi ses fleurs étaient pour elle malades ou bien portantes, tristes ou joyeuses ; elle s'attendrissait avec les unes, elle s'égayait avec les autres ; si elles étaient malades, elle les soignait et les soutenait ; si elles étaient tristes, elle les consolait. Un jour qu'elle était entrée au jardin de meilleure heure que d'habitude et qu'elle trouva ses lis et ses jacinthes couverts de rosée, elle revint tout en larmes, disant que ses fleurs avaient du chagrin et qu'elles pleuraient ; un autre jour, la baronne la surprit faisant manger un morceau de sucre à une rose qu'elle avait accroché en passant et qu'elle voulait consoler de ce qu'elle lui avait fait tomber plusieurs feuilles.

Aussi, parmi les dessins qui naissaient sous le crayon de l'enfant, parmi les fantaisies qui naissaient sous son aiguille, les fleurs étaient toujours les élues de son choix ; quand elle voyait fleurir un lis plus beau que les autres, elle faisait son portrait comme on fait le portrait d'un ami ; quand elle voyait une rose plus vive de couleurs, plus de riche boutons, elle la fixait sur sa tapisserie pour n'en pas perdre le souvenir. Ainsi, pendant le printemps, pendant l'été et pendant l'automne elle vivait avec la réalité ; pendant l'hiver elle vivait avec l'image.

Après ses fleurs, ce que Cécile aimait le mieux c'étaient ses oiseaux ; comme les passereaux de Jeanne d'Arc qui venaient se poser sur son épaule et qui poursuivaient leur nourriture jusque dans le corset de la vierge de Vaucouleurs, les oiseaux du jardin de la petite maison s'étaient peu à peu habitués à Cécile ; en effet, pour épargner au père et à la mère de trop longues courses, Cécile venait deux ou trois fois par jour répandre du grain au pied des arbres où ses hôtes harmonieux avaient établi leur nid, et, comme elle respectait les petits, le père et la mère ne s'effarouchaient pas d'elle ; il en résultait que les oisillons, de leur côté, habitués à voir l'enfant, ne concevaient aucune crainte et que le jardin était devenu pour Cécile une véritable volière dont les habitans chantaient leurs plus doux airs dès qu'ils l'apercevaient, la suivant, comme des poules suivent la fermière, et voletant tout autour d'elle quand elle causait avec ses fleurs ou lisait sous son berceau.

Quant aux papillons, malgré leurs vives couleurs, ils lui étaient bientôt devenus indifférens ; en effet, quelques avances que l'enfant eût essayé de faire à ces inconstans bijoux des airs, ils y avaient constamment paru insensibles ; d'ailleurs deux fois elle avait tenté de saisir, une fois un magnifique Atalante à la robe de velours, une autre fois un superbe Apollon au corsage d'or, et chaque fois des fragmens de leurs ailes s'étaient brisés entre les mains de l'enfant qui, lorsqu'elle les avait lâchés, avait compris à leur vol incertain que ce qu'elle avait regardé comme une caresse de sa part était pour eux une blessure.

Voici donc le monde dans lequel vivait Cécile : sa grand'mère, qui l'aimait par boutades et qui l'effrayait quelquefois dans l'expression de son amour ; sa mère, toujours calme, sereine, religieuse, réfléchie ; ses fleurs, dont elle comprenait les douleurs et les joies ; ses oiseaux, dont elle écoutait le chant ; ses papillons, dont elle suivait le vol.

De temps en temps cependant la solitude de la petite famille était troublée ou par une visite de madame la duchesse de Lorges, qui venait plus particulièrement pour la marquise, ou par l'arrivé de madame Duval, qui venait plus particulièrement pour la baronne.

Dans les premiers temps, ces visites de madame Duval avaient été une fête pour Cécile, car toujours elle amenait avec elle Édouard. Alors ces deux enfans se promenaient, jouaient, couraient dans le jardin, tous deux foulant l'herbe, plantes et fleurs, se cachant dans les massifs, piétinant les plates-bandes, brisant les branches des arbres sur lesquels ils essayaient de monter, effarouchant les oiseaux, poursuivant les papillons. Mais peu à peu, comme nous l'avons dit, Cécile s'était mise en rapport avec tous les hôtes de son paradis ; de sorte que, lorsque venait Édouard, ce n'était plus qu'avec une grande inquiétude qu'elle l'introduisait dans son petit univers. D'abord elle avait voulu faire comprendre à son turbulent compagnon les sensations de ses fleurs, les gazouillemens de ses oiseaux et l'inconstance de ses papillons ; mais l'insoucieux écolier s'était mis à rire, lui soutenant que les fleurs étaient des choses insensibles, n'ayant ni amour, ni haine, ni joie, ni douleur. Quant aux oiseaux, Édouard voulait les prendre pour les mettre en cage, quoique Cécile lui soutînt que le bon Dieu, qui leur avait donné des ailes, ne leur avait point fait un pareil cadeau pour sauter de bâtons en bâtons dans l'étroit espace d'une prison grillée, mais pour fendre l'air et s'aller poser à la cime des peupliers ou au faîte des maisons. Enfin, une dernière circonstance avait achevé de perdre Édouard dans l'esprit de sa jeune amie. Un jour, pendant qu'elle causait avec une de ses roses de choses si importantes qu'elle avait oublié son compagnon, celui-ci revint à elle avec un magnifique paon de jour, qui, le corps percé d'une épingle, se débattait douloureusement cloué à son chapeau. Alors Cécile avait jeté des cris de douleur ; mais ces cris avaient à leur tour profondément étonné Édouard, qui avait assuré à la petite fille qu'il possédait déjà plus de trois cents papillons cloués ainsi et arrangés symétriquement dans des boîtes, où ils se conservaient comme s'ils étaient vivans.

De ce jour, Cécile s'était promis qu'Édouard ne rentrerait jamais dans son jardin ; et, en effet, à sa première visite, l'enfant, sous différens prétextes, l'avait retenu dans les appartemens, mettant à sa disposition tout ce qu'elle avait de joujoux, lui permettant de briser poupées, boutiques et ménages, mais ne voulant plus qu'il se moquât de ses fleurs, qu'il tourmentât ses oiseaux, qu'il torturât ses papillons.

La baronne de Marsilly remarqua cette affectation de sa fille à éloigner Édouard du jardin ; et, lorsqu'il fut parti, elle lui demanda pour quelle cause elle lui en avait interdit l'entrée. Alors Cécile raconta à sa mère ce qui s'était passé pendant les visites précédentes, et lui demanda si elle avait eu tort d'agir ainsi.

— Non, ma fille, lui répondit la baronne, et, tout au contraire, je t'approuve et tu as eu raison. C'est un travers de notre orgueil de croire que l'univers a été créé pour nous seuls ; que nous avons le droit de tout briser et de tout détruire. Chaque chose ici-bas est une créature, comme l'homme, l'œuvre de Dieu ; Dieu est dans la fleur, dans l'oiseau, dans le papillon, dans la goutte d'eau éphémère comme dans l'Océan infini, dans le ver luisant qui brille sous l'herbe, comme dans le soleil qui éclaire le monde.

Dieu est dans tout !

VIII.

LE TEMPS MARCHE.

Pendant que la famille exilée s'établissait loin de tous les yeux, dans un petit coin de l'Angleterre, d'immenses événemens s'accomplissaient dans le reste de l'Europe.

La mort du roi et de la reine avait porté ses fruits ; leurs meurtriers, comme les soldats antiques nés des dents du dragon de Cadmus, s'étaient détruits eux-mêmes. La convention avait proscrit les Girondins ; puis les guillotineurs avaient à leur tour dévoré les septembriseurs, puis enfin le 9 thermidor était arrivé, et la France, encore toute bouleversée par les secousses révolutionnaires, se reposait un instant.

Lorsque la terreur s'était déclarée, Louis Duval qui, ainsi que nous l'avons vu, était resté royaliste au fond du cœur, n'avait pas eu le courage de rester en France : sacrifiant la portion de sa fortune qu'il n'avait pas encore eu le temps de réaliser, il était donc parti pour l'Angleterre, et un beau jour, à la grande joie de sa femme, il était arrivé à Londres. Mais comme à Londres madame la duchesse de Lorges n'avait plus besoin d'intendant, n'ayant plus cinq cent mille livres de rentes à régir, comme, d'un autre côté, monsieur Duval était encore trop jeune pour demeurer à ne rien faire, et n'était pas assez riche pour vivre de son revenu, il entra comme caissier dans une maison de banque où les quarante ou cinquante mille francs qu'il possédait lui servirent de cautionnement. Bientôt sa probité fut si bien reconnue et son intelligence si bien appréciée, que le banquier lui donna un petit intérêt dans sa maison. Sur ces entrefaites, la duchesse d'Artois quitta l'Angleterre emmenant avec elle la duchesse de Lorges ; madame Duval demanda à rester avec son mari, ce qui lui fut accordé d'autant plus facilement que l'exil, en se prolongeant, forçait les émigrés à faire des économies. La bonne famille demeura donc tout entière à Londres, tandis que la duchesse de Lorges partait pour l'Allemagne.

Pendant ce temps, le même état de choses qui agissait sur la famille plébéienne réagissait sur la noble famille. Contre l'attente de la marquise, les alliés avaient été repoussés au delà de la frontière et, loin que les émigrés pussent tirer des ressources de France, leurs biens avaient été confisqués, et devenus propriété de la nation, avaient été vendus révolutionnairement. Or, la première chose à laquelle avait pensé la baronne, c'était de rembourser au pauvre Pierre Durand les deux années de fermage qu'il lui avait avancées au moment de son départ : les dix mille francs avaient donc été rendus à l'honnête fermier avec une lettre dans laquelle la baronne, tout en le remerciant, lui assurait que, grâce aux ressources qu'elle avait su se ménager à l'étranger, non-seulement elle ne manquait de rien, mais encore qu'elle vivait dans l'abondance. La baronne avait pensé, avec raison, qu'il ne fallait rien moins que cette assurance pour déterminer le brave homme à reprendre une somme qu'il avait offerte avec tant de délicatesse et de dévouement.

La baronne, alors, s'était trouvée réduite aux seules ressources de quelques diamans qu'elle possédait personnellement et des diamans de sa mère.

Elle avait alors été trouver la marquise, l'avait interrompue au milieu de la lecture du Sopha, et lui avait fait un exposé succinct de leur position ; cet exposé fini :

— Eh bien ! ma fille ? demanda la marquise.

— Eh bien ! ma mère, répondit la baronne, mon avis serait que nous réunissions tout ce que nous possédons de diamans à nous deux, que nous les vendissions d'un seul coup afin d'en faire une somme assez forte et que de cette somme, une fois placée sur la Banque de Londres, nous vécussions autant que possible de son revenu.

C'était, comme on le voit, une proposition des plus raisonnables ; mais il fallait, pour la mettre à exécution, que la marquise se séparât de ses diamans. Or, les diamans de la marquise, c'était tout ce qui lui restait de son ancienne splendeur. De temps en temps elle les tirait de leur écrin, et, quoiqu'elle ne pût les faire admirer qu'à mademoiselle Aspasie, c'était une consolation pour elle.

— Mais, répondit la marquise, cherchant à éluder la demande, ne serait-il pas plus raisonnable, ces diamans étant des diamans de famille auxquels naturellement nous devons tenir beaucoup, ne serait-il pas plus raisonnable de n'en vendre que strictement la quantité nécessaire, cela ferait qu'à notre retour en France nous retrouverions toujours ce qui aurait échappé à notre désastre ?

— À la manière dont les choses se passent, ma mère, répondit la baronne, notre retour en France n'est pas prochain, et de cette façon nous entamerons incessamment notre petit capital, tandis qu'en vendant le tout en une seule fois, nous eussions pu, à la rigueur, vivre avec les intérêts.

— Mais, dit la marquise essayant d'attaquer sa fille par l'amour maternel ; mais c'est que je l'avoue que je réservais ces diamans pour être un jour la dot de ma petite fille. Pauvre enfant, ajouta la marquise en secouant la tête et en cherchant au coin de sa paupière une larme qui n'y était pas, peut-être n'en aura-t-elle jamais d'autre !

— Ma mère, reprit la baronne en souriant tristement, je vous ferai observer que Cécile n'a pas sept ans encore, que selon toute probabilité, nous ne la marierons pas avant dix ans d'ici, et que d'ici à dix ans, si vous n'adoptez pas la proposition que je vous fais, vos diamans et les miens auront disparu les uns après les autres, et, cela, partiellement et sans rapporter aucun intérêt.

— Mais enfin, s'écria la marquise en s'échauffant justement, parce qu'elle comprenait la justesse des observations de sa fille, cette pauvre enfant n'aura donc pas de dot?

— Sa dot, ma mère, répondit la baronne avec cette inaltérable douceur qui faisait d'elle sur la terre un modèle, des anges du ciel, sa dot, sera un nom sans tache, une éducation religieuse, et si l'on peut ajouter à ces biens solides un bien aussi fragile que la beauté, une beauté, dis-je, qui paraît devoir aller toujours croissante.

— C'est bien, ma fille, c'est bien, dit la marquise; alors je réfléchirai.

— Réfléchissez, ma mère, répondit la baronne, et, saluant respectueusement la marquise, elle se retira.

Huit jours après, la baronne revint à la charge; mais, pendant ces huit jours, la marquise qui avait eu le temps de réfléchir à la situation, s'était fait un arsenal de mauvaises raisons si formidables, que la baronne vit bien que c'était chez sa mère un parti pris; dès lors, elle n'insista point davantage. Au bout du compte, les diamans, que réclamait la baronne, étaient la propriété de la marquise, elle avait le droit de les lui donner ou de les lui refuser. Seulement la pauvre femme se retira le cœur serré, en voyant que le seul moyen raisonnable de lutter contre la mauvaise fortune lui était dénié par un de ces capricieux travers que l'éducation, avait mis dans l'esprit et non dans le cœur de sa mère.

Le même jour, la baronne écrivit à madame Duval que, si le dimanche suivant, lui, sa femme et son fils, n'avaient rien de mieux à faire, elle les invitait à venir passer la journée à Hendon.

La bonne famille arriva vers le midi. Quoique les affaires de monsieur Duval prospérassent de plus en plus, et qu'il fût maintenant associé dans la maison de banque où il n'était d'abord que commis, il était resté ce qu'il était autrefois, c'est-à-dire le cœur humble et honnête, qu'il avait mérité la confiance de la duchesse de Lorges et l'amitié de la baronne de Marsilly.

Cependant, la marquise voyait avec peine ce qu'elle appelait les propensions de sa fille à descendre vers de petites gens. Elle lui avait souvent reproché sa liaison trop intime avec les Duval; et, lorsque la baronne lui avait rappelé quel service capital avait été la source de cette liaison, la marquise, forcée d'avouer les obligations qu'elle avait au digne municipal, essayait de les atténuer, en disant qu'il n'avait fait que ce que tout honnête homme eût fait à sa place, ce qui était bien encore un certain mérite dans une époque où il y avait si peu d'honnêtes gens.

Il en résulta que, prévenue la veille de la visite qui devait avoir lieu le lendemain, la marquise, au moment où la famille Duval entrait dans le salon, fit dire à sa fille qu'elle la priait de l'excuser près de ses hôtes, mais qu'elle avait la migraine.

Selon son habitude, Cécile ferma la porte de son jardin à Édouard, qui était alors un bon gros garçon de neuf ou dix ans, plus incapable que jamais de comprendre la vie des fleurs, de respecter la tranquillité des oiseaux, et de compatir à la douleur des papillons.

En échange, grâce aux soins particuliers que monsieur Duval avait donnés à l'éducation d'Édouard, soins sinon aussi poétiques, du moins aussi perfectionnés que ceux que madame de Marsilly avait accordés à la petite Cécile, Édouard faisait, à l'instant même, les multiplications les plus compliquées et les divisions les plus fantastiques, non-seulement la plume à la main, mais encore de simple mémoire.

Aussi, ce cher enfant était-il l'orgueil de son père.

Après le dîner, la baronne pria monsieur Duval de passer avec elle dans son cabinet.

Arrivée là, elle le fit asseoir, et, tirant d'un tiroir un écrin qui renfermait les seuls diamans qu'elle possédât, c'est-à-dire deux boucles d'oreilles et une croix, elle lui expliqua, avec la simplicité de la grandeur, la gêne dans laquelle elle se trouvait, le priant, à son retour à Londres, de lui faire argent de ces bijoux chez quelque honnête joaillier, et de lui en faire passer la valeur.

Monsieur Duval s'empressa alors de mettre cette même valeur à la disposition de la baronne, sans qu'elle eût besoin de vendre ses diamans, lui répétant ce que lui avaient déjà dit vingt fois la duchesse de Lorges et la marquise, c'est-à-dire qu'un pareil état de choses ne pouvait durer. Mais la baronne refusa, en même temps avec cette reconnaissance qui ne permet pas qu'on se blesse et cette fermeté qui ne permet pas qu'on insiste. De plus, comme la baronne se défiait de l'obligeante délicatesse de monsieur Duval, elle lui dit que les diamans ayant été payés tout montés quinze mille francs, elle ne croyait pas qu'ils dussent avoir une valeur de plus de huit ou neuf mille.

C'était dire à monsieur Duval qu'elle ne prendrait pas le change dans le cas où il essaierait de la tromper sur la valeur de ces diamans.

Monsieur Duval fut donc forcé de renoncer à l'instant même à l'espoir de faire recevoir à la baronne plus que les diamans ne valaient.

Cette petite affaire terminée, la baronne et monsieur Duval rentrèrent au salon, où les deux enfans jouaient ensemble sous les regards de madame Duval, et la conversation tomba naturellement sur les affaires du temps.

On en était arrivé à l'époque de l'expédition d'Égypte; Bonaparte, en s'éloignant de France, semblait avoir emporté avec lui la statue de la Victoire. Les Français, privés de leur chef, se faisaient battre en Italie et en Allemagne. Le directoire faisait force niaiseries en France. Ces défaites extérieures et ces niaiseries intérieures étaient encore exagérées à l'étranger; il en résultait que, tout en ayant soin de repousser les espérances des autres émigrés, la baronne ne pouvait entièrement douter de l'avenir.

D'ailleurs, douter de l'avenir avec la conviction qu'elle avait de suivre la bonne cause, c'était presque douter de Dieu.

Le surlendemain, la baronne reçut, par madame Duval, une somme de neuf mille francs, prix de ses diamans.

A cette somme, et pour ne laisser aucun doute à la baronne, était jointe l'estimation et le reçu d'un des premiers joailliers de Londres.

IX.

SYMPTÔMES

Ces neuf mille francs suffirent à la baronne pour vivre pendant deux ans: pendant ces deux ans, de nouveaux événemens s'étaient accomplis; mais ces événemens, au lieu d'apporter quelque soulagement à la situation des royalistes, leur avaient ôté tout espoir.

Bonaparte était revenu d'Égypte, avait fait le 18 brumaire, avait été nommé consul, et avait gagné la bataille de Marengo.

Il y avait bien encore quelques optimistes qui disaient que le jeune général travaillait pour les Bourbons, et que, lorsqu'il en aurait fini avec les jacobins, il remettrait le sceptre, style du temps, aux mains de ses rois légitimes; mais ceux qui envisageaient sainement les choses, n'en croyaient pas un seul mot.

En attendant, l'Europe tremblait devant le vainqueur de Lodi, des Pyramides et de Marengo.

La baronne attendit jusqu'au dernier moment pour faire une tentative près de la marquise, qui, depuis le jour où il avait été question des diamans, n'en avait plus rouvert la bouche, ne s'inquiétant aucunement de la façon dont sa fille vivait et ne lui ayant pas demandé une seule fois quelles étaient ses ressources.

Ce qui fit que la marquise parut très étonnée lorsque sa fille lui parla de nouveau de ses diamans.

Comme la première fois, la marquise épuisa toutes les raisons qu'elle put trouver dans son esprit pour défendre les précieuses parures; mais cette fois, il y avait urgence, de sorte que la baronne insista à la fois avec tant de respect, de calme et de dignité, que la marquise, tout en soupirant très fort, finit par tirer de sa cassette un collier qui pouvait valoir une quinzaine de mille francs.

La baronne insista de nouveau pour qu'on fît une seule vente de tout ce qui restait et qu'on plaçât les 50,000 francs qu'on pouvait en tirer sur la banque; mais à cette proposition, la marquise se récria de telle façon, que madame de Marsilly comprit que toute tentative de ce genre devenait inutile.

De plus, la marquise demanda que, sur la vente du collier, une somme de mille écus lui fût remise pour ses petites dépenses personnelles.

Madame de Marsilly se procura les quinze mille francs par la même voie qu'elle s'était procuré les dix mille. Comme la première fois, monsieur Duval lui fit toutes les offres de service possibles; mais, comme la première fois, madame de Marsilly refusa.

Cependant, Cécile grandissait; c'était, maintenant, une belle jeune fille de douze ans, grave et douce, tendre et religieuse, le visage d'un ange dans toute sa fraîcheur, l'âme de sa mère dans toute sa pureté, c'est-à-dire comme elle était avant que le malheur l'eût flétrie.

Souvent, de sa fenêtre, sa mère la regardait croître et fleurir au milieu de ses roses, ses amies, ses compagnes, ses sœurs; puis elle songeait que, dans trois ans, l'enfant serait bien près d'être une femme, et alors elle soupirait profondément, se demandant quel avenir était réservé à cette merveilleuse création de la nature.

Puis une chose qui inquiétait surtout madame de Marsilly, non pas à cause d'elle, mais toujours à cause de sa fille, c'est qu'elle sentait que, sous le climat brumeux de l'Angleterre, au milieu de cette éternelle préoccupation que lui inspiraient sa mère et sa fille, sa santé commençait à se déranger. Madame de Marsilly avait toujours eu la poitrine faible, et, quoiqu'elle eût atteint l'âge de trente-deux ans sans éprouver aucun accident sérieux, elle n'avait jamais pu vaincre entièrement ce vice organique qui, depuis quelque temps surtout, vers l'automne, lui faisait éprouver ces vagues souffrances, symptômes terribles de cette implacable maladie.

Cependant il était impossible que tout autre que madame de Marsilly elle-même s'aperçût de cette invisible affection. Aux yeux étrangers, au contraire, sa santé devait paraître meilleure que jamais; son teint ordinairement pâle, se colorait d'un carmin qui semblait celui d'une seconde jeunesse; sa parole, ordinairement un peu lente et que le malheur avait la tristesse avaient faite grave, s'animait quelquefois d'un accent vif et incisif qui n'était que l'excitation de la fièvre, mais que l'on pouvait prendre pour un excès de vitalité. Jamais, enfin, mademoiselle de la Roche-Bertaud, jeune fille, n'avait été si belle et si désirable que ne l'était madame de Marsilly.

Mais ces symptômes de destruction ne lui échappaient point à elle: aussi, vers 1802, au moment où les portes de la France s'étaient rouvertes aux émigrés, avait-elle eu un instant l'idée de rentrer dans sa patrie, quoique l'hôtel de la rue de Verneuil fût vendu, et quoique ses deux terres de Normandie et ses trois terres de Touraine et de Bretagne eussent passé à vil prix entre les mains de spéculateurs qui faisaient commerce d'acheter les terres nationales, comme on les appelait à cette époque. Mais c'était une chose grave que de retour en France, sans aucune sécurité de fortune: un déplacement, une vente, un voyage portaient un coup terrible aux petites ressources de la baronne. La marquise poussait bien sa fille à traverser la mer et à revenir prendre son titre et son rang à Paris, prétendant qu'une fois que l'on serait dans la capitale elle trouverait moyen, par ses anciennes connais-

sances, de faire rendre gorge aux accapareurs qui s'étaient illicitement emparés des hôtels, des terres et des châteaux; mais la baronne, comme on s'en doute bien, n'avait pas grande confiance dans les appréciations économiques de sa mère: elle se résolut donc d'attendre encore avant de prendre aucune décision.

On atteignit ainsi l'année 1805. Cécile avait treize ans et en paraissait quinze. Son cœur, tout en prenant les sentimens d'une jeune fille, avait gardé ses croyances d'enfant; et, à part ses jeux avec Édouard qui, depuis deux ou trois ans au reste, étaient devenus infiniment plus réservés, elle n'avait jamais parlé à un autre homme qu'à monsieur Duval, les soins de sa mère ayant suffi entièrement à son éducation.

Aussi cette éducation était-elle plus distinguée que supérieure; elle savait toutes choses comme une femme du monde devait le savoir, c'est-à-dire pour s'en servir et non enseigner. Ainsi elle dessinait d'une manière charmante fleurs et paysages, mais son talent, qui se bornait à l'aquarelle, ne s'était jamais élevé jusqu'à l'huile. Ainsi elle jouait du piano pour s'accompagner quand sa voix douce, suave, flexible, vibrante chantait quelque tendre romance ou quelque mélancolique nocturne; mais il ne lui serait jamais venu l'idée de chercher à faire de l'effet en exécutant une sonate ou en attaquant un grand air. Il est vrai que souvent, sur son piano, elle se laissait aller à des improvisations étranges, à des rêveries merveilleuses, à des mélodies inconnues; mais c'était, si cela peut se dire, la musique de son cœur qui débordait malgré elle. Enfin, elle connaissait d'une façon supérieure l'histoire et la géographie, ou elle croyait sérieusement ne les avoir apprises que pour répondre, en cas d'interrogation.

Quant aux langues, elle ignorait que ce fût un talent que de parler plusieurs langues, et elle les parlait indifféremment: l'italien et le français avec sa mère, l'anglais avec les domestiques et les fournisseurs.

Cependant cette bonne famille Duval qui continuait de prospérer, grâce à l'industrie de son chef, n'avait point cessé ses relations avec la baronne. Mille fois, monsieur Duval avait invité la marquise, madame de Marsilly et Cécile à venir passer une semaine, quinze jours, ou un mois dans leur maison de Londres; mais madame de Marsilly avait toujours refusé. Elle savait combien est facile à impressionner l'âme d'une jeune fille de quatorze ans, et elle tremblait, dans l'existence calme et paisible de Cécile, l'introduction de quelque désir qu'elle ne pût pas satisfaire. Mais de son côté, chaque fois qu'elle voyait la famille Duval, elle lui reprochait là âpreté de ses visites, et soit qu'il fût sensible à ce reproche, soit qu'il nourrît quelque projet dont il ne faisait part à personne, monsieur Duval, effectivement, commença à reparaître plus souvent dans le petit ermitage où son arrivée, ainsi que celle de sa femme et de son fils, étaient toujours saluées avec le plus grand plaisir, excepté par la marquise qui, avec les idées d'aristocratie que nous lui connaissons, s'était plus d'une fois étonnée de l'affection que sa fille portait à toute cette roture. Cependant, elle en avait pris son parti, et depuis longtemps, quand la famille Duval venait passer son dimanche à Hendon, la marquise descendait au dîner. Mais alors elle faisait grande toilette, se parant de tout ce qui lui restait de diamans, magnificence qui lui donnait une grande supériorité sur madame Duval, qu'on voyait toujours avec la mise la plus simple et qui ne portait jamais un seul bijou.

Toutes ces petites affectations faisaient horriblement souffrir la baronne; mais elle ne se fût pas permis vis-à-vis de sa mère la plus légère observation.

Au reste, ni monsieur ni madame Duval ne paraissaient s'apercevoir de ces mouvemens aristocratiques de la marquise, ou, s'ils s'en apercevaient, ils avaient l'air de les trouver tout naturels; seulement, il était facile de voir qu'ils savaient gré à la baronne d'être pour eux tout autrement que ne l'était madame la marquise.

Quant à Cécile, l'adorable enfant n'avait aucune idée de toutes ces distances sociales: elle savait que monsieur Duval avait rendu un grand service à sa mère. Elle souffrait lorsqu'il entrait, lui tendait la main lorsqu'il sortait, embrassait madame Duval presque aussi souvent que sa mère, et disait qu'elle voudrait bien avoir un frère comme Édouard.

Cette bonne et franche cordialité touchait ces braves gens jusqu'aux larmes ; et tout le trajet du retour et souvent encore la journée du lendemain étaient consacrés à parler de la baronne et de Cécile.

Quelques mois s'écoulèrent encore, pendant lesquels s'épuisèrent peu à peu les ressources de la baronne. La marquise, comme nous l'avons dit, en remettant les diamans, avait demandé qu'une certaine somme lui fût attribuée. La baronne la lui avait remise, et elle avait dépensé cette somme en futilités.

Ce fut donc une scène plus pénible encore que celle que nous avons racontée lorsqu'il fallut que madame de Marsilly fît une nouvelle démarche près de sa mère. La marquise ne comprenait pas comment en si peu de temps le prix du collier avait disparu, et il fallut que la baronne lui rappelât les dates et lui montrât l'emploi de l'argent pour qu'elle se rendît à sa prière ; elle remit en conséquence à sa fille une agrafe qui pouvait valoir une dizaine de mille francs.

Madame de Marsilly écrivit comme d'habitude à monsieur Duval ; comme d'habitude monsieur Duval accourut. Il trouva la baronne horriblement changée, et cependant il y avait huit jours à peine qu'il ne l'avait vue ; sa figure portait des traces visibles de larmes.

Cécile elle-même, qui n'avait aucune idée de la position de ses parens, ignorante que la pauvre enfant était des choses de ce monde, s'était aperçue depuis deux ou trois jours de la tristesse de sa mère, tristesse qui, pour ainsi dire, mettait à nu la souffrance physique cachée jusque-là sous le voile de son éternelle sérénité.

Cécile attendit donc monsieur Duval, et, comme on l'introduisait, elle l'arrêta dans le corridor :

— Oh ! mon Dieu ! mon cher monsieur Duval, lui dit-elle, je vous attendais avec impatience ; ma mère est bien triste et bien inquiète. Je lui ai demandé ce qu'elle avait, mais elle me traite comme un enfant et ne veut rien me dire. Mon cher monsieur Duval, si vous pouvez quelque chose pour elle, je vous en prie faites-le.

— Ma chère demoiselle, répondit le brave homme en regardant tendrement Cécile, j'ai plus d'une fois offert à madame la baronne, vous le savez, tous les petits services que je suis à même de lui rendre, mais toujours madame la baronne a refusé. Hélas ! ajouta-t-il en soupirant, je ne suis pas son égal, voyez-vous : voilà pourquoi elle n'accepte rien de moi.

— Vous n'êtes pas son égal, mon cher monsieur Duval? Je ne vous comprends pas bien. Ma mère vous reçoit-elle, quand vous venez nous voir, autrement que vous ne voulez être reçu ?

— Oh ! non, Dieu merci ! mademoiselle ; madame la baronne est au contraire pleine de bonté pour moi.

— Serait-ce de moi par hasard que vous auriez à vous plaindre, mon cher monsieur Duval ? Ah ! dans ce cas je vous le jure, ce serait bien à mon insu que j'aurais fait quelque chose qui vous fût désagréable, et je vous en demanderais bien pardon.

— Ah ! me plaindre de vous, ma chère enfant ! s'écria monsieur Duval emporté par sa tendresse pour Cécile ; mais autant vaudrait se plaindre d'un ange du ciel ! Se plaindre de vous ! oh ! non, non !

— Mais qu'a donc ma mère alors ?

— Ce qu'elle a ? Je le sais, moi, dit monsieur Duval.

— Oh ! si vous le savez, dites-le-moi... et si j'y puis quelque chose...

— Vous pouvez beaucoup, mon enfant.

— Oh ! alors ordonnez.

— Je vais voir votre mère, ma chère demoiselle ; je vais causer sérieusement avec elle, et si elle accueille ce que je lui dirai... eh bien ! ce sera à elle à vous demander la grâce d'où dépend notre bonheur à tous.

Cécile ouvrit de grands yeux étonnés, mais monsieur Duval, sans lui répondre, lui serra la main, et entra chez madame de Marsilly.

X.

PROJETS.

Monsieur Duval trouva, comme nous l'avons dit, madame de Marsilly si changée, que son premier mot fut pour lui demander si elle était malade. Madame de Marsilly fit signe de la tête que non, et tendant la main à monsieur Duval, elle le fit asseoir près d'elle.

— Mon cher monsieur Duval, lui dit-elle après un moment de silence, je n'ai pas besoin de vous dire pourquoi je vous ai fait appeler, vous vous en doutez, n'est-ce pas ?

— Hélas ! oui, madame la baronne, répondit le brave industriel, et je vous avoue qu'en recevant votre lettre, je me suis promis, si vous le permettez toutefois, d'avoir une explication avec vous.

— Je vous écoute, mon cher monsieur, reprit la baronne : nous en sommes arrivés à un degré d'intimité qui permet que nous n'ayons plus de secrets pour vous ; d'ailleurs, je suis bien convaincue que vous me demandez cette explication par intérêt et non par curiosité.

— Madame la baronne, reprit Duval en s'inclinant, voici la troisième fois que vous me donnez des diamans à vendre, je ne sais pas s'il vous en reste encore beaucoup.

— Pour une somme double à peu près de celle que vous m'avez déjà remise.

— Eh bien ! excusez-moi de vous faire une observation, mais en vendant le tout ensemble et d'une seule fois vous en eussiez tiré soixante-dix mille livres d'un coup, en plaçant soixante-dix mille livres sur la banque de Londres vous vous faisiez quelque chose comme cent quatre-vingts livres sterlings de rente, et, en ajoutant à cette rente un ou deux mille francs par an, vous auriez pu vivre.

— Je le sais, monsieur, et c'était aussi ma première idée ; mais ces diamans ne m'appartiennent pas, ils appartiennent à ma mère, et lorsque je lui ai proposé ce moyen, elle a formellement refusé de l'adopter.

— Oh ! je la reconnais bien là, reprit monsieur Duval, c'était trop raisonnable pour elle ; puis se reprenant : Oh ! pardon, madame la baronne, de ce que je viens de dire ; mais cela m'est échappé malgré moi.

— Oh ! il n'y a pas de mal, mon bon ami, ma mère a ses petits ridicules, je le sais ; mais j'ai vu que vous, tout le premier, vous aviez bien souvent la bonté d'avoir l'air de ne pas vous en apercevoir. Cependant, pour en revenir à l'objet de ma lettre, voici, mon cher monsieur Duval, une agrafe qui vaut dix mille francs à peu près et dont je vous prierai de me faire de l'argent.

— Volontiers, reprit monsieur Duval en prenant l'agrafe et en la tournant et retournant dans sa main ; c'est-à-dire, reprit-il, lorsque je dis volontiers, voyez-vous, c'est une manière de parler ; car, je vous l'avoue, cela me fait gros cœur lorsque je vous vois vous dépouiller ainsi peu à peu des débris de votre fortune.

— Que voulez-vous, mon cher monsieur Duval, reprit la baronne en souriant avec mélancolie, il faut bien accepter les épreuves que Dieu nous envoie !

— Puis de votre propre aveu, madame la baronne, reprit Duval, et, encore une fois je vous demande pardon si j'insiste ; mais, de votre aveu, vous vous êtes déjà défaite de la moitié de vos diamans. Avec cette moitié, vous avez vécu six ou sept ans ; l'autre moitié vous conduira six ou sept ans encore, et puis, après, que deviendrez-vous ?

— Ce qu'il plaira au Seigneur, monsieur Duval.

— Et vous n'avez aucun projet arrêté ?

— Aucun.

— Aucun espoir à venir ?

— J'ai l'espoir que le roi Louis XVIII rentrera en France, et qu'on nous rendra les biens qu'on nous a confisqués.

— Hélas! madame la baronne, vous savez bien que c'est là un espoir qui doit aller tous les jours s'affaiblissant. Bonaparte, après avoir été général en chef, s'est fait consul, puis il s'est fait premier consul, puis on dit qu'il va se faire empereur. Vous n'êtes pas de ceux qui croyez, n'est-ce pas, que son intention soit de rendre le trône aux Bourbons?

La baronne secoua la tête négativement.

— Eh bien! je vous le répète, quand les cinq ou six années seront écoulées, que ferez-vous?

La baronne poussa un soupir et ne répondit rien.

— Mademoiselle Cécile a quatorze ans, hasarda monsieur Duval.

La baronne essuya une larme.

— Dans deux ou trois ans il faudra songer à l'établir.

— Oh! mon cher monsieur Duval, s'écria madame de Marsilly, ne parlez point de cela; quand je pense au sort qui attend cette chère enfant, je me prends à douter de la Providence.

— Et vous avez tort, madame la baronne, il faut espérer que Dieu n'envoie pas comme cela ses anges sur la terre pour les y abandonner; elle inspirera de l'amour à quelque noble jeune homme qui lui donnera une existence riche, heureuse et honorée.

— Hélas! mon cher monsieur Duval, Cécile est pauvre, et les dévouements sont rares; d'ailleurs, qui viendra la chercher ici? Depuis dix ans que nous y demeurons, vous et Édouard êtes les seuls hommes qui soyez entrés dans notre maison. A propos, excusez-moi, mon cher monsieur Duval, mais j'ai oublié de vous demander des nouvelles de votre femme et de votre fils. Comment va cette bonne madame Duval? Comment va ce cher Édouard?

— Bien tous deux, grâce au ciel; merci, madame la baronne, et même je suis bien content de lui. C'est un brave garçon, madame la baronne, dont je réponds comme de moi-même, et qui rendrait, j'en suis sûr, une femme heureuse.

— Il aurait sous les yeux l'exemple de son père, dit en souriant madame la baronne. Et il le suivra, j'espère. Oui, vous avez raison, ce sera une femme heureuse que celle qui épousera Édouard.

— Est-ce votre opinion, madame la baronne? demanda vivement Duval.

— Sans doute, quel motif aurais-je de ne pas dire ce que je pense?

— Oh! j'ai pensé que vous me répondiez cela comme on répond autre chose, ou bien que c'était pour me faire plaisir.

— Non, je vous ai répondu selon mon cœur.

— Ah! vous faites bien de m'en assurer; tenez, madame la baronne, cela m'enhardit; tenez, je suis venu ici, je vous l'avouerai, avec l'intention de vous parler d'un projet. A Londres, il ne me paraissait plus simple que ce projet; mais à mesure que je me suis approché de Hendon, j'ai compris tout ce que ce projet avait de hardi, d'audacieux, je dirai presque de ridicule.

— Je ne vous comprends pas, monsieur Duval.

— Preuve que mon projet n'a pas le sens commun.

— Attendez, reprit la baronne, je crois cependant...

— Vous souriez, cela me rassure; je vous ai dit que mademoiselle Cécile rendrait un homme bien heureux; vous m'avez dit qu'Édouard rendrait une femme bien heureuse.

— Monsieur Duval...

— Pardon, pardon, madame la baronne, c'est une grande hardiesse, je le sais, et ne croyez pas que j'oublie la distance qui nous sépare; mais véritablement, quand je pense au hasard qui a rapproché deux existences aussi séparées que l'étaient les nôtres, je me prends à espérer que c'est la Providence qui a voulu honorer et bénir ma famille; puis, voyez-vous, madame la baronne, cela concilierait tant de choses : je ne vous parle pas de notre petite fortune, je vous l'ai offerte, vous l'avez refusée; mais en Angleterre, vous le savez, le commerce est honorable, eh bien! mon fils sera banquier... Oh! mon Dieu! je sais bien que s'appeler madame Édouard Duval tout court, c'est bien peu de chose pour

la fille de madame la baronne de Marsilly et pour la petite-fille de madame la marquise de la Roche-Bertaud; mais mon Édouard serait duc, voyez-vous, que ce serait la même chose, et plût à Dieu qu'il le fût et qu'il eût des millions à mettre aux pieds de mademoiselle Cécile; il les mettrait comme il met les trois ou quatre cent mille francs que nous possédons, voyez-vous. Eh bien! voilà que vous pleurez, maintenant?

— Oui, je pleure, mon cher monsieur Duval, car votre proposition, et surtout la manière dont elle est faite, me va au cœur; si j'étais seule à être consultée là-dedans je vous tendrais la main, mon cher monsieur Duval, et je vous dirais : une pareille proposition ne m'étonne point, venant d'un cœur comme le vôtre, et j'accepte; mais il faut, vous le comprenez bien, que j'en parle à Cécile, que j'en parle à ma mère.

— Oh! mademoiselle Cécile, reprit Duval, peut-être bien que de son côté cela ira encore; depuis un an que la première idée de ce projet m'est venue à l'esprit, je l'examine quand Édouard est avec elle. Certainement elle ne l'aime pas; je sais bien qu'il ne serait jamais venu à l'idée d'une jeune fille de famille comme mademoiselle Cécile, qu'elle pût aimer un homme de rien comme mon fils; mais enfin elle le connaît depuis longtemps, elle ne le déteste pas, et quand elle saurait la chose vous fait plaisir, sans doute qu'elle se déciderait. Mais madame la marquise de la Roche-Bertaud, de ce côté, je vous l'avoue, je me regarde d'avance comme battu.

— Laissez-moi conduire l'affaire, mon cher monsieur Duval, dit la baronne, je vous donne ma parole de faire de mon mieux.

— Maintenant, madame la baronne, hasarda Duval entournant et en retournant l'agrafe de diamants dans ses mains, il me semble qu'au point où en sont les choses entre nous, il est inutile...

— Mon cher monsieur, interrompit la baronne, rien n'est décidé encore. Vous le savez, je vous l'ai dit : mais tout fût-il décidé, Cécile n'a que quatorze ans, et dans deux ans seulement nous pourrons parler sérieusement de ce projet. En attendant, rendez-moi, je vous prie, le service pour lequel je vous ai prié d'avoir la bonté de venir me voir.

Monsieur Duval vit bien qu'il n'y avait pas moyen d'anticiper sur l'époque fixée par la baronne; il se leva et s'apprêta à partir. La baronne voulut inutilement le retenir à dîner. Monsieur Duval avait hâte de reporter à sa femme les espérances qu'il avait conçues. Il partit en recommandant de nouveau les intérêts d'Édouard à madame de Marsilly.

Restée seule, le premier sentiment de la baronne fut de remercier le ciel; sans doute tout autre à sa place eût regardé la faveur comme médiocre, mais dix ans de malheurs avaient appris à la baronne à envisager les choses sous leur véritable point de vue : exilée de la France, sans espoir d'y rentrer; ruinée, sans aucune chance de rétablir sa fortune; atteinte d'une maladie qui pardonne rarement, elle n'eût rien pu désirer de mieux pour Cécile que ce qui se présentait. D'où venaient ses malheurs, d'où venait son exil, d'où venait sa ruine? de sa position élevée. La noblesse est le lierre de la royauté : la royauté, en tombant, avait entraîné la noblesse avec elle; elle, pauvre débris du grand édifice renversé, elle était allée se perdre dans la solitude du malheur et dans la nuit de l'exil. Selon toute probabilité, un homme de sa caste ne fût pas venu chercher Cécile dans son ermitage. D'ailleurs, en ce moment surtout, les jeunes gens de noblesse, épuisés par leur lutte, avaient besoin de riches héritières pour continuer leur dévouement. Cécile était pauvre, Cécile n'apportait rien qu'un beau nom, mais le nom de la femme, on le sait, se perd dans celui du mari. Ce n'était donc pas pour son nom qu'on pouvait rechercher Cécile; et, nous le répétons, la pauvre enfant n'avait pas autre chose que son nom.

Cependant, qu'on ne croie pas que ce fut sans lutte que la baronne se décida : il fallut qu'elle se représentât un à un tous les avantages de cette union pour qu'elle pût y arrêter son esprit sans un certain remords, et encore, comme nous l'avons vu, la baronne n'avait-elle voulu prendre avec monsieur Duval qu'un engagement tout personnel, dont la ratification était soumise au double consentement de sa fille et de sa mère.

Au reste, ce qu'avait pensé madame de Marsilly arriva : Cécile écouta avec un étonnement mêlé d'inquiétude tout ce que la baronne lui dit de ses projets d'avenir ; puis, lorsqu'elle eut fini :

— Vous quitterai-je, ma mère ? demanda-t-elle.

— Non, mon enfant, répondit la baronne, et même c'est peut-être le seul moyen que nous restions toujours ensemble.

— En ce cas, disposez de moi, dit Cécile, ce que vous ferez sera bien fait.

Comme l'avait prévu la baronne, sa fille n'avait pour Édouard qu'un sentiment tout fraternel, mais la pauvre enfant pouvait se tromper à ce sentiment ; n'ayant jamais vu un autre homme que lui et son père, elle ignorait complétement ce que c'était que l'amour.

Elle consentit donc sans aucune difficulté, surtout lorsque sa mère lui eut dit que c'était le plus sûr moyen de ne jamais se séparer d'elle.

Mais il n'en fut pas ainsi de la marquise de la Roche-Bertaud ; aux premiers mots que la baronne laissa échapper devant elle de ce projet, elle déclara que c'était une mésalliance monstrueuse à laquelle elle ne consentirait jamais.

XI.

L'HOMME PROPOSE.

Le dimanche suivant, comme d'habitude, la famille Duval vint faire sa visite à la baronne, qui se chargea seule de la réception, la marquise ayant sa migraine.

Aucune parole relative au futur mariage ne fut échangée entre les deux familles ; seulement madame Duval et la baronne de Marsilly s'embrassèrent. Édouard baisa la main de Cécile, et Cécile rougit.

Il était évident que tout le monde était au courant du projet arrêté ; il était évident encore que ce projet comblait tous les vœux de monsieur Duval, de sa femme et de son fils ; leurs cœurs, à tous trois, débordaient de joie.

Quant à la baronne, elle n'était pas sans une sourde tristesse : c'était, depuis trois cents ans peut-être, la première fois que l'on dérogeait dans sa famille. Et quoiqu'elle fût bien convaincue que cette infraction aux lois aristocratiques, qui avaient régi ses nobles ancêtres, aurait pour résultat le bonheur de sa fille, elle n'était pas maîtresse de son inquiétude.

Cécile regardait sa mère. Depuis quelques jours, elle commençait à s'apercevoir de [l'altération?] de sa santé. Ce jour-là surtout, sans [...] par l'effet des émotions qu'elle éprouvait, le visage de la baronne passait successivement des couleurs les [plus vives à?] une pâleur extrême ; puis, de temps en temps, une [toux déchi]rante s'échappait de sa poitrine. Au dessert, la baronne se leva et sortit ; Cécile, inquiète, se leva derrière elle et la suivit : elle trouva sa mère appuyée au mur du corridor, un mouchoir devant sa bouche. La baronne, en apercevant sa fille, écarta vivement le mouchoir, mais pas si vivement que Cécile n'y remarquât des traces de sang. Cécile jeta un cri que la baronne étouffa dans un embrassement, puis toutes deux rentrèrent dans la salle à manger.

De part et d'autre il y avait contrainte. Madame Duval s'était informée, avec cet intérêt qui exclut toute accusation de curiosité, de la cause qui avait fait sortir successivement la baronne et Cécile : la baronne avait répondu qu'elle s'était trouvée tout à coup indisposée, et Cécile avait laissé sourdement échapper quelques larmes.

En prenant congé de ses hôtes, Cécile supplia monsieur Duval d'envoyer dès le lendemain à Hendon, sous un prétexte quelconque, le meilleur médecin de Londres, et monsieur Duval le lui promit.

Lorsque Cécile et sa mère furent seules, les émotions douloureuses renfermées jusque-là dans le cœur de la pauvre enfant éclatèrent : elle aurait bien voulu cacher à la baronne son inquiétude, mais elle ne savait pas encore dissimuler, la douleur surtout. Cécile, jusque-là, n'avait jamais été malheureuse.

La baronne n'eut pas le courage de cacher à sa fille ses propres inquiétudes. D'ailleurs, ses inquiétudes excusaient ce projet d'union entre la famille plébéienne des Duval et la noble famille des Marsilly : et ce fut Cécile qui, à son tour, essaya de rassurer la baronne.

En effet, il y a un âge où rien ne paraît impossible comme la mort ; cet âge, c'est celui qu'avait atteint Cécile ; à quatorze ans, tout semble éternel dans la nature, parce qu'on a à soi-même une éternité dans le cœur.

Le lendemain, un ami de monsieur Duval se présenta chez la baronne ; il venait, disait-il, chargé par l'honnête banquier de remettre à madame de Marsilly une somme de dix mille francs qu'elle avait à toucher chez lui ; cette somme, monsieur Duval l'avait, la veille, apportée en portefeuille ; mais lorsque Cécile l'avait prié d'envoyer sous un prétexte quelconque un médecin, il avait gardé ses bank-notes, songeant que, grâce à elles, l'introduction du docteur deviendrait chose facile et surtout non préparée.

En effet, le docteur laissa échapper dans la conversation que, venant à Hendon pour visiter un malade, son ami, monsieur Duval, l'avait chargé, pour la baronne, de la commission qui lui procurait l'honneur de la voir.

A ce mot de docteur, Cécile saisit l'occasion et exprima au savant visiteur les inquiétudes qu'elle avait sur la santé de sa mère ; la baronne sourit tristement ; avec son instinct de malade, elle n'avait pas un instant été dupe de toute cette petite comédie ; elle exposa donc au docteur qui, au reste, était un des meilleurs médecins de Londres, tous les symptômes qui lui faisaient craindre que sa santé ne fût sérieusement altérée.

Le médecin ne partager aucunement les inquiétudes de madame de Marsilly, mais il n'en laissa pas moins une ordonnance qui prescrivait le régime le plus sévère ; puis il ajouta, en manière de conversation et en homme qui ne sait pas si le conseil qu'il donne peut être suivi, qu'il était probable que la baronne éprouverait une amélioration sensible si elle pouvait passer sept ou huit mois à Hyères, à Nice ou à Pise.

Rien n'avait paru à Cécile plus facile à exécuter que cette dernière partie de l'ordonnance du docteur ; elle fut donc fort étonnée lorsque, pressant sa mère de suivre la lettre l'avis du médecin, sa mère lui répondit qu'elle s'y conformerait en tout point excepté pour le voyage ; mais son étonnement augmenta lorsque, pressant sa mère de ne pas négliger une recommandation si importante, celle-ci, vaincue par ses instances, lui répondit qu'elles étaient trop pauvres pour faire une pareille dépense.

Cécile ignorait complétement ce que c'était que la richesse et ce que c'était que la pauvreté. Ses fleurs naissaient, fleurissaient, mouraient sans aucune distinction entre elles, toutes avaient une part égale à l'air qui rafraîchissait leur tige, et au soleil qui faisait éclore leurs boutons ; elle croyait qu'il en était des hommes comme des plantes, et qu'ils avaient tous une part égale aux biens de la terre et aux dons du ciel.

Alors, pour la première fois, la baronne raconta à sa fille qu'ils avaient été riches, mais qu'ils ne l'étaient plus ; qu'ils avaient eu une maison, des terres, des châteaux ; mais que tout cela avait été vendu, si bien qu'il ne leur restait pour toute place au soleil que le petit cottage dans lequel ils vivaient : encore ce petit cottage n'était-il point à eux, n'en jouissaient-ils que moyennant une somme qu'elles payaient tous les ans, et si bien que s'ils cessaient une seule année de payer cette somme, on les mettrait dehors de leur habitation sans qu'elles sussent où aller.

Alors Cécile demanda à sa mère d'où venait l'argent avec lequel elles avaient vécu jusqu'à présent, et la baronne ne lui cacha point que la source, qui devait promptement tarir, était les diamans de sa grand'-mère. La pauvre enfant s'informa si elle ne pouvait concourir en rien au bien-être de la famille, et si, puisque chacun était obligé de vivre soit d'une fortune acquise, soit d'une rétribution quelconque, elle ne pouvait pas aider d'une façon ou de l'autre sa famille ; alors elle apprit que dans ce monde la femme recevait son sort et ne le faisait pas, et que presque toujours son sort dépendait d'un mari. Cécile songea donc à ce que lui avait dit sa mère d'un projet d'union avec la famille Duval, et se jetant dans les bras de la baronne,

— Oh ! ma mère, dit-elle, je serai bien heureuse, je vous jure, d'épouser Édouard.

Madame de Marsilly sentit tout ce qu'il y avait de dévouement dans cet élan de Cécile ; et de ce côté du moins, elle comprit qu'elle n'éprouverait aucun empêchement à ses projets.

Les jours continuèrent de s'écouler sans apporter aucun changement dans la situation de la pauvre famille, si ce n'est que la baronne s'affaiblissait de plus en plus : cependant les nouvelles politiques devenaient des meilleures pour les royalistes ; ce bruit, que Bonaparte devait rendre le trône aux Bourbons, prenait quelque consistance ; on parlait d'une rupture complète du premier consul avec les Jacobins, on assurait que le roi Louis XVIII lui avait écrit à ce sujet, et qu'il avait reçu du jeune vainqueur deux lettres qui ne lui ôtaient pas toute espérance.

Sur ces entrefaites, une lettre de la duchesse de Lorges arriva ; la duchesse était de retour à Londres depuis la veille, et elle annonçait à madame de Marsilly sa visite pour le lendemain.

Cette nouvelle fit grand plaisir à la baronne et à Cécile : mais ce fut surtout la marquise que la duchesse rendit véritablement joyeuse. Elle allait donc se retrouver dans sa sphère, revoir quelqu'un avec qui causer, et comme elle le disait, se décrasser de ces Duval.

Aussi fit-elle venir Cécile dans sa chambre, ce qui n'arrivait que dans les grandes occasions, et lui recommanda-t-elle de ne pas dire un mot à la duchesse de Lorges de ces projets insensés de mariage dont sa mère, dans un moment d'erreur, lui avait parlé. La même recommandation fut faite à la baronne, qui, devinant d'avance toutes les objections que lui ferait sa noble amie, n'eut pas de peine à promettre à la marquise tout ce qu'elle voulut.

Le lendemain, à deux heures de l'après-midi, et comme la baronne, la marquise et Cécile étaient réunies au salon, une voiture s'arrêta devant le petit cottage ; on entendit résonner le marteau de la porte sous une main aristocratique, et quelques secondes après, la femme de chambre annonça madame la duchesse de Lorges et le chevalier Henri de Sennones.

Il y avait déjà sept ou huit ans que la baronne et la duchesse ne s'étaient vues ; elles se jetèrent dans les bras l'une de l'autre, comme deux anciennes amies dont le temps ni l'absence n'ont pu refroidir les affections. Mais, dans cet embrassement, la duchesse ne put réprimer l'impression pénible que lui fit l'altération visible qui s'était opérée dans les traits de la baronne. La baronne s'en aperçut.

— Vous me trouvez bien changée, n'est-ce pas ? dit-elle tout bas à la duchesse ; mais, je vous en prie, pas un mot, vous inquiéteriez ma pauvre Cécile. Tout à l'heure nous descendrons au jardin, et nous causerons.

La duchesse lui serra la main.

— Toujours la même, dit-elle.

Puis la duchesse se retourna vers la marquise, qui s'était mise en grande toilette, lui fit force complimens sur l'état de sa santé, et s'adressant enfin à Cécile :

— Ma belle Cécile, lui dit-elle, vous avez tenu tout ce que vous promettiez d'être. Venez m'embrasser et recevoir tous mes complimens, car je sais déjà par ces bons Duval, qui sont venus hier me présenter leurs devoirs, que vous êtes véritablement une personne accomplie.

Cécile s'approcha, et la duchesse l'embrassa au front.

Alors, revenant à madame de Marsilly :

— Ma chère baronne, dit-elle, et vous, ma chère marquise, permettez-moi de vous présenter mon neveu, Henri de Sennones, que je vous recommande, de mon côté, comme un charmant jeune homme.

Malgré ce compliment à brûle-pourpoint, le chevalier salua avec une grâce et une aisance infinies.

— Vous savez, mesdames, dit-il, que la duchesse a été pour moi une seconde mère ; ne vous étonnez donc pas de l'exagération de ses éloges.

La baronne et la marquise saluèrent, puis, comme Henri se retourna du côté de Cécile, Cécile fit la révérence.

Malgré la modeste dénégation du chevalier, on était forcé d'avouer que madame de Lorges n'avait rien dit de trop : Henri venait d'accomplir sa vingtième année. C'était un beau jeune homme dans lequel on remarquait cette élégance de manières des enfans qui, élevés par un précepteur, n'ont point quitté la maison paternelle, et ont gardé ce vernis de bonne façon, qu'enlève en général l'éducation universitaire. Au reste, Henri, comme la plupart des émigrés, était sans fortune. Il avait perdu sa mère presque en naissant ; son père avait été guillotiné, et il n'avait d'autre fortune à attendre que celle d'un oncle qui s'était retiré à la Guadeloupe, et là, à ce que l'on disait, avait décuplé sa fortune dans de hautes spéculations commerciales.

Mais, par une étrange particularité de son caractère, cet oncle avait déclaré que son neveu n'aurait rien à attendre de lui, qu'à la condition qu'il entrerait lui-même dans le commerce.

On comprend que le reste de la famille s'était récrié à une pareille condition et qu'on avait élevé Henri de Sennones dans un tout autre but que celui d'en faire un négociant en sucre et en café.

Tous ces détails furent échangés avec cet abandon de conversation habituel aux gens d'un certain monde ; comme on le comprend bien, toute la gent commerciale fut traitée avec beaucoup de légèreté par madame de Lorges et par son neveu, la marquise renchérit sur le tout. La baronne et Cécile, sentant qu'une partie de ces épigrammes retombait sur la bonne famille dont ils faisaient leur société habituelle, se mêlèrent peu à la conversation qui prit bientôt un tour si railleur, que la baronne, pour la détourner, s'empara du bras de la duchesse, et, comme elle le lui avait dit en l'embrassant, descendit avec elle dans le jardin.

La marquise, Cécile et Henri restèrent seuls.

A peine la marquise avait-elle aperçu Henri, qu'avec son opposition éternelle aux projets de la baronne, elle s'était dit que c'était là le mari qui convenait à sa petite Cécile, et non pas un roturier comme cet Édouard Duval.

Aussi, dès que la baronne et la duchesse furent sorties de l'appartement, la marquise céda-t-elle au désir de faire briller sa chère enfant, et sous le prétexte de distraire le chevalier, lui fit-elle apporter successivement ses tapisseries et ses albums.

Quoique Henri, hâtons-nous de le dire à sa louange, fût un digne appréciateur des chefs-d'œuvre d'aiguille, dont, pendant les longues soirées d'Angleterre et d'Allemagne, il avait vu exécuter bon nombre chez sa tante, il fut cependant, il faut le dire, infiniment plus frappé des albums. Ces albums, comme nous l'avons dit, renfermaient surtout les portraits des plus belles fleurs qui eussent éclos dans le jardin de Cécile, et chacune de ces fleurs avait son nom écrit au-dessous d'elle. Ce que remarqua surtout Henri avec étonnement, c'est que, si l'on peut le dire, chacune de ces fleurs avait une physionomie particulière et qui s'harmoniait avec le nom qui lui était donné. Il demanda à Cécile l'explication de cette singularité, et Cécile la lui donna simplement, naïvement, en lui racontant comment elle avait été élevée au milieu de ces fleurs, comment elle s'était mise en contact intime avec ces amies fraîches et parfumées comme elle, comment elle était parvenue par la force de la sympathie, si cela peut se dire, à connaître les chagrins et les joies de ses lis et de ses roses, et comment enfin, selon leurs caractères ou leurs aventures, elle les avait baptisées d'un nom en harmonie avec eux.

Henri écouta toute cette définition comme il eût écouté un ravissant conte de fée. Seulement le conte était une histoire, et la fée était devant lui. Toute autre jeune fille qui lui eût dit les mêmes choses, lui eût paru ou folle ou affétée; mais il n'en était point ainsi de Cécile : on voyait que la chaste enfant disait sa vie, ses sensations, ses joies, ses chagrins; peut-être seulement les prêtait-elle à ses fleurs, mais c'était de bonne foi, et elle raconta, entre autres choses à Henri, l'histoire d'une rose qui avait été si malheureuse, que cette histoire lui fit presque venir les larmes aux yeux.

La marquise écoutait tout cela et essayait de temps en temps de changer la conversation : toutes ces aventures botaniques lui paraissaient tout-à-fait fades et insignifiantes; mais Henri, qui n'était pas de son avis, ramena sans cesse la conversation sur le même sujet, tant il lui semblait peu vivre avec une créature humaine, mais au contraire, avec quelque fantastique création d'Ossian ou de Goëthe.

Cependant, comme la marquise prononça le mot musique et ouvrit le piano, Henri, qui était lui-même excellent musicien, pria Cécile de lui chanter quelque chose.

Cécile ne savait pas ce que c'était que de se faire prier, elle ignorait encore si elle avait du talent ou si elle n'en avait point; peut-être même ne savait-elle pas ce que c'était que le talent.

Comme pour la peinture, l'exécution musicale de Cécile était toute de sentiment; aussi, lorsque Cécile eut chanté, avec un charme et une grâce infinis, une ou deux romances et autant de nocturnes, Henri lui demanda avec la plus grande simplicité si elle n'allait pas lui faire entendre quelque chose d'elle.

Alors Cécile, sans se faire prier ni se défendre, laissa retomber les mains sur le piano, et commença une de ces étranges rêveries comme elle en faisait parfois devant le mélodieux instrument, qui mesure donc avec une pédale en sourdine, indiquait qu'il faisait nuit; tous les bruits de la terre s'endormaient l'un après l'autre : un silence presque absolu que troublait seulement le murmure d'un ruisseau, leur succédait ; puis, au milieu de ce calme suprême de l'obscurité, s'élevait le chant d'un oiseau, oiseau mélodieux, inconnu, qui n'était ni la fauvette ni le rossignol, oiseau qui chantait dans le cœur de Cécile comme un écho des mélodies célestes, et dont la voix disait tout à la fois espérance, prière, amour.

Henri, tout en écoutant cette singulière symphonie, laissa tomber son front entre ses mains, et, lorsqu'il se releva, sans songer à essuyer une larme qui tremblait aux cils de ses yeux, il vit Cécile, la tête renversée en arrière, les regards au ciel et les paupières humides ; Henri fut sur le point de se jeter à ses genoux et de l'adorer comme une madone.

En ce moment, la baronne et la duchesse rentrèrent.

XII.

DIEU DISPOSE.

Lorsque madame de Lorges et Henri de Sennones furent partis, lorsque la marquise fut rentrée dans sa chambre et la baronne dans la sienne, lorsque Cécile se trouva seule enfin, il lui sembla qu'il venait de se faire un grand changement dans sa vie.

Et cependant, en cherchant ce changement, elle ne le trouvait pas ; elle n'aurait pu l'indiquer.

Hélas ! le premier sentiment de l'amour venait d'entrer dans le cœur de la pauvre enfant, et, comme fait le premier rayon du soleil, il rendait visible à ses yeux une foule de choses perdues jusque-là dans la nuit de son indifférence.

D'abord il lui sembla qu'elle avait besoin d'air ; elle descendit au jardin. Le temps était à l'orage ; ses fleurs s'inclinaient sur leurs tiges comme si l'air aussi était trop pesant pour elles. Autrefois, Cécile les consolait ; aujourd'hui, Cécile penchait à son tour sa tête sur sa poitrine, sans doute par pressentiment de quelque orage à venir.

Elle fit deux fois le tour de son petit monde ; elle alla s'asseoir sous son berceau ; elle essaya de suivre le chant d'une fauvette qui gazouillait dans un massif de lilas ; mais il y avait une espèce de voile entre son esprit et les objets dont elle était entourée ; elle n'était plus la maîtresse de sa pensée ; il y avait quelque chose d'inconnu en elle qui pensait malgré elle ; son pouls battait tout-à-coup si rapidement qu'elle tressaillait comme si elle avait eu la fièvre.

Quelques larges gouttes de pluie tombèrent et un éclat de tonnerre se fit entendre ; Cécile n'entendit point le tonnerre et ne sentit point la pluie. Sa mère, inquiète, l'appela ; mais ce ne fut qu'au second appel qu'elle reconnut la voix de sa mère.

En repassant par le salon, elle vit son album sur la table et son piano encore ouvert ; elle se mit à regarder ses fleurs, s'arrêtant aux mêmes pages où elle s'était arrêtée avec Henri, repassant dans sa mémoire tout ce qu'elle avait dit au jeune homme et tout ce que le jeune homme lui avait répondu.

Puis elle alla s'asseoir devant son piano ; ses doigts retombèrent sur les mêmes touches, et la mélodieuse fantaisie recommença, seulement plus profonde, plus mélancolique encore que la première.

A la dernière vibration de sa voix, au dernier son de son instrument, Cécile sentit une main se poser sur son épaule : c'était celle de sa mère.

La baronne était encore plus pâle que d'habitude et souriait plus tristement que de coutume.

Cécile tressaillit ; elle crut que sa mère allait lui parler de Henri.

De Henri ! au reste, dans ce mouvement de crainte, c'était la première fois que le nom du jeune homme se présentait si personnellement à son esprit ; jusque-là, il y avait quelque chose de lui répandu dans tout ce qui l'entourait ; mais ce quelque chose était immatériel comme une vapeur, insaisissable comme un parfum.

Elle crut donc que sa mère allait lui parler de Henri.

Elle se trompait : la baronne ne lui parla que de ce que lui avait dit la duchesse ; cette dernière savait positivement qu'il n'y avait, pour le roi Louis XVIII, aucun espoir de retour en France. La puissance de Bonaparte se consolidait de jour en jour davantage pour son propre compte. La duchesse, attachée comme elle était à la maison de madame la comtesse d'Artois, avait donc à peu près pris son parti de rester à l'étranger ; c'était aussi le parti auquel il fallait que la baronne s'arrêtât.

Pendant toute cette conversation, il ne fut pas dit un seul mot de Henri, et cependant il semblait à Cécile que chaque parole que prononçait sa mère avait rapport à lui.

C'est que chaque parole qu'elle disait se rapportait à Édouard.

En effet, dire à Cécile que les événemens politiques continuaient à condamner à l'exil sa mère et sa grand'mère, c'était lui dire que les projets d'union avec la famille Duval étaient plus arrêtés que jamais, puisque Cécile connaissait la situation pécuniaire dans laquelle la baronne et la marquise se trouvaient.

Puis madame de Marsilly ajouta quelques mots sur sa propre santé; alors Cécile se retourna vers sa mère, la regarda et oublia tout.

En effet, soit résultat de ses cruelles préoccupations, soit que la maladie fût arrivée à cette période où les progrès sont plus rapides, la baronne, comme nous l'avons dit, était affreusement changée; elle s'aperçut de l'effet que sa vue produisait sur sa fille et elle sourit tristement.

Cécile appuya sa tête sur l'épaule de sa mère et se prit à pleurer, murmurant dans son cœur, mais sans avoir la force de dire des lèvres :

— Oh! oui, oui, soyez tranquille, ma mère, j'épouserai Édouard.

C'était un grand effort que faisait sur elle la pauvre enfant; car, il faut le dire, la comparaison que, presque à son insu, son cœur avait fait entre le neveu de madame de Lorges et le fils de monsieur Duval, n'était point à l'avantage de ce dernier; tous deux étaient du même âge, c'est vrai; tous deux avaient reçu une éducation distinguée; tous deux étaient beaux même; mais quelle différence entre eux cependant! Édouard, à vingt ans, était encore un écolier timide et presque gauche; tandis que Henri était un jeune homme élégant et fait au grand monde. Tous deux avaient reçu une éducation distinguée, seulement Édouard n'avait, si l'on peut le dire, conservé que la partie matérielle de son éducation; il savait ce qu'il avait appris, voilà tout; mais son organisation individuelle, son propre esprit n'avait rien ajouté à cette science acquise; ce que Henri savait, au contraire, et en quelques mots il avait été facile à Cécile de voir qu'il savait beaucoup, on eût dit qu'il l'avait toujours su et que chaque chose, revue et corrigée par son propre esprit, avait reçu une valeur nouvelle de l'heureuse organisation qui le mettait en œuvre. Mais Édouard était beau de cette beauté insignifiante qui s'allie à merveille avec la vulgarité de la physionomie, tandis que Henri était beau de cette beauté distinguée et fine que la race seule donne et que l'éducation physique développe; bref, pour tout expliquer en deux mots, l'un avait des manières vulgaires, l'autre celles d'un parfait gentilhomme.

Mais ce fut surtout lorsque, le dimanche suivant, Édouard vint avec ses parens, que la différence fut sensible pour Cécile, d'autant plus sensible que cette fois, contre son habitude, la marquise était descendue, et que, soit hasard soit calcul, elle profita du moment où monsieur Duval faisait une course dans le village et où madame Duval et la baronne se promenaient au jardin, pour essayer de renouveler la scène qui avait eu lieu avec Henri. Instinctivement, Cécile avait toujours caché ses talens à Édouard; mais cette fois, sur l'invitation de la marquise, il fallut bien tirer l'album du pupitre, et montrer au jour les belles fleurs qu'il renfermait; mais Édouard, tout en faisant à Cécile les complimens que méritait son élégante exécution, ne saisit pas, malgré les noms inscrits au bas de chaque page, la pensée qui avait fait éclore ces fleurs. De son côté, Cécile, comprenant que toute explication de ce genre serait inutile, n'essaya pas même de faire remarquer au jeune homme ce sens caché et intime dont elle avait voulu lui parler quand il était enfant et dont il avait tant ri. Toutes ces fleurs, qui passèrent successivement sous les yeux d'Édouard, ne furent donc qu'une suite d'images plus ou moins bien enluminées : ce n'était pas ainsi que les avait regardées Henri.

La marquise, qui ne perdait pas les deux jeunes gens de vue, s'aperçut de l'impression que produisait sur sa petite-fille le prosaïsme d'Édouard; quoiqu'elle ne comprît pas beaucoup, de son côté, toutes les délicatesses poétiques que Cécile regrettait de ne pas trouver dans le jeune homme qui lui était destiné, elle vit que ce prosaïsme lui faisait tort; elle résolut donc de le développer jusqu'au bout, et lorsque l'album fut fermé, elle pria Cécile de se mettre au piano.

Pour la première fois, Cécile résista : elle n'avait jamais chanté devant Édouard, et quoique Édouard, à chaque voyage, eût vu le piano et sur le piano force cahiers de musique, il n'avait jamais fait à la jeune fille une seule question à ce sujet. Cependant, quand la proposition fut émise par la marquise, il l'appuya fort galamment, si bien que Cécile ne put faire autrement que de céder à cette double instance.

Il en fut de même pour le chant que pour la peinture : Édouard applaudit et loua fort Cécile, mais il applaudit et loua en homme qui n'avait pas compris. Il en résulta que ses louanges à faux et ses applaudissemens intempestifs lui firent plus de tort dans l'esprit de Cécile que s'il eût gardé le silence.

De sorte que lorsque la marquise demanda à sa petite-fille de jouer la symphonie qu'elle avait jouée trois ou quatre jours auparavant, ou au moins quelque chose de pareil, Cécile, pour cette fois, s'y refusa obstinément. Un instant Édouard appuya la marquise par politesse, mais comme il n'était que médiocrement atteint de mélomanie, il n'insista pas de façon indiscrète; au reste, il faut le dire, eût-il insisté, Cécile se serait maintenue dans son refus; il lui eût semblé qu'elle eût une profanation que de chanter devant Édouard ce qu'elle avait chanté à Henri.

Aussi éprouva-t-elle un véritable sentiment de reconnaissance pour sa mère, quand, en rentrant avec madame Duval, la baronne mit fin par sa présence aux instances dont, pour la première fois et sans qu'elle en pût deviner le motif, la fatiguait sa grand'mère.

Le reste de la journée se passa comme d'habitude, excepté que, quelque effort que fît Cécile sur elle-même, il lui fu impossible de cacher sa préoccupation. Au reste, personne ne s'aperçut de cette préoccupation, excepté la baronne et la marquise.

La baronne était très fatiguée et se retira chez elle, aussitôt que les Duval furent partis : Cécile l'accompagna dans sa chambre, et remarqua que, de temps en temps, sa mère la regardait avec inquiétude. Pourquoi ce regard inusité? Cécile eut bien envie d'en demander la raison à sa mère ; mais deux et trois fois ses lèvres ouvertes pour faire cette question se refermèrent sans l'avoir faite.

Enfin, la baronne garda le silence; seulement, en se séparant d'elle, elle la serra plus fortement dans ses bras qu'elle n'avait coutume de le faire, et dans le baiser qu'elle appuya sur son front, Cécile étouffa un profond soupir.

Cécile sortit tristement et lentement de la chambre de sa mère pour rentrer dans sa chambre, mais, dans le corridor, elle trouva mademoiselle Aspasie qui, de la part de sa maîtresse, la pria de passer chez elle.

La marquise était couchée et lisait : elle avait eu autrefois cette coquette habitude, particulière au dix-huitième siècle, de recevoir au lit; et cette habitude elle l'avait conservée, quoiqu'elle eût soixante ans et qu'elle ne reçût plus personne. Au reste, les souvenirs aristocratiques d'un autre temps étaient si naturels à la marquise, qu'ils ne la rendaient aucunement ridicule.

Dès qu'elle aperçut Cécile, elle poussa sous son traversin le livre qu'elle lisait, et elle fit signe à sa petite-fille de venir s'asseoir près d'elle. La jeune fille obéit.

— Vous m'avez fait demander, bonne maman? dit Cécile en baisant une main potelée et à laquelle la vieillesse avait laissé une partie de sa beauté, grâce aux soins tout particuliers qu'en prenait la marquise; j'ai craint un instant que vous ne fussiez indisposée, mais votre air de bonne santé me rassure.

— Eh bien! c'est ce qui te trompe, ma chère enfant, et j'ai des vapeurs affreuses. Je ne puis pas voir ces Duval que leur simple vue ne me donne ma migraine, à plus forte raison quand je les entends.

— Monsieur Duval est pourtant un très excellent homme, chère bonne maman, et je vous l'ai entendu dire à vous-même.

— Oui, c'est vrai, il a été longtemps au service de madame de Lorges, et j'ai toujours entendu la duchesse faire l'éloge de sa probité.

— Madame Duval est une femme fort gracieuse et fort distinguée.

— Oh! oui, ces Anglaises! avec leurs teints pâles, leurs tailles minces et leurs longs cheveux, elles ont toujours l'air d'appartenir à un certain monde; mais, malgré cette apparence, vous le savez, ma chère enfant, madame Duval, comme son mari, était au service de la duchesse.

— Comme institutrice, bonne maman, et il ne faut pas confondre le professorat avec la domesticité.

— C'est vrai, je l'avoue, ce n'est pas tout-à-fait la même chose, quoique cela se ressemble beaucoup. Mais si je te parle de monsieur et madame Duval, que diras-tu de leur fils?

— D'Édouard? demanda timidement la jeune fille.

— Oui, d'Édouard.

— Bonne maman, reprit Cécile toute troublée, je dirai qu'Édouard est un bon et honnête jeune homme, laborieux, probe, ayant reçu l'éducation...

— Qui convient à sa condition, ma fille, car il serait ridicule à ses parens de vouloir l'élever au-dessus de son état, et d'essayer de lui donner une éducation pareille à celle qu'a reçue le chevalier de Sennonnes, par exemple.

Cécile tressaillit, baissa les yeux et une vive rougeur passa sur son front. Aucun de ces trois signes n'échappa à la marquise.

— Eh bien! tu ne me réponds pas, dit-elle?

— Que voulez-vous que je vous réponde, bonne maman? demanda Cécile.

— Mais tu pourrais me dire, ce me semble, ce que tu penses de ce jeune homme.

— Est-il convenable, bonne maman, que les jeunes filles disent ainsi leur opinion sur les jeunes gens?

— Tu m'as dit ton opinion sur Édouard.

— Oh! sur Édouard, c'est autre chose, reprit la jeune fille.

— Oui, je comprends, répondit la marquise; tu n'aimes pas Édouard, et...

— Ma bonne mère! s'écria Cécile, comme pour implorer le silence de sa grand'maman.

— Et tu aimes Henri, continua impitoyablement la marquise.

— Oh! murmura Cécile en cachant sa tête dans l'oreiller de madame de la Roche-Bertaut.

— Eh bien! dit la marquise, eh bien! pourquoi cette honte? Ce serait d'aimer Édouard que tu devrais être honteuse si tu l'aimais; et non pas d'aimer Henri, qui est un garçon convenable sous tous les rapports, fort beau cavalier, ma foi, et qui ressemble tout-à-fait à ce pauvre baron d'Ambrée, qui s'est fait tuer au siège de Mahon.

La marquise poussa un soupir.

— Mais, bonne maman, s'écria Cécile, oubliez-vous les intentions de ma mère sur Édouard? Oubliez-vous...

— Ma chère petite Cécile, ta mère a toujours eu la tête un peu faible, le malheur l'a rendue folle. Il faut savoir faire face aux événemens et non leur céder. Ta mère t'a dit que tu épouserais Édouard, et moi, mon enfant, je te dis que tu épouseras Henri.

Cécile releva sa blonde tête et regarda sa grand'mère, les mains jointes et le regard fixe, comme elle eût regardé une madone promettant de faire un miracle qu'elle regardait comme impossible.

En ce moment, la sonnette de la baronne retentit violemment, et Cécile, se levant effrayée, sortit vivement de la chambre de la marquise et s'élança dans celle de sa mère.

Elle trouva madame de Marsilly évanouie; un violent crachement de sang venait de provoquer cette faiblesse.

Encore une fois, Cécile oublia Henri et Édouard; encore une fois, Cécile oublia tout pour ne plus penser qu'à sa mère.

Grâce aux sels que Cécile lui fit respirer, et aux gouttes d'eau fraîche que la femme de chambre lui secoua sur le front, la baronne revint promptement à elle.

Son premier mouvement fut de cacher à sa fille ce mouchoir plein de sang, qu'elle avait laissé échapper en se trouvant mal. Mais c'était le premier objet qui avait frappé les yeux de Cécile, et Cécile le tenait déjà dans sa main.

— Ma pauvre enfant! s'écria la baronne.

— Ma bonne mère! murmura Cécile, ce n'est rien, ce n'est rien; vous voyez bien que vous voilà revenue.

En ce moment, mademoiselle Aspasie vint demander de la part de la marquise comment se trouvait la baronne.

— Mieux! beaucoup mieux! répondit la malade; dites à ma mère que ce n'est qu'un spasme momentané, et qu'elle ne se dérange point pour cela.

Cécile serra la main de sa mère, qu'elle baisait tout en pleurant.

Comme l'avait effectivement dit la baronne, la crise était passée, mais chacune de ces crises l'affaiblissait effroyablement; aussi, quelques instances que lui fit sa mère, Cécile ne voulut-elle point retourner chez elle; la femme de chambre lui fit un lit de sangle près du lit de la baronne, et elle passa la nuit près d'elle.

Ce fut alors seulement que Cécile put voir ce qu'étaient devenues les nuits de sa mère, nuits d'agitation, pendant lesquelles de courts momens de sommeil fiévreux ne pouvaient réparer ses forces épuisées par une toux continuelle.

A chaque mouvement que faisait la baronne, Cécile était près de son lit, car une inquiétude réelle et profonde s'était pour cette fois emparée du cœur de la jeune fille. Aussi la baronne, en essayant de se contenir de son côté, augmentait-elle ses souffrances.

Cependant, vers le matin, à force d'épuisement, la baronne s'endormit; Cécile veilla encore un instant sur ce sommeil, puis enfin la nature l'emporta chez elle sur la volonté, et elle s'endormit à son tour.

Ce fut alors que Cécile put comprendre combien les songes sont choses indépendantes de notre volonté, à peine eut-elle les yeux fermés qu'elle oublia tout ce qui venait de se passer, et que de la chambre de sa mère elle se trouva transportée dans de magnifiques jardins pleins de fleurs et d'oiseaux; mais cette fois, par un mystère étrange et dont son esprit cherchait le résultat sans en demander l'explication, le parfum des fleurs était une langue, et le chant des oiseaux un idiome qu'elle comprenait parfaitement, non point par intuition, comme elle faisait sur la terre, mais par une perfection plus grande d'organisation; un vague sentiment disait à Cécile qu'elle était au ciel : oiseaux et fleurs louaient Dieu.

Puis tout à coup, sans qu'elle l'eût vu venir, sans qu'elle l'eût senti s'approcher, Cécile était au bras de Henri.

Seulement elle ne sentait ni son bras ni son corps; et puis Henri était bien pâle.

Henri fixait sur elle des regards d'une tendresse infinie, et Cécile s'aperçut qu'elle pouvait se voir dans les yeux de celui qu'elle aimait.

Elle mit la main sur son propre cœur : son cœur ne battait plus; puis une voix murmura à son oreille qu'ils étaient morts tous deux.

En effet, il semblait à Cécile qu'elle n'avait plus rien de terrestre en elle. Sa vue passait à travers les objets; elle voyait de l'autre côté des massifs d'arbres, les murs semblaient faits de vapeurs, toutes choses étaient diaphanes ; on eût dit que le jardin où elle se promenait ne contenait que des âmes immatérielles, et cependant ayant conservé, sauf l'opacité, leur forme terrestre.

Tout-à-coup, il lui sembla voir venir au devant d'elle une femme voilée qui avait la démarche de sa mère. A mesure que cette femme s'approchait, Cécile s'affermissait dans son opinion; seulement, cette femme ne marchait pas, elle glissait; puis, au lieu de robe, elle était enveloppée d'un grand linceul. Alors Cécile jeta de nouveau les yeux sur elle et sur

Henri, et elle vit que tous trois étaient vêtus de l'habit funéraire. Sa mère s'approchait toujours. Enfin, Cécile, à travers les plis du voile qui la couvrait, reconnut les traits de son visage.

— Oh! ma mère, s'écria-t-elle en essayant d'embrasser l'ombre, je crois que nous sommes bien heureux, car nous sommes morts tous trois.

A ces mots, prononcés dans son rêve, un sanglot si réel et si déchirant se fit entendre que Cécile rouvrit les yeux.

La baronne, à son tour, était debout près de son lit, pâle comme un spectre, vêtue comme une morte et presque diaphane comme une ombre.

La pauvre mère s'était réveillée la première, elle avait veillé sur le sommeil de sa fille comme sa fille avait veillé sur le sien ; puis, voyant que quelque rêve sombre la tourmentait, elle s'était levée pour venir la réveiller ; et alors elle avait entendu la phrase que nous avons répétée et que Cécile avait dite tout haut.

Cécile crut un instant continuer son rêve, mais l'étreinte de sa mère la rappela bientôt à la réalité.

— Tu es donc malheureuse, ma pauvre enfant, demanda la baronne, puisque tu regardais comme un bonheur d'être morte avec moi ?

— Oh! non! non, ma mère, s'écria Cécile, et si votre santé était rétablie, que me manquerait-il donc pour être heureuse ? Je crois que je faisais un rêve insensé, voilà tout. Pardonnez-moi, pardonnez-moi...

— Hélas! mon enfant, dit la baronne, n'est-ce point plutôt à moi de te le dire de me pardonner ; et cependant, Dieu le sait, j'ai fait tout ce que j'ai pu pour t'habituer à une vie humble et simple. Pourquoi Dieu a-t-il mis en toi les sentimens de ta naissance et non ceux de ta fortune ? Dis-moi, mon enfant, est-ce que, sans le savoir, je t'ai élevée dans les préjugés de race, dans l'orgueil du rang ?...

— Oh! ma mère, ma mère, s'écria Cécile, vous avez essayé de faire de moi une sainte comme vous, et ce n'est pas votre faute si vous n'en avez fait qu'une orgueilleuse jeune fille.

— Tu l'aimes donc ?... demanda en soupirant la baronne.

— Hélas! ma mère, je ne sais ; mon bonheur calme et ignoré, il me semblait que j'étais plus heureuse de mourir avec lui que de vivre avec un autre.

— Qu'il soit donc fait selon la volonté de Dieu et non selon la mienne! s'écria la baronne en joignant les mains et en levant les regards au ciel avec un sentiment d'indicible résignation.

XIII.

L'AGONIE D'UNE SAINTE.

Et, qu'on ne s'y trompe point, la résignation de la baronne était méritoire : toute sa préoccupation depuis dix ans, avait été d'isoler Cécile du monde entier, afin de conserver cette jeune âme pure et ignorante de toute passion ; son projet de l'unir à Édouard, projet qui, dans la conviction de la baronne, en soustrayant sa fille aux chances de la politique qui atteignaient à cette époque les noms et les têtes trop élevées, assurait pour elle un bonheur calme et ignoré, était, depuis le jour où monsieur Duval lui en avait fait l'ouverture, arrêté dans son esprit ; elle avait prévu l'opposition de la marquise, et était résolue d'avance à y résister. Mais elle n'avait pas songé que l'accomplissement de ce projet

douvait devenir un sacrifice douloureux pour Cécile ; en effet, jusqu'au moment où la jeune fille avait vu Henri, aucune voix ne s'était élevée dans son cœur contre Édouard ; au contraire, heureuse d'obéir au vœu de sa mère, nous avons dit que deux ou trois fois pour la tranquilliser, elle avait elle-même ramené la conversation sur ce sujet ; mais le hasard, ou plutôt la fatalité, avait conduit Henri à Hendon. La marquise, opposée à la mésalliance que sa petite-fille était sur le point de contracter, avait remarqué la sympathie des deux jeunes gens l'un pour l'autre. La conversation qu'elle avait eue avec sa petite-fille avait éclairé celle-ci sur ses propres sentimens : ces sentimens étaient restés éveillés au milieu de son sommeil. Et sa mère, inclinée à son chevet, avait surpris les secrets de son cœur, dans l'indiscrétion d'un rêve.

De son côté, Henri avait été vivement frappé à la vue de Cécile ; son étonnement avait été grand de rencontrer, au fond d'un petit village, une jeune fille qui, sans autre instituteur que sa mère, était arrivée à un pareil degré de distinction, qu'elle effaçait tout ce qu'il avait vu jusque-là dans le monde. Aussi l'impression qu'elle avait ressentie de son côté il avait ressentie était-elle profonde, et pendant tout le retour n'avait-il fait que parler à sa tante de Cécile : madame de Lorges lui avait alors raconté la dramatique histoire de madame de Marsilly, comment son mari avait été tué le 10 août, et comment la baronne, sa mère et la petite Cécile, conduites par un paysan, fuyant dans une charrette, étaient, grâce au laissez-passer de monsieur Duval, arrivées saines et sauves en Angleterre ; le pittoresque de ce récit n'avait, comme on le pense bien, fait qu'ajouter à l'auréole de poésie qui, aux yeux de Henri, entourait déjà Cécile ; si bien que, de retour à Londres, le jeune homme n'avait plus qu'un désir, celui de retourner à Hendon, qu'une occupation, celle de trouver un prétexte plausible à une seconde visite.

Ce prétexte, malheureusement, ne tarda point à se présenter ; l'émotion qu'avait éprouvée madame de Marsilly en apprenant l'amour naissant de sa fille pour un autre que pour le fiancé qu'elle lui destinait, avait occasionné une nouvelle crise ; la baronne, le même jour, s'était donc remise au lit horriblement souffrante, et tout naturellement, la marquise, sans rien dire des causes qui l'avaient empiré, avait écrit à madame de Lorges, pour la prévenir de l'état de sa fille.

De son côté, Cécile avait écrit à monsieur Duval d'envoyer le médecin, et n'avait point caché au banquier les craintes que lui inspirait la faiblesse de sa mère.

Il en résulta que le lendemain, presque au même moment, deux voitures s'arrêtèrent à la porte du petit cottage : l'une amenait la duchesse de Lorges et son neveu, l'autre, madame Duval et son fils.

Si Henri et sa tante fussent venus seuls, Cécile aurait pu se renfermer peut-être dans sa chambre et éviter ainsi de voir Henri, mais la double visite nécessitait sa présence ; les deux jeunes gens, ne pouvant entrer dans la chambre de la baronne qui gardait le lit, furent reçus par la marquise, laquelle fit dire aussitôt à sa petite-fille de lui venir faire compagnie.

Cécile qui, en apercevant à travers les contrevens la voiture de la duchesse de Lorges, s'était tracé son petit plan de retraite, fut donc forcée de descendre malgré la résolution qu'elle avait prise, résolution qui, il faut l'avouer, lui coûtait fort à tenir.

Elle trouva les deux jeunes gens chez sa grand'mère : Henri et Édouard se connaissaient, mais comme pouvaient se connaître le neveu de madame de Lorges et le fils de monsieur Duval, c'est-à-dire sans aucune intimité. Henri était de trop bon goût pour indiquer en rien la supériorité que lui donnaient sur Édouard sa naissance et sa position dans le monde ; mais Édouard était élevé dans les principes de trop grande simplicité pour essayer de franchir en rien la distance qui le séparait de Henri. Bref, en face de Henri, Édouard demeurait toujours, non pas le fils du banquier Duval, plus riche et surtout plus indépendant maintenant que son ancienne maîtresse, mais le fils de l'intendant de madame de Lorges.

Cécile, comme on le comprend bien, ne perdit aucune de ces nuances que d'ailleurs, avec son esprit de détail et sa volonté de rehausser encore son protégé dans l'esprit de la jeune fille, la marquise fit ressortir ; puis, il faut le dire, cette supériorité de Henri sur Édouard n'existait pas seulement dans le hasard de la naissance et dans le privilège de l'éducation, elle existait en toute chose, dans le son de la voix, dans l'élégance du geste, dans le laisser-aller de la tournure ; Édouard, un jour pouvait devenir quelque chose, Henri était déjà quelqu'un.

D'ailleurs, à peine si Édouard, soit par humilité, soit par ignorance, ouvrit la bouche ; il est vrai qu'on parla fort de choses que le pauvre garçon ne connaissait pas, c'est-à-dire des cours étrangères. Henri, depuis trois ans, voyageait ; son nom et celui de sa tante, la fidélité de sa famille au malheur, la bienveillance que lui portait l'auguste maison à laquelle la sienne s'était dévouée, lui avaient ouvert les palais des rois de la terre. Il connaissait donc, autant qu'un jeune homme de son âge le pouvait connaître, tous les personnages distingués de l'Italie, de l'Allemagne et de l'Angleterre, tandis que le pauvre Édouard ne connaissait en personnage éminent que le banquier dans la maison duquel son père, comme nous l'avons dit, après avoir été caissier, avait obtenu le petit intérêt qui avait si bien fructifié.

La marquise, sans être précisément méchante, avait cependant dans le caractère certaines parties implacables, c'étaient celles qui étaient relatives au maintien de sa position sociale. Elle écrasa donc le pauvre Édouard d'un tel dédain et cela par l'absence de toute attention bien plutôt que par l'amertume des paroles qu'elle lui adressait, qu'elle faillit, manquer tout l'effet qu'elle se proposait, en inspirant à Cécile une profonde pitié pour son jeune ami. Il en résulta que, gênée elle-même de cette préférence par trop visible, Cécile se leva et sortit sous prétexte d'aller s'informer elle-même de l'état de sa mère.

La jeune fille se dirigea effectivement vers la chambre de la malade, mais là un autre point de comparaison l'attendait. La duchesse de Lorges était assise au chevet du lit de la baronne, et madame Duval au pied. La duchesse avait pris le premier fauteuil venu, madame Duval avait choisi une chaise. Madame de Marsilly adressait la parole avec une affection pareille et une égale urbanité à la duchesse de Lorges et à madame Duval ; mais madame Duval ne parlait à la duchesse qu'à la troisième personne : c'était une ancienne habitude que madame Duval n'avait point perdue, ou plutôt, dans le sentiment de sa propre dignité, qui ne lui permettait pas de s'enorgueillir de sa petite fortune commerciale, n'avait pas voulu perdre.

Cécile retrouva donc la même infériorité dans la mère qu'elle avait trouvée dans le fils. Seulement, chose terrible pour Édouard, chez la mère c'était une simple infériorité sociale, chez Édouard c'était une infériorité d'organisation.

Aussi, cette visite porta-t-elle dans l'esprit de Cécile le dernier coup à Édouard. Henri, sans adresser à Cécile une seule parole qui pût de son côté faire allusion aux sentimens qu'il éprouvait pour elle, lui avait parlé ce langage des yeux auxquels les jeunes cœurs ne se trompent point, et, plusieurs fois, à l'embarras et à la rougeur d'Édouard, Cécile avait pu comprendre que le jeune homme se rendait parfaitement compte de la situation où il se trouvait ; aussi, lorsqu'en prenant congé de madame Duval et d'Édouard, Cécile, comme d'habitude, tendit son front à la mère et la main au fils, madame Duval seule répondit-elle à cette double démonstration amicale en embrassant la jeune fille au front. Édouard se contenta de la saluer.

Au milieu de cette double visite le médecin était venu ; mais il s'était contenté de prescrire quelques boissons adoucissantes et la continuation du même régime.

Cécile avait grande envie de passer la nuit dans la chambre de sa mère ; mais encore toute rougissante de ce qui était arrivé l'autre nuit, elle céda aux instances de madame de Marsilly et se retira dans la sienne.

Une fois seule avec elle-même, la jeune fille songea aux événemens de la journée, et le double souvenir d'Édouard et de Henri se représenta à sa pensée ; mais il est facile de comprendre que, dans la position des deux jeunes gens, Édouard céda bientôt la place et s'effaça petit à petit du souvenir de la jeune fille, qui resta bientôt entièrement préoccupée de son rival.

Cependant, il faut le dire, en toute autre circonstance peut-être, les progrès de Henri sur le cœur simple et ingénu de la jeune fille eussent été plus rapides encore ; mais en ce moment le cœur était en proie à une préoccupation bien douloureuse : l'état de madame de Marsilly, qui échappait à l'insoucieuse frivolité de la marquise, se dévoilait tout entier à la tendre investigation de Cécile. Cécile sentait que sa mère était atteinte mortellement, et vis-à-vis d'elle-même elle regardait presque comme un crime d'avoir une seule pensée qui fût étrangère à sa mère.

Aussi, tout ce que l'amour filial le plus empressé peut inventer de soins intelligens et assidus, Cécile les prodiguait-elle à sa mère. C'est au moment de quitter ceux qu'on aime, qu'on sent toute la valeur des instans qui vous restent à passer auprès d'eux et qu'on se reproche amèrement les heures d'indifférence pendant lesquelles on s'est éloigné de leur vue. Cécile passait sa vie entière maintenant dans la chambre de la baronne, ne quittant son chevet qu'à l'heure des repas, encore à peine demeurait-elle un instant à table. Quant à la marquise, elle venait de temps en temps faire une visite à sa fille, mais elle l'aimait tant, disait-elle, qu'elle ne pouvait longtemps supporter la vue des ravages trop visibles que la maladie faisait sur elle.

Presque tous les jours Henri venait prendre des nouvelles de madame de Lorges dans sa voiture, tantôt accompagnant la duchesse de Lorges dans sa voiture, tantôt seul et à cheval ; dans l'un et l'autre cas, Cécile assistait rarement à la réception du jeune homme ; mais quoiqu'elle se dît elle-même que c'était une profanation de mêler un autre sentiment au sentiment douloureux que lui causait la position de sa mère, elle ne pouvait s'empêcher, à travers une jalousie fermée, de regarder Henri lorsqu'il arrivait et lorsqu'il partait.

Quant à Édouard, retenu par son bureau, il ne pouvait venir que tous les dimanches.

Depuis le jour où il avait été question d'un projet de mariage entre les deux jeunes gens et où madame de Marsilly, en accueillant les désirs de monsieur Duval, lui avait dit d'abandonner la marche de toute cette affaire à sa sagesse, pas un seul mot de ce projet n'avait été échangé entre les deux familles ; aussi, la baronne avait-elle peine à cacher un sentiment d'embarras réel lorsqu'elle recevait la visite de ses vieux amis : il en résultait un sentiment de gêne et de contrainte qui fit que, peu à peu, monsieur Duval et Édouard cessèrent de faire des petits voyages à Hendon et que madame Duval continua de venir seule.

Pendant ce temps la baronne allait s'affaiblissant tous les jours ; elle passa l'été dans les alternatives de bien et de mal particulières aux maladies de poitrine ; mais, lorsque l'automne vint, et avec l'automne les humides émanations de la terre, la maladie empira de telle façon qu'il n'y eut plus de doute que le terme tant redouté ne fût prochain.

Comme nous l'avons dit, Cécile ne quittait plus la baronne, et telle est la puissance d'une douleur profonde et réelle, qu'elle en était arrivée à oublier toute chose pour ne plus penser qu'à sa mère. Henri venait toujours. Tout en éprouvant une impression de joie chaque fois qu'elle le voyait, il semblait à la jeune fille que le sentiment qu'elle portait au jeune homme avait changé de nature ; au point où elle en était arrivée, tout projet d'avenir était suspendu dans son esprit, et, courbée sous le coup du danger présent, elle n'avait de force que pour agir contre ce danger ; au reste, madame de Marsilly, habituée à lire dans le cœur de sa fille comme dans un livre ouvert à ses yeux, ne perdait pas une des sensations que Cécile éprouvait, et, convaincue désormais qu'il y avait plus de danger pour son enfant à épouser un homme qu'elle n'aimait pas, qu'à s'en remettre à la Providence du soin de son avenir, elle ne lui parlait plus de ce mariage. De son côté, Cécile songeait souvent à ce qu'un jour lui avait dit sa mère; souvent elle surprenait le regard de la mourante fixé sur elle avec inquiétude; alors, il lui prenait un profond désir de se jeter dans les bras de la baronne et de lui répéter ce qu'elle lui avait dit autrefois, c'est-à-dire qu'elle serait bien heureuse d'épouser Édouard; mais quelle que fût la puissance de son respect filial pour les volontés de sa mère, décidée à les suivre si elle les manifestait, elle ne se sentait pas le courage d'aller au-devant d'elles.

Cependant chaque jour enlevait un reste de force à la baronne, chaque nuit amenait une excitation fiévreuse qui la rendait plus faible encore; le sommeil, ce grand réparateur de la nature, était, pour elle si rempli de songes terribles, qu'il se présentait comme une espèce de vampire qui lui suçait la vie; au milieu de tout cela elle conservait une netteté d'esprit admirable; et le mal physique qui l'emportait semblait n'avoir, à l'endroit de son esprit, d'autre résultat que d'exalter son imagination et de poétiser sa pensée.

Aussi, en voyant, si on peut le dire, ce surcroît de vitalité, qui, au moment d'abandonner le corps, abondait dans les yeux et dans les paroles de sa mère, Cécile ne pouvait parvenir à croire que la baronne fût si près de les abandonner. De son côté, la baronne, heureuse de cette ignorance de sa fille, se gardait bien de lui dire que le moment de la séparation fût si proche. Quant à la marquise, elle se doutait bien que sa fille était fort malade; mais elle était encore plus loin que Cécile d'apprécier le degré de gravité de la maladie.

Madame de Marsilly avait toujours eu des idées religieuses fort arrêtées. C'étaient ces profondes convictions de la justice céleste, et des rétributions qui attendent l'âme dans un autre monde qui, au milieu des malheurs qui l'avaient accablée, la soutenaient calme et sereine dans celui-ci. A peine avait-elle donc compris le danger de sa position, qu'elle s'était rapprochée d'un prêtre catholique, Irlandais de naissance, qui habitait le petit village d'Edgware, situé à deux milles à peine de Hendon. Ce prêtre, depuis sa maladie, venait voir la baronne tous les deux jours.

Un matin, quelques minutes avant l'heure où le prêtre avait l'habitude de venir, madame de Marsilly prit les mains de Cécile, assise près de son lit, et l'attirant à elle pour l'embrasser, comme elle faisait vingt fois par jour :

— Mon enfant, dit-elle, ne t'afflige pas de ce qui va se passer, mais, je te vois, je m'affaiblis de jour en jour; d'un moment à l'autre Dieu peut m'appeler à lui, et je dois me préparer à paraître devant son trône purgée de toutes nos taches humaines. J'ai donc dit hier au prêtre de revenir aujourd'hui dans la sainte compagnie de Notre Seigneur. Aujourd'hui, mon enfant, je communie; tu ne me quitteras point, n'est-ce pas, pendant la pieuse cérémonie; tu seras agenouillée à mon chevet, tu prieras en même temps que moi, afin que si ma voix s'interrompait, tu continuerais la prière commencée.

— Oh! ma mère! ma mère! s'écria Cécile, oh! soyez tranquille, je ne vous quitterai plus une heure, plus un instant, plus une minute, et Dieu vous fasse une longue existence pour que je puisse passer tout entière avec vous. Mais est-ce bien en cet instant de demander un prêtre, et n'avez-vous pas le temps de vous préparer à cette funeste cérémonie?

La baronne sourit, puis attirant de nouveau Cécile contre sa poitrine.

— J'ai agi sur l'avis du médecin, dit-elle.

Cécile tressaillit : ce dernier mot lui eût ôté tout espoir, s'il avait pu lui en rester encore.

En ce moment, la petite sonnette du sacristain retentit et alla réveiller un douloureux écho jusqu'au fond du cœur de la jeune fille; puis les portes s'ouvrirent comme d'elles-mêmes, deux enfans de chœur entrèrent tenant un cierge allumé à la main; le prêtre venait derrière eux portant l'hostie; on vit apparaître dans le corridor la marquise, pâle et soutenue par la femme de chambre; l'antichambre s'emplit de quelques pauvres catholiques auxquels la baronne, toute pauvre qu'elle était, avait l'habitude de faire elle-même l'aumône, puis, à un appel de la sonnette, la baronne se souleva les mains jointes sur son lit; tous les assistans s'agenouillèrent et la cérémonie funèbre commença.

Il faut avoir assisté à un pareil spectacle, avoir entendu murmurer les prières des morts sur la tête d'une personne aimée, pour comprendre tout ce qui se passe dans le cœur d'un enfant qui retient le corps de sa mère sur la terre, lorsque les ailes des anges soulèvent déjà son âme vers le ciel.

La baronne écouta les prières du prêtre avec son calme et sa sérénité ordinaires, priant elle-même et répondant aux paroles sacrées; mais deux fois pendant la cérémonie elle s'évanouit, passant de la rougeur de la consomption à une pâleur telle que deux fois on eût pu la croire morte si l'agitation de son pouls n'eût prouvé qu'elle vivait toujours et que le feu de la fièvre n'avait pas encore tari cette source de vie que Dieu a cachée au fond de notre cœur.

Enfin la baronne reçut le saint viatique. Le prêtre se retira comme il était venu, suivi des assistans, et l'on entendit décroître peu à peu le tintement de la sonnette dont le bruit avait produit une si profonde impression au cœur de la jeune fille.

A partir de ce moment, la baronne sembla plus calme, et il parut même s'être fait une amélioration sensible dans son état. Cécile, les yeux incessamment fixés sur sa mère, se rattacha à ce rayon d'espoir, et sur les prières de la baronne, consentit à laisser coucher pour cette nuit la femme de chambre anglaise à sa place; mais ce fut à la condition que, s'il arrivait une crise quelconque, on la réveillerait aussitôt. La marquise, de son côté, fit quelques instances pour rester près de sa fille : mais cette fois, comme toujours, la baronne supplia sa mère de ne point s'exposer à une fatigue que son âge ne lui permettait point de supporter.

La première partie de la nuit se passa assez tranquillement; mais, vers le matin, Cécile tressaillit au fond de son sommeil : elle venait de s'entendre appeler; elle sauta à bas de son lit, passa un peignoir et s'élança dans la chambre de sa mère.

La baronne venait d'éprouver un nouveau crachement de sang si considérable cette fois, que la femme de chambre n'avait point osé quitter la malade pour aller chercher sa fille; d'ailleurs madame de Marsilly s'était évanouie dans ses bras, et elle avait été forcée d'appeler à son aide. C'était ce cri d'alarme que la jeune fille avait entendu.

La première expression du visage de la baronne en revenant à elle fut un sourire. La crise avait été si forte qu'elle avait cru mourir sans revoir sa fille; et voilà que Dieu permettait qu'elle revint à elle et qu'elle la revit.

Cécile était à genoux devant le lit de sa mère, tenant une des mains de la mourante, priant et pleurant à la fois; elle demeura ainsi, quoique la baronne fût sortie de son évanouissement, car celle-ci, ses yeux qu'elle venait de rouvrir levés vers le ciel et son autre main posée sur la tête de la jeune fille, recommandait mentalement à Dieu cette belle et innocente créature qu'elle était forcée d'abandonner.

Quoique la baronne eût repris un peu de calme, il fut impossible de déterminer Cécile à retourner chez elle; il lui semblait que si elle quittait sa mère un seul moment, ce serait ce moment-là que Dieu choisirait pour la lui reprendre. En effet, il était évident que la baronne n'avait plus que le souffle, et que, d'un instant à l'autre, ce souffle pouvait l'abandonner.

Le jour parut. Aux premières lueurs que la malade vit glisser à travers les jalousies, elle demanda qu'on ouvrît la fenêtre; on eût dit que, craignant que ce soleil ne fût le dernier, elle n'en voulait pas perdre un rayon.

Heureusement c'était une de ces belles journées d'automne qui ressemblent aux journées de printemps : un arbre élevait ses branches jusqu'à la hauteur du toit et était encore tout couvert de feuilles vertes, de feuilles à moitié jaunies et de feuilles déjà mortes; à chaque souffle d'air, quelques-unes de ces feuilles se détachaient et descendaient en tournoyant. La baronne les suivait mélancoliquement des yeux, souriant à chacune de celles qui allaient se réunir à la terre,

38

et songeant que bientôt le souffle de la mort cueillerait son âme comme le vent cueillait ces pauvres feuilles. Cécile, qui vit les yeux de la baronne fixés sur ce point, suivit ce doux et mélancolique regard, et devina quelle pensée agitait l'esprit de sa mère. Alors elle voulut aller fermer la fenêtre ; mais la baronne l'arrêta.

— Laisse-moi voir, dit-elle, avec quelle facilité les feuilles se détachent de cet arbre ; j'ai l'espoir qu'il en sera ainsi de mon âme, mon pauvre enfant, et qu'elle se détachera de mon corps sans trop me faire souffrir.

— Vous trouvez-vous donc plus mal, ma mère ? demanda Cécile avec anxiété.

— Non, il me semble au contraire que je suis mieux, pour la première fois, depuis bien longtemps, je ne ressens aucune douleur ; si l'absence de la douleur était la vie, je crois que je pourrais vivre encore.

— Oh ! ma mère, quelles bonnes paroles vous me dites là ! s'écria Cécile se reprenant au moindre rayon d'espoir ; peut-être Dieu est-il touché par mes prières, peut-être Dieu daignera-t-il vous rendre à moi.

Et Cécile se laissa tomber à genoux, les mains jointes, et priant avec une telle ardeur que sa mère, tout en secouant la tête, ne put retenir ses larmes.

— Pourquoi secouez-vous la tête avec cet air de doute, ma mère, Dieu n'a-t-il pas fait parfois des miracles plus grands que celui que je lui demande ? et Dieu le sait, ma mère, ajouta Cécile en levant ses deux mains au ciel avec une foi admirable, que jamais miracle ne lui a été demandé par un cœur plus fervent que le mien, même lorsque Madeleine l'implora pour son frère, même lorsque Jaïre l'implora pour sa fille.

Et Cécile se mit à prier à voix basse, tandis que la baronne secouait mélancoliquement la tête.

A midi, la marquise vint demander des nouvelles de sa fille. A travers la frivolité ordinaire de son regard, elle vit pourtant le changement profond et fatal qui s'opérait en elle, et pour la première fois seulement elle comprit ce que la pieuse cérémonie de la veille même n'avait pu lui faire comprendre ; c'est que la mort était là.

Pendant la journée, la baronne eut quelques-unes de ces faiblesses auxquelles elle était sujette ; seulement, cette fois, ces évanouissemens étaient presque sans douleur ; elle fermait les yeux, pâlissait et voilà tout ; aux deux premiers évanouissemens auxquels assista la marquise, elle jeta de grands cris, disant que tout était fini et que sa fille était morte ; de sorte que Cécile et la baronne la supplièrent, pour s'épargner ce douloureux spectacle, de demeurer chez elle. La marquise se fit prier quelques instans et céda.

Quant à Cécile, cette âme douce et tendre était si bien en harmonie avec celle de sa mère, qu'elles se fondaient ensemble, pour ainsi dire, comme le parfum de deux fleurs pareilles qu'on rapprocherait l'une de l'autre et qu'on respirerait en même temps.

Vers le soir, la baronne se sentit plus faible encore ; elle demanda qu'on rouvrît la fenêtre qu'on avait fermée pendant la journée ; cette fenêtre donnait sur le couchant où le soleil était sur le point de disparaître.

Cécile fit un mouvement pour obéir à sa mère ; mais sa mère, lui serrant la main avec une force dont la pauvre mourante semblait incapable.

— Ne me quitte pas, dit-elle.

Cécile regarda sa mère, la fièvre avait cessé, la baronne était pâle, sa main était froide.

Elle appela la femme de chambre, qui ouvrit la fenêtre.

La baronne fit un effort et se tourna du côté du soleil couchant.

En ce moment, un rossignol chantait dans le jardin.

C'était un de ces chants du soir, mélodieux, cadencés, perçans, comme en font entendre parfois ces rois de l'harmonie.

— Écoute, dit la baronne en attirant Cécile à elle.

Cécile appuya son front contre la poitrine de la baronne et écouta ; elle entendit le mouvement lent et irrégulier de son cœur.

Alors il arriva ce qu'il arrive quelquefois, c'est-à-dire que peu à peu elle cessa d'écouter le chant de l'oiseau pour suivre ce dernier symptôme de vie qui frémissait dans le sein de sa mère.

Il lui sembla que de momens en momens ces pulsations se ralentissaient ; mais elle continua d'écouter toujours. De son côté, le rossignol avait pris sa volée et était allé à cent pas plus loin continuer sa mélodieuse chanson.

Puis, au bout de quelques minutes, l'oiseau prit un nouveau vol, si bien que les notes les plus aiguës de son chant arrivaient seulement à l'oreille de la mourante.

Puis le chant cessa tout-à-fait.

En même temps les pulsations cessèrent.

Cécile tressaillit ; une idée lui traversa l'esprit : c'est que ce rossignol, qui venait de se taire, c'était l'âme de sa mère qui remontait au ciel.

Elle releva la tête ; la baronne était pâle et sans mouvement, les lèvres légèrement écartées, les yeux entr'ouverts. Cécile se courba vers elle ; alors la baronne murmura le mot adieu d'une manière presque inintelligible. Cécile sentit passer sur sa figure un souffle tiède et caressant ; les yeux de la malade se fermèrent, ses lèvres se rejoignirent, un léger frémissement agita tout son corps, sa main frissonna doucement, cherchant à serrer la main de sa fille ; puis tout fut dit.

Ce souffle, que Cécile avait senti sur son visage, c'était l'âme de la baronne qui remontait à Dieu ; ce léger frémissement, c'était le dernier adieu de la mère à la fille.

La baronne venait d'expirer.

Cécile ne jeta pas un cri, ne poussa pas un sanglot ; seulement deux grosses larmes roulèrent sur ses joues.

Puis elle descendit au jardin, cueillit un beau lis plein de fraîcheur et de parfums, remonta et en mit la longue tige aux mains de sa mère.

Vu ainsi, le corps de la baronne semblait l'effigie en cire de quelque belle sainte du paradis.

Alors Cécile s'agenouilla près du lit en faisant dire à la marquise de venir, tandis qu'elle priait pour l'âme de sa mère, prier, elle, pour l'âme de sa fille !!

XIV.

LES ADIEUX.

Nous ne nous appesantirons pas sur la scène funèbre que nous n'avons fait qu'indiquer, et sur les douloureuses cérémonies qui la suivirent ; d'ailleurs, à peine la duchesse de Lorges et monsieur Duval eurent-ils appris la mort de la baronne, qu'ils partirent chacun de son côté pour Hendon. Seulement, par une délicatesse que l'on s'expliquera facilement, la duchesse n'amena point Henri, et monsieur Duval n'amena point Édouard. Grâce à l'amitié de l'une, et grâce à l'intermédiaire de l'autre, Cécile se trouva donc avoir d'un côté les affectueuses consolations dont elle avait besoin, et de l'autre, l'appui, si indispensable en pareille circonstance, d'un homme d'affaires.

La baronne fut enterrée dans le cimetière du village ; depuis longtemps elle avait choisi la place qu'elle devait occuper ; elle l'avait fait bénir par le prêtre.

La douleur de la marquise fut vive. Elle aimait sa fille autant qu'elle était susceptible d'aimer ; mais son caractère n'était pas de ceux que la douleur impressionne profondément : elle datait de cette époque où la sensibilité était encore une exception.

Avant de retourner à Londres, monsieur Duval fit toutes ses offres de service à Cécile, mais sans lui dire un mot des anciens projets arrêtés entre lui et la baronne. Cécile répondit, avec cet accent de reconnaissance auquel il n'y a point à se méprendre, que si elle avait un service quelconque à réclamer, elle ne s'adresserait point à d'autres qu'à lui.

La marquise et la duchesse avaient eu une longue conférence ; la marquise avait exposé à la duchesse son intention bien positive de retourner en France. La ferme volonté de la baronne avait seule eu le pouvoir d'empêcher sa mère d'accomplir ce projet qu'elle nourrissait depuis longtemps. Elle n'avait jamais pu comprendre cette confiscation de biens dont elle avait cependant subi les conséquences, et elle croyait que son procureur lui trouverait quelque moyen de revenir sur les ventes nationales qu'elle trouvait parfaitement illicites.

Le surlendemain de l'enterrement de la baronne, elle fit donc appeler Cécile dans sa chambre, et lui annonça qu'elle eût à se tenir prête à partir pour la France.

Cette nouvelle frappa Cécile d'un profond étonnement. Elle n'avait jamais eu l'idée qu'il viendrait un jour où elle pourrait quitter le village qui était devenu pour elle une patrie ; ce cottage où elle avait été élevée, ce jardin où elle avait passé sa jeunesse, au milieu de ses anémones, de ses lis et de ses roses, cette chambre où sa mère, ange de douceur, de patience et de pureté, avait rendu le dernier soupir, et enfin le petit cimetière où elle dormait du dernier sommeil. Aussi fit-elle répéter deux fois à la marquise cette invitation de se préparer au départ, et lorsqu'elle fut bien convaincue qu'elle ne se trompait pas, elle se retira dans sa petite chambre pour se préparer à la révolution qui allait se faire dans sa vie ; car dans cette vie si calme, si pure et si paisible, tout changement était une révolution.

D'abord il sembla à Cécile que ce qu'elle regrettait seulement, c'était ce village, ce cottage, ce jardin, cette chambre et ce cimetière ; mais en creusant plus profondément sa pensée, elle trouva que l'image de Henri était quelque peu mêlée à toutes les choses qu'elle regrettait.

Alors elle commença à se trouver bien malheureuse de quitter l'Angleterre.

Elle descendit d'abord dans son jardin.

On en était, comme nous l'avons dit, arrivé à ces dernières belles journées d'automne, suprême sourire de l'année qui s'en va : chaque fleur en s'inclinant semblait saluer Cécile ; chaque feuille en tombant semblait lui dire adieu. Les abris des douces matinées du printemps et des chaudes soirées de l'été avaient perdu tout leur mystère. L'œil pénétrait à travers les massifs, plongeait derrière les berceaux. L'oiseau ne chantait plus invisible et caché dans le feuillage, mais on le voyait sautillant inquiet sur la branche effeuillée, comme s'il eût cherché un abri contre les neiges de l'hiver. Or, il sembla pour la première fois à Cécile qu'elle était comme l'oiseau. L'hiver aussi allait venir pour elle, et en quittant le cottage, elle perdait son refuge maternel, son abri accoutumé, quoi qu'elle eût encore quel toit de chaume ou d'ardoise lui était réservé dans l'avenir.

Puis, elle pensa, en quelles mains allait tomber son beau jardin ; tous ces arbres, toutes ces plantes, toutes ces fleurs dont elle étudiait la vie, dont elle comprenait le langage, dont elle devinait la première pensée, qu'allaient-ils devenir quand elle ne serait plus là, comme un centre vivant, pour tout faire vivre de sa vie en attirant tout à elle ; peut-être ce jardin serait-il livré à des enfans destructeurs et méchans, qui briseraient pour le plaisir de briser, ou à quelque locataire ignorant, qui ne saurait pas même le nom de ses amies dont elle savait l'âme. Sans doute elle retrouverait en France d'autres fleurs, d'autres plantes, d'autres arbres ; mais ce ne seraient pas les arbres qu'elle aurait vus grandir sous leur ombre, ce ne seraient point les plantes qu'elle aurait arrosées de ses mains, ce ne seraient pas les fleurs, si on peut le dire, qui, de générations en générations, l'auraient récompensée de ses soins maternels avec leurs plus suaves parfums. Non, ce seraient des étrangères, et la pauvre Cécile

allait être pareille à ces jeunes filles qu'on tire du couvent où elles ont été élevées, qu'on arrache des bras de leurs compagnes chéries, pour les jeter dans une société où elles ne connaissent personne et où elles-mêmes sont inconnues.

Il y avait dans ce petit jardin tout un monde de pensées pour Cécile.

Elle le quitta cependant, mais ce fut pour monter dans la chambre de sa mère.

Là il y avait tout un monde de souvenirs.

La chambre avait été conservée telle qu'elle était du temps de la baronne. Chaque chose était à sa place ; Cécile, qui avait cru passer sa vie à Hendon, avait voulu se faire illusion à elle-même, et en effet, une fois enfermée dans cette chambre où la vie avait imprimé tous ses souvenirs, et que la mort n'avait laissé aucune trace, Cécile pouvait croire sa mère sortie pour un instant et prête à rentrer d'une minute à l'autre.

Aussi, depuis la mort de sa mère, Cécile était venue plus d'une fois s'enfermer dans cette chambre : le véritable soulagement de la douleur a été donné par le Seigneur à l'homme qu'il a créé pour la douleur : ce sont les larmes ; mais quelle que soit la douleur humaine, il y a cependant des instans où les larmes tarissent comme des sources desséchées ; alors la poitrine s'oppresse, alors le cœur se gonfle, alors on demande des larmes, et les larmes épuisées ne veulent pas venir ; mais, dans ce moment, qu'un souvenir oublié se représente à l'esprit ; qu'un son, rappelant l'accent habituel de la personne perdue, murmure à notre oreille ; qu'un objet à son usage frappe nos yeux ; aussitôt cette aridité du cœur disparaît, aussitôt les larmes jaillissent plus abondantes qu'auparavant, aussitôt les sanglots qui nous étouffaient s'élancent, et la douleur, par son excès, se vient en aide à elle-même.

Or, c'était cette ressource des larmes que Cécile trouvait à chaque pas dans la chambre de sa mère.

D'abord, en entrant et en face de la porte, le lit où elle avait expiré ; au pied de ce lit, le crucifix qu'elle avait baisé en recevant les derniers sacremens ; entre les deux fenêtres, dans un vase de porcelaine, le lis qu'elle tenait dans sa main quand elle était morte, et qui, à son tour, pâle et languissant, mourait comme elle ; sur la cheminée, la petite bourse en filet enfermant quelques pièces de monnaie et une pièce d'or ; dans les coupes à côté, une ou deux bagues ; entre les coupes, la pendule qui avait continué de marquer l'heure jusqu'au moment où, oubliée à son tour au milieu de la douleur générale, elle s'était arrêtée, comme un cœur qui cesse de battre ; puis enfin, dans les commodes et dans les armoires, le linge, le vêtement, les robes de la baronne, tout était là.

Et, comme nous l'avons dit, chacune de ces choses était un souvenir pour Cécile. Chaque objet lui rappelait sa mère, dans une situation particulière ou dans une attitude habituelle. C'était dans cette chambre enfin, quand ses larmes étaient taries, qu'elle revenait chercher des larmes.

Et voilà qu'il lui fallait quitter cette chambre comme elle quittait son jardin, cette chambre où sa mère survivait, par la mémoire que chaque objet semblait avoir gardée d'elle. En quittant cette chambre, elle se séparait une seconde fois de sa mère. Après que le corps était mort, c'était en quelque sorte la mémoire qui mourait à son tour.

Cependant il n'y avait point à réagir contre un ordre de la marquise : la marquise avait hérité du pouvoir maternel de la baronne ; c'était la marquise à mener désormais la vie de Cécile vers le but caché que l'avenir lui marquait.

Cécile alla chercher son album.

Puis, comme si, se défiant d'elle-même, elle eût voulu matérialiser sa douleur, elle fit un dessin du lit, de la cheminée, puis des meubles les plus importans de la chambre mortuaire.

Puis elle fit un dessin de la chambre elle-même.

Alors, comme la journée s'avançait, elle demanda à la marquise la permission d'aller dire adieu à la tombe de sa mère.

C'était, comme nous l'avons dit, un de ces cimetières protestans, sans croix et sans tombeaux, un champ commun, un asile général, un enclos où la poussière retournait en poussière, sans qu'une seule inscription indiquât ni l'individualité du mort ni la piété des vivans. Le culte protestant est ainsi fait : culte raisonné, système algébrique qui a essayé de tout prouver, et dont le premier résultat a été de tuer la base de toute religion poétique, — la foi.

Seule, la tombe de la mère de Cécile se distinguait de toutes ces tombes, qui n'étaient que des monticules plus ou moins gazonneux, par une petite croix noire où, en lettres blanches, on lisait le nom de la baronne.

Mais cette tombe et cette croix étaient dans un angle du cimetière, sous de beaux arbres toujours verts, et présentaient un aspect pittoresque que n'avait aucune autre partie de ce triste champ de deuil.

Cécile vint s'agenouiller devant cette terre fraîchement remuée qu'elle baisa tendrement. Déjà, dans sa pensée, trop pauvre qu'elle était pour élever un monument à sa mère, elle avait transporté les plus belles roses et les plus beaux lis de son jardin sur cette tombe : au printemps prochain, elle devait venir là respirer l'âme de sa mère dans le parfum de ses fleurs. C'était encore une consolation à laquelle il lui fallait renoncer. Jardin, chambre tombe, il lui fallait dire adieu à tout.

Cécile fit un dessin de la tombe de sa mère.

Puis, à mesure qu'elle faisait ce dessin, sans qu'elle sût comment ni pourquoi, ce fantôme de Henri, qui, pendant les jours qui venaient de s'écouler, était vaguement resté au fond de sa mémoire, devenait plus distinct, plus visible, plus présent pour ainsi dire. Il lui semblait qu'exilé un instant de sa vie, par les événements qui venaient de la troubler, il y rentrait plus intime, plus nécessaire qu'auparavant; sa pensée était comme un lac troublé par un orage, qui garde quelque temps son agitation, mais qui, à mesure que l'orage se calme, reprend sa pureté et reflète de nouveau les objets qu'il réfléchissait auparavant.

Et à mesure que son dessin avançait, il semblait à Cécile que non-seulement Henri vivait dans son souvenir, mais encore qu'il était là matériellement en sa personne.

En ce moment elle entendit un léger bruit derrière elle ; elle se retourna et elle aperçut Henri.

Henri était si présent à sa pensée qu'elle ne s'étonna point de le voir.

Cela ne vous est-il point arrivé à vous, à moi, à tout le monde, de sentir par un instinct magnétique, de voir avec les yeux de l'âme, pour ainsi dire, une personne aimée s'approcher de nous, et sans avoir tourné le regard de son côté, de deviner qu'elle doit être là et de lui tendre la main?

Henri, qui n'avait pas pu venir trois jours auparavant avec sa tante, était venu seul, non pas pour se présenter chez la marquise, ce n'était pas son intention, mais pour visiter ce petit coin de terre qu'il sentait bien que Cécile avait dû visiter tant de fois.

Le hasard avait fait qu'il y avait rencontré Cécile.

Pourquoi l'idée de ce pieux pèlerinage n'était-elle pas même venue à l'esprit d'Édouard?

Cécile, qui ordinairement osait à peine regarder Henri, lui tendit la main comme à un frère.

Henri prit la main de Cécile, la serra et lui dit :

— Oh! j'ai bien pleuré sur vous, ne pouvant pas pleurer avec vous.

— Monsieur Henri, dit Cécile, je suis bien heureuse de vous voir.

Henri s'inclina.

— Oui, continua Cécile, car j'ai pensé à vous ; j'ai un grand service à vous demander.

— Oh! mon Dieu! à quoi puis-je vous être bon, mademoiselle? s'écria Henri. Disposez de moi, je vous en supplie.

— Monsieur Henri, nous partons ; nous quittons l'Angleterre peut-être pour longtemps, peut-être pour toujours.

La voix de Cécile faiblit et de grosses larmes roulèrent sur ses joues ; mais elle fit un effort sur elle-même et continua.

— Monsieur Henri, je vous recommande la tombe de ma mère.

— Mademoiselle, dit Henri, Dieu m'est témoin que cette tombe m'est aussi chère qu'elle vous l'est à vous-même ; mais, moi aussi, je quitte l'Angleterre peut-être pour longtemps, peut-être pour toujours.

— Vous aussi?

— Oui, mademoiselle.

— Mais où allez-vous donc?

— Je vais... je vais en France, répondit Henri en rougissant.

— En France! murmura Cécile en regardant le jeune homme ; puis, comme elle sentit qu'elle rougissait à son tour, elle laissa retomber sa tête sur sa main, en murmurant :

— En France!

Cette parole venait de changer toute la destinée de Cécile : cette parole venait d'éclairer tout son avenir.

Henri venait en France. Dès lors elle comprenait la possibilité de vivre en France, qu'elle n'avait pas comprise jusque-là.

Elle pensa que la France était sa terre natale, tandis que l'Angleterre n'était que sa patrie d'adoption.

Elle pensa que c'était en France seulement qu'on parlait cette langue maternelle, qui était sa langue à elle, la langue de sa mère, la langue de Henri.

Elle pensa que son séjour, si doux qu'il fût à l'étranger, n'était toujours qu'un exil. Elle pensa que sa mère lui avait dit avant de mourir : — « J'aurais cependant bien voulu mourir en France. »

Étrange puissance d'un mot qui soulève le rideau qui nous cachait tout un horizon.

Cécile ne demanda rien autre chose à Henri, et comme sa femme de chambre lui faisait observer qu'il était tard et que la nuit allait venir, elle salua Henri et s'éloigna.

Au moment de quitter le cimetière, elle jeta un regard en arrière et elle vit Henri assis à la même place où elle était assise.

À la porte, un domestique attendait, monté sur un cheval et tenant un autre cheval en main.

Henri, comme il l'avait dit, était donc venu exprès pour faire cette visite à la tombe de la baronne, et il allait s'en retourner après l'avoir faite.

XV.

LE DÉPART.

En rentrant, Cécile trouva monsieur Duval chez la marquise, et quoique le banquier et sa grand'mère ne parlassent aucunement d'affaires devant elle, il fut visible pour la jeune fille que monsieur Duval était venu apporter de l'argent à madame de La Roche-Bertaud.

Au moment de quitter le petit cottage, monsieur Duval mit, pour son passage à Londres, sa maison à la disposition de la marquise ; mais la marquise le remercia en disant que si elle descendait chez quelqu'un ce serait chez la duchesse de Lorges qui le lui avait déjà offert ; mais que, comme elle ne comptait passer qu'un jour ou deux à Londres, ce serait selon toute probabilité à l'hôtel qu'elle et sa fille s'arrêteraient.

Cécile remarqua qu'en prenant congé d'elle et de sa grand'-mère, monsieur Duval était fort triste ; mais que cette tristesse paraissait encore plutôt un sentiment de pitié sympathique qu'un sentiment d'inquiétude personnelle.

La marquise avait fixé son départ au surlendemain. Elle pria donc Cécile de faire un choix parmi les choses qui lui étaient ou les plus nécessaires ou les plus précieuses, monsieur Duval étant chargé de faire vendre tout ce qui resterait.

A ce mot de vente, une impression douloureuse serra le cœur de Cécile ; il lui sembla que c'était une horrible profanation que de laisser vendre les choses qui avaient appartenu à sa mère. Elle en fit l'observation à sa grand'mère, qui lui répondit qu'il était impossible d'emporter en France leur petit mobilier, si mince qu'il fût, attendu que le transport de ce mobilier dépasserait le double de sa valeur.

C'était une réponse si matériellement juste qu'elle ne pouvait être attaquée que par les raisons du cœur. Or, comme on sait, ce sont de bien saintes, mais de bien mauvaises raisons que celles-là. Cécile fut donc forcée de se rendre ; mais elle se rabattit sur les objets à l'usage personnel de sa mère, comme son linge et ses robes, par exemple, faisant observer que le tout pouvait s'enfermer dans deux malles, et qu'elle, Cécile, dans sa douleur, trouverait un charme infini à porter les objets qui avaient appartenu à sa mère.

La marquise répondit à Cécile qu'elle ferait sur ce point ce que bon lui semblerait ; mais qu'elle lui faisait seulement observer que dans les grandes familles d'autrefois, il était d'habitude de brûler tous les vêtements qui avaient appartenu aux personnes mortes d'une maladie de poitrine, attendu que cette maladie, passant pour contagieuse, ces vêtemens exposaient la personne qui les portait à contracter la même maladie et à mourir de la même mort.

Cécile sourit tristement, remercia sa grand'mère de la permission qu'elle lui accordait et sortit.

Elle avait déjà fait quelques pas dans le corridor lorsque la marquise la rappela.

C'était pour lui dire qu'elle veillât bien à ce qu'aucun objet ayant servi à la baronne ne se glissât dans ses effets à elle.

A soixante ans, la marquise craignait plus la mort que sa petite-fille ne la craignait à seize.

Cécile se fit apporter dans l'appartement de sa mère les caisses dont elle avait besoin, puis elle s'enferma religieusement, ne voulant pas même que sa femme de chambre l'aidât dans le pieux devoir qu'elle avait à accomplir.

Ce fut à la fois une douce et triste nuit pour Cécile, que cette nuit qu'elle passa tout entière dans la chambre de sa mère, et avec les souvenirs de sa mère.

A deux heures du matin, Cécile, peu habituée à la veille, sentit malgré elle venir le sommeil ; elle se jeta tout habillée sur le lit, mais auparavant elle se mit à genoux devant le crucifix, et comme les objets dont elle était entourée avaient porté son amour filial au plus haut degré d'exaltation, elle demanda à Dieu s'il était vrai, comme elle l'avait entendu raconter parfois, que les morts visitassent encore les vivans, de permettre à sa mère de venir lui dire un dernier adieu dans cette même chambre où elle l'avait si souvent serrée sur son cœur.

Et Cécile s'endormit les bras étendus ; mais Dieu ne permit point que pour elle les lois de la mort se relâchassent de leur rigueur, et si elle revit sa mère, ce ne fut qu'en rêve.

La journée du lendemain se passa à poursuivre la tâche du départ ; de l'appartement de sa mère, Cécile passa dans le sien : alors ce fut le tour de tous ses souvenirs d'enfance à elle, parmi lesquels ses albums tenaient une si grande place. Le soir tout était prêt.

C'était le lendemain, dans la journée, que Cécile et sa grand'mère quittaient la petite maison hospitalière qu'elles avaient habitée douze ans. Dès le matin, Cécile se leva pour descendre une dernière fois dans son jardin ; la pluie tombait par torrens.

Cécile se mit à la fenêtre, le jardin était triste et désolée, les dernières feuilles s'envolaient des arbres, les dernières fleurs trempaient leurs têtes recourbées dans l'eau boueuse des plates-bandes. Cécile se prit à pleurer ; il lui sembla it que si elle eût quitté ses amies pendant une belle journée de printemps, elle les eût moins regrettées en leur voyant tout l'avenir de l'été, tandis qu'en les quittant à cette heure, elle les quittait à l'agonie et penchées vers cette tombe de la nature qu'on appelle hiver.

Toute la journée Cécile attendit un éclairci du ciel pour aller jusqu'au cimetière ; mais toute la journée le ciel versa des torrens de pluie ; il lui fut donc impossible de sortir.

Vers trois heures, la voiture et le cocher de madame de Lorges arrivèrent ; on chargea les caisses, le moment suprême était venu.

La marquise était rayonnante de partir ; pendant douze ans qu'elle avait passés dans ce charmant cottage, elle ne s'était pas créé, ni avec les gens, ni avec les choses, un seul souvenir qu'elle regrettât.

Cécile était comme une folle, elle touchait les meubles, elle les embrassait, elle pleurait ; une partie de son âme allait rester à Hendon.

Au moment de monter en voiture, elle faillit s'évanouir ; il fallut presque la porter.

Elle voulut se charger de la clef de la petite maison que l'on devait, en passant à Londres, remettre à monsieur Duval. Cette clef, elle la mit sur son cœur.

Cette clef, c'était celle de son passé ; Dieu seul avait la clef de l'avenir.

Elle pria le cocher de faire un détour et de s'arrêter devant la porte du cimetière. Comme nous l'avons dit, la pluie tombait si furieusement qu'il lui fut de toute impossibilité de descendre ; mais en plongeant ses regards à travers les barreaux de la porte, elle put encore voir la tombe, la petite croix et les grands arbres qui l'abritaient.

Mais la marquise la pria de ne pas la tenir trop longtemps dans un pareil endroit, attendu que le voisinage des cimetières lui causait une impression des plus désagréables.

Cécile cria une dernière fois : « Adieu, ma mère ! adieu, ma mère ! » et se rejeta dans le fond de la voiture.

Puis elle s'enveloppa la tête de son voile noir, et elle n'ouvrit les yeux que lorsque la voiture s'arrêta.

On était à la porte de l'hôtel du *Roi Georges*.

Une autre voiture était toute prête et tout attelée dans la cour. Madame de Lorges attendait la marquise dans l'appartement qui lui était préparé à l'hôtel. Son neveu Henri, qu'elle avait envoyé à Douvres pour s'informer des navires qui partaient pour la France, lui écrivait qu'un bâtiment était en partance et devait mettre à la voile le lendemain matin.

Si l'on voulait profiter de ce bâtiment, il fallait se reposer quelques instans seulement et partir.

Cécile demanda à aller chez madame Duval ; mais madame Duval demeurait dans la Cité, et pour aller chez elle et revenir, il fallait plus d'une heure. La marquise s'opposa donc à cette visite en invitant sa petite-fille à lui écrire seulement. La pauvre enfant sentait que ce n'était point par une lettre qu'elle aurait dû prendre congé des bons vieux amis de sa mère. Mais que pouvait-elle contre la volonté de la marquise ? Il lui fallut obéir.

Elle écrivit donc.

Tout ce qu'un billet peut contenir de tendres excuses et de profonds regrets, la lettre de Cécile le renfermait. Il y avait des adieux pour tout le monde, pour monsieur Duval, pour madame Duval, et même pour Édouard. Elle envoyait à monsieur Duval la clef de la petite maison en lui disant que, si elle vivait riche, quoiqu'en s'éloignant d'elle, quoiqu'en quittant l'Angleterre pour toujours, elle conserverait cette petite maison comme le sanctuaire de sa jeunesse ; mais elle était pauvre, et elle renouvelait à monsieur Duval, au nom de la marquise, la prière de vendre les meubles qu'elle renfermait et de lui en faire passer le montant à sa grand'mère.

On remit cette lettre et la clef de la maison à madame la duchesse de Lorges, qui se chargea de les faire passer le lendemain à son ancien intendant.

Avant de quitter son amie, madame de Lorges fit à la marquise toutes ces offres d'argent qui, entre gens comme il faut, ne sont pas même regardées, lorsqu'on les accepte, comme services rendus ; mais, grâce à la vente du reste de ses diamans, la marquise avait, du moins elle le pensait ainsi, plus qu'il ne lui fallait pour attendre la restitution de ses biens.

Enfin, le moment vint de monter en voiture. Cécile eût donné tout au monde pour pouvoir embrasser monsieur et madame Duval et serrer la main à Édouard. Elle sentait dans le fond de son cœur qu'il y avait presque de l'ingratitude à agir ainsi ; mais, comme nous l'avons dit, elle n'était pas la maîtresse de suivre les inspirations de son cœur. Elle s'agenouilla, demanda pardon à sa mère, et, lorsqu'on vint la prévenir que la voiture attendait, elle se contenta de répondre qu'elle était prête.

Ce fut une chose encore bien triste pour Cécile que ce départ de Londres pendant une nuit pluvieuse, sans autre adieu que celui de la duchesse, qu'elle connaissait à peine.

On traversa Londres, que Cécile n'avait jamais vu, sans que la jeune fille mît seulement la tête à la portière ; puis elle sentit, à l'air plus pur et au changement de pavé, que l'on entrait dans la campagne.

Comme la voiture allait en poste et qu'on ne s'arrêtait que pour relayer, la route fut rapidement faite, et à cinq heures du matin l'on était arrivé à Douvres.

La voiture s'arrêta dans la cour d'un hôtel ; la lueur de deux ou trois flambeaux vint frapper les paupières de Cécile ; elle ouvrit les yeux, encore tout étourdie du mouvement de la voiture, encore en proie à la somnolence qui en est la suite, et son premier regard rencontra Henri.

Henri, qui attendait leur arrivée.

Cécile se sentait rougir si vivement qu'elle abaissa son voile sur sa figure.

Henri donna la main à la marquise pour l'aider à descendre de voiture, puis à Cécile : c'était la première fois que la main de la jeune fille rencontrait la main de Henri, et la jeune fille la sentit si frémissante dans la sienne qu'il n'osa pas même la serrer.

Des chambres étaient préparées dans l'hôtel et attendaient l'arrivée des voyageurs ; on voyait qu'une prévoyante intelligence avait tout ordonné d'avance. Le bâtiment ne partant qu'à dix heures du matin, les deux voyageuses avaient au moins quelques heures pour se reposer.

Henri, au reste, les pria de ne s'inquiéter de rien que de se tenir prêtes pour l'heure dite, son valet de chambre devant s'occuper de l'embarquement des effets ; c'était chose d'autant plus facile que la voiture étant toute chargée, on n'avait qu'à prendre les malles sur la voiture et les transporter sur le bâtiment.

Puis il salua la marquise et Cécile et se retira en leur demandant si elles avaient quelques ordres à lui donner.

Cécile s'enferma dans sa chambre ; mais quelle que fût sa fatigue, elle essaya vainement de s'endormir ; cette apparition inattendue de Henri avait jeté tous le trouble dans son pauvre cœur pour que le sommeil pût approcher d'elle.

Maintenant, il lui restait un dernier doute, car elle n'avait osé adresser à ce sujet aucune question à Henri. Henri lui avait dit que lui aussi allait en France : partait-il par le même bâtiment qu'elle ?

Ce doute, comme on le comprend bien, était suffisant pour empêcher Cécile de dormir.

Mais cette insomnie ne fut pas sans charmes ; pour la première fois, depuis la mort de sa mère, Cécile sentait que quelqu'un veillait sur elle.

Ces domestiques qui attendaient son arrivée, ces chambres toutes prêtes à la recevoir, ses effets qu'on transportait à cette heure sur le bâtiment sans qu'elle eût à s'en inquiéter ; tout cela était l'effet d'une puissance amie qui l'enveloppait de soins et de prévoyances.

Ce quelque chose, qui veillait sur elle, cette puissance amie qui prévenait ses désirs, c'était l'amour de Henri.

Henri l'aimait donc réellement, sincèrement, profondément ?

Comme il fait bon de se sentir aimé !

Et cette idée qui berçait Cécile était si douce, que la jeune fille luttait contre le sommeil, de peur que le sommeil ne lui enlevât le sentiment de cette protection qui la rendait si heureuse.

Elle vit venir le jour ; elle compta les heures ; elle se leva sans qu'on eût besoin de la réveiller ; elle était levée lorsque l'on vint pour frapper à sa porte.

Elle passa chez sa grand'mère et la trouva prenant, comme d'habitude, son chocolat dans son lit ; elle avait bien envie de lui demander si Henri partait en même temps qu'elles ; elle ouvrit deux ou trois fois la bouche pour commencer la phrase interrogative ; mais à chaque fois ses lèvres se refermèrent sans avoir pu prononcer une parole.

Cependant l'heure s'avançait : Cécile retourna dans sa chambre pour laisser la marquise libre de s'habiller. La marquise avait conservé ses anciennes habitudes ; elle mettait tous les matins son rouge, et mademoiselle Aspasie seule assistait à sa toilette, qui n'eût pas été à son avis une toilette, sans ce complément aristocratique.

La fenêtre de la chambre de Cécile donnait sur la rue ; au bout de la rue on apercevait le port, puis au-dessus des maisons, le haut des banderolles qui flottaient au vent. Cécile se mit à la fenêtre.

Plusieurs voitures passaient et repassaient dans la rue ; mais au milieu de toutes ces voitures, Cécile en remarqua une qui venait du port : elle la suivit des yeux. La voiture s'arrêta devant la porte ; son cœur battit ; la porte s'ouvrit ; Henri s'élança par la portière ; son cœur battit plus vite encore. Elle se retira vivement de la fenêtre.

Mais pas si vivement, qu'en levant la tête, Henri ne pût l'apercevoir.

Cécile demeura debout, rougissante et confuse à l'endroit même où elle était, une de ses mains appuyée sur son cœur, dont elle essayait de comprimer les mouvemens, l'autre cramponnée à l'espagnolette de la fenêtre.

Elle entendit les pas de Henri entrant dans le salon qui séparait sa chambre de la chambre de la marquise ; mais là les pas s'arrêtèrent. Henri n'osait pas entrer dans la chambre de Cécile, Cécile n'osait point passer au salon.

Cela dura dix minutes ainsi.

Au bout de dix minutes, Henri sonna ; une femme de chambre monta.

— Mademoiselle, dit Henri, faites-moi le plaisir de dire à ces dames qu'elles aient la complaisance de se hâter ; dans une demi-heure le bâtiment mettra à la voile.

— Me voilà, monsieur, — dit Cécile en sortant, oubliant que sa réponse indiquait qu'elle avait entendu la demande, — me voilà, et je vais prévenir ma grand'maman que vous attendez.

Puis saluant Henri, elle traversa rapidement le salon et entra chez la marquise.

La marquise était à peu près disposée. Cinq minutes après, elle sortit donc suivie de sa petite-fille. Henri offrit son bras à la marquise, Cécile descendit derrière eux, accompagnée de mademoiselle Aspasie, dont la marquise n'avait point voulu se séparer.

Une seule et même idée obsédait éternellement l'esprit de Cécile. Henri les accompagnait-il seulement jusqu'au navire, ou partait-il avec elles ?

Pendant toute la route, elle n'osa faire aucune question à Henri, et Henri ne prononça point une parole qui eût rapport à ce sujet ; seulement, les yeux rencontrèrent plusieurs fois ceux de la jeune fille : tous deux évidemment s'interrogeaient du regard.

Henri avait un costume élégant qui pouvait aussi bien être un costume de campagne qu'un costume de voyage ; il était donc impossible de rien deviner.

On arriva au port. On descendit de voiture, une barque était prête : les trois femmes y entrèrent, Henri les y suivit, et les rameurs se dirigèrent vers le bâtiment.

Henri donna la main à la marquise pour monter à bord. Puis à Cécile. Cette fois, si tremblante que fût la main de la jeune fille, Henri ne put se retenir de la serrer doucement.

Un nuage passa sur les yeux de Cécile ; il lui sembla qu'elle allait s'évanouir. C'était la première fois, qu'autrement que par son regard, Henri lui disait qu'il l'aimait.

Mais ce serrement n'était-il pas un adieu ?

En mettant le pied sur le pont, Cécile chancelait tellement, qu'elle alla demander un appui à une pyramide de coffres, de malles et de caisses entassés au pied du mât d'artimon, et que les matelots allaient, de peur du mauvais temps, recouvrir d'une toile cirée. Mais si rapide et surtout si vague que fût le regard de Cécile, il découvrit cependant un nom sur lequel il s'arrêta à l'instant même.

Ce nom était inscrit sur une malle ; c'était une adresse. Cette adresse disait à Cécile tout ce qu'elle désirait savoir, car elle était ainsi conçue :

— Monsieur le vicomte Henri de Sennones, bureau restant. Paris. France.

Cécile respira en levant les yeux au ciel. Ses yeux, en se levant, rencontrèrent ceux du jeune homme.

Il paraît que tout ce qui se passait dans le cœur de la jeune fille était visiblement écrit sur son visage, car Henri la regarda d'un air de reproche ; puis, après un instant de silence :

— Oh ! Cécile, dit-il en secouant la tête, comment avez-vous cru un instant que je pourrais vous quitter ?

XVI

LE VOYAGE.

Par une de ces variations atmosphériques si fréquentes sur les bords de la mer, le temps avait complètement changé, et de pluvieux qu'il était la veille, il était devenu d'une sérénité rare pour la saison dans laquelle on se trouvait. Cela permettait aux passagers de rester sur le pont, circonstance dont Henri remercia le ciel au fond du cœur, car elle lui permettait de demeurer près de Cécile, qu'il eût été forcé de quitter si quelque gros temps eût obligé les voyageuses à se renfermer dans la chambre des femmes.

Tout ce que voyait Cécile était nouveau et intéressant pour elle. Elle se rappelait bien, comme dans un rêve, être descendue tout enfant le long d'une falaise, portée entre les bras de sa mère ; puis avoir traversé un grand espace d'eau qui était resté dans sa pensée comme un immense miroir ; puis enfin avoir vu un port avec des bâtiments qui se balançaient comme des arbres que le vent courbe ; mais elle avait trois ans et demi lorsque tous ces objets avaient frappé ses yeux, et ils étaient restés dans son esprit, vagues, indistincts et flottants comme des nuages. Tout cet aspect, cette mer, ces côtes, ces navires, étaient donc des choses nouvelles pour Cécile qui, pauvre enfant, en quelque sorte attachée comme une plante au sol de la petite maison qu'elle avait habitée pendant douze ans, n'avait eu, pendant ces douze ans, d'autre horizon que celui qu'on apercevait de ses fenêtres ou de celles de sa mère.

Pour la première fois depuis la mort de sa mère, la vue des objets extérieurs avait donc l'influence de distraire un instant sa pensée de la perte qu'elle avait faite, et comme Henri était près d'elle, elle l'interrogeait curieusement sur tout ce qui l'entourait : Henri répondait à toutes ces questions en homme à qui aucun détail n'est étranger, et Cécile continuait de l'interroger, peut-être moins par curiosité que pour le plaisir d'écouter la voix de Henri. Il lui semblait qu'elle entrait dans une vie toute nouvelle et que c'était Henri qui l'introduisait dans cette existence inconnue ; ce vaisseau qui l'emportait vers une autre terre, sa terre natale, la détachait du passé et voguait avec elle vers l'avenir.

La traversée fut heureuse. Le ciel, comme nous l'avons dit, était aussi beau que peut l'être en Angleterre un ciel d'automne, de sorte que deux heures après la sortie du port de Douvres, on aperçut les côtes de France pareilles à un brouillard, tandis que celles d'Angleterre étaient encore parfaitement visibles ; mais peu à peu ce fut l'Angleterre à son tour qui se confondit dans les vapeurs de l'horizon, tandis que la terre de France devint de plus en plus distincte. Les yeux de Cécile se portaient alternativement de l'une à l'autre ; laquelle des deux lui serait la plus heureuse ou la plus fatale ?

Vers les sept heures du soir on aborda à Boulogne. Il faisait nuit depuis longtemps. La marquise se rappelait l'hôtel de la Poste, quoiqu'elle eût oublié le nom de son ancienne hôtesse : seulement, la rue où était situé cet hôtel et qui autrefois s'appelait la rue Royale, après s'être appelée la rue du Club des Jacobins, s'appelait maintenant la rue de la Nation.

Quoique la mer eût été tranquille, la marquise se sentait excessivement fatiguée. Henri conduisit donc Cécile et sa mère à l'hôtel, puis il revint pour présider au débarquement des effets.

Cécile avait entendu vingt fois raconter à sa mère les événements de cette orageuse soirée de leur embarquement. Elle avait vingt fois entendu nommer à la baronne cette bonne madame d'Ambron, qui les avait accompagnées jusqu'à la mer avec tant de dévouement, et, moins oubliée que sa grand'mère, la jeune fille s'était rappelé son nom.

Aussi, à peine Cécile fut-elle dans sa chambre, qu'elle fit appeler l'hôtesse actuelle de l'auberge de la Poste, et, voyant à son âge, que ce ne pouvait être la même personne dont si souvent elle avait entendu parler à sa mère, elle lui demanda si elle avait connu madame d'Ambron, qui tenait l'hôtel de la Poste en 1792, et si madame d'Ambron demeurait toujours à Boulogne.

L'hôtesse actuelle s'appelait encore madame d'Ambron, seulement elle était la bru de l'autre ; elle avait épousé son fils aîné, et, en belle-mère, s'était retirée en leur laissant l'hôtel.

Au reste, madame d'Ambron demeurait dans la maison attenante, et elle venait encore passer la plus grande partie de ses journées dans son ancien domicile.

Cécile demanda si elle ne pourrait point lui parler. On lui répondit que c'était chose des plus faciles et qu'on allait la prévenir que des voyageurs la demandaient.

Dans l'intervalle, Henri revint ; on ne pouvait, à cause de la douane, débarquer les effets, que le lendemain à midi ; il venait donner avis de ce retard à la marquise et à Cécile, qui avaient d'abord manifesté le désir de partir le lendemain dans la journée ; il fut alors convenu qu'on ne partirait que le surlendemain matin.

Ce départ avait été l'objet d'une grave discussion entre la marquise et sa fille. La marquise avait d'abord voulu partir en poste ; mais, pour partir en poste, il fallait louer ou acheter une calèche, et Cécile, qui savait par sa mère le peu de ressources qui restaient à la marquise, avait fait observer à sa grand'maman quelle économie il y aurait pour elles à partir par la diligence ; l'hôte de l'auberge de la Poste, qui était en même temps le directeur des voitures publiques, lui était venu en aide, et avait exposé à la marquise qu'en prenant le coupé pour elle, pour sa fille et sa femme de chambre, elle serait chez elle aussi bien que dans une calèche ou dans une berline, et qu'elle irait presque aussi vite que par la poste.

Enfin, la marquise, à son grand regret, s'était laissé persuader par l'avis raisonnable, et l'on avait, pour le surlendemain, inscrit à l'article coupé les trois noms de la marquise de la Roche-Bertaud, de Cécile de Marsilly et de mademoiselle Aspasie.

Henri, en apprenant ces dispositions, arrêta aussitôt une place dans l'intérieur de la diligence.

En ce moment, madame d'Ambron entra, venant se mettre, avec son empressement ordinaire, à la disposition des personnes qui l'avaient demandée.

En voyant cette digne femme, qui avait tant fait pour sa grand'mère, sa mère et elle, pauvres fugitives, Cécile ouvrit les bras pour les lui jeter au cou, mais un signe de la marquise l'arrêta.

— Qu'y a-t-il pour le service de ces dames? demanda madame d'Ambron.

— Ma chère dame, répondit la marquise, je suis madame de la Roche-Bertaud et voici mademoiselle Cécile de Marsilly, ma fille.

Madame d'Ambron salua; mais il était évident que les deux noms que venait de prononcer la marquise étaient parfaitement étrangers à son souvenir. La marquise s'en aperçut.

— Ne vous souvenez-vous donc pas, ma chère dame, dit-elle, que nous avons déjà logé dans votre hôtel?

— Il se peut que madame m'ait déjà fait cet honneur, répondit madame d'Ambron; mais j'ai honte de dire que je ne me souviens ni vers quelle époque, ni dans quelle occasion.

— Ma chère madame d'Ambron, dit Cécile, vous allez vous souvenir de nous, j'en suis bien sûre. Vous rappelez-vous deux pauvres fugitives qui vous arrivèrent un soir du mois de septembre 1792, dans une petite charrette, déguisées en paysannes et conduites par un de leurs fermiers nommé Pierre?

— Oui, oui, certainement, s'écria madame d'Ambron, je me les rappelle à merveille; la plus jeune des deux dames avait même une petite fille de trois à quatre ans, un petit chérubin, un petit ange...

— Arrêtez, ma chère madame d'Ambron, arrêtez, reprit Cécile en souriant, car, si vous en disiez davantage, je n'oserais pas vous dire que cette petite fille, ce petit chérubin, ce petit ange, c'est...

— Eh bien?

— Eh bien! c'est moi.

— Comment! c'est vous, ma pauvre enfant, s'écria la bonne hôtesse.

— Eh bien! murmura la marquise, piquée de cette familiarité.

— Oh! excusez-moi, s'écria madame d'Ambron se reprenant d'elle-même, et sans même avoir entendu l'interjection de la marquise; excusez-moi, mademoiselle, mais je vous ai vue si petite!

Cécile lui tendit la main.

— Mais vous étiez trois? demanda madame d'Ambron en regardant autour d'elle comme pour chercher la baronne.

— Hélas! murmura Cécile.

— Oui, oui, continua madame d'Ambron comprenant parfaitement ce que voulait dire la douloureuse exclamation de la jeune fille; oui, l'émigration est une chose dure; il y en a beaucoup dont j'ai vu le départ et dont je ne reverrai pas le retour. Il faut vous consoler, ma chère demoiselle, Dieu a ses raisons pour nous éprouver, et, vous le savez, il ne frappe que ses élus.

— Ma chère dame, dit la marquise, ne parlons point de ces choses-là, je suis fort sensible, et ces souvenirs me font beaucoup de mal.

— J'en demande bien pardon à madame la marquise, répondit la bonne hôtesse; mais c'était pour prouver à mademoiselle que je me rappelais parfaitement votre passage dans mon hôtel. Maintenant, si madame la marquise veut me dire dans quel but elle m'a fait appeler.

— Ce n'est pas moi, ma chère madame d'Ambron, qui vous ait fait appeler, c'est ma petite-fille, mademoiselle de Marsilly; expliquez-vous donc avec elle.

— En ce cas, si mademoiselle veut bien...

— Je vous ai fait appeler, ma bien excellente madame d'Ambron, d'abord pour vous remercier avec quelques mots du cœur, car le service que vous nous avez rendu est un de ceux qu'on ne paie qu'avec une reconnaissance éternelle; puis ensuite pour vous demander si, demain matin vous ne pourriez pas me faire conduire par quelqu'un au bord de la mer, au même endroit où, voilà bientôt douze ans, nous nous sommes embarquées; si cependant bonne-maman permet que je fasse cette course, reprit Cécile, en se retournant vers la marquise.

— Certainement, reprit madame de la Roche-Bertaud, si toutefois madame d'Ambron vous donne, pour vous accompagner, une personne sage et raisonnable. Je vous offrirais bien Aspasie; mais vous savez que, le matin surtout, je ne saurais me passer d'elle.

— J'irai moi-même, madame la marquise, j'irai moi-même, s'écria madame d'Ambron; je serai trop heureuse de guider mademoiselle, et comme j'étais là, Dieu merci, lorsque vous êtes parties, mesdames, si mademoiselle désire quelques détails, je serai, certes, mieux que personne à même de les lui donner.

— Et moi, madame la marquise, dit Henri, qui avait assisté à cette scène avec le plus grand intérêt, ne me permettrez-vous point d'accompagner mademoiselle?

— Mais je n'y vois pas d'inconvénient, Henri, répondit la marquise, et, puisque vous aimez les souvenirs pittoresques, allez, mes enfans.

Puis, comme pour l'acquit de sa conscience, la marquise fit à son ancienne hôtesse un petit signe qui voulait dire :

— Madame d'Ambron, je vous les recommande, veillez sur eux.

Madame d'Ambron répondit par un signe affirmatif, et la promenade arrêtée pour le lendemain, chacun se retira dans son appartement.

Henri et Cécile passèrent tous deux une bonne et douce nuit; ils s'étaient quittés à onze heures du soir, ils devaient se retrouver à huit heures du matin. Pour eux, qui se voyaient en Angleterre une fois à peine tous les huit jours et qui se voyaient en face de témoins, c'était un grand changement que celui-là. Ils allaient se voir tous les jours, et s'ils ne se voyaient pas seuls, au moins ils allaient marcher appuyés au bras l'un de l'autre : il y aurait des endroits difficiles où Henri donnerait la main à Cécile, d'autres plus difficiles encore où il la soutiendrait; bref, pour le jeune homme surtout, ce serait une grande fête que cette promenade.

Aussi, à six heures du matin, était-il prêt, ne pouvant pas comprendre la lenteur avec laquelle marchait le temps, et accusant toutes les pendules de France de retarder impitoyablement sur celles d'Angleterre. Il n'y avait point jusqu'à sa montre, invariable jusque-là, qu'il n'accusât de s'être dérangée dans la traversée.

De son côté, Cécile avait été bien matinale aussi; mais elle n'osait, elle, interroger les pendules. Il lui semblait bien au jour qu'il était de fort bonne heure; deux ou trois fois elle avait été de son lit à sa fenêtre pour s'en assurer, et l'une de ces fois, à travers ses persiennes, elle avait aperçu Henri tout prêt à partir et interrogeant sa croisée, dont il ne pouvait percer le voile mystérieux, pour savoir si, de son côté, elle se préparait. Cécile se hasarda donc à sonner et à demander l'heure : il était six heures et demie.

Elle pria la femme de chambre de lui faire dire aussitôt que madame d'Ambron serait arrivée.

Mais madame d'Ambron, qui n'avait pour devancer le moment indiqué aucun des motifs qui poussaient Henri et Cécile, arriva seulement à l'heure convenue.

Aussitôt Cécile descendit; elle trouva Henri dans le salon d'attente. Les deux jeunes gens se firent les demandes d'usage, et tous deux avouèrent que cette nuit passée dans une pauvre auberge était une des meilleures nuits qu'ils eussent passées.

Comme ce que Cécile avait désiré revoir, c'était l'endroit de l'embarquement surtout, madame d'Ambron jugea inutile de faire faire aux jeunes gens le même chemin que l'on avait fait pendant cette dangereuse soirée où Pierre avait été obligé, pour dérouter les soupçons, de reprendre la route de Montreuil; on se contenta de remonter la rue de la Nation jusqu'au bout; puis, arrivé à l'octroi de la ville, on prit à gauche un petit chemin à travers terres; ce chemin conduisait à la falaise.

Peut-être, pour tout autre que pour Cécile, une pareille course, à part son but, était-elle une chose bien simple et bien insignifiante ; mais, pour la jeune fille du cottage, qui n'avait jamais rien vu, dont les promenades s'étaient bornées d'un côté au mur de son petit jardin, de l'autre, à la porte de l'église, tout était nouveau, tout était extraordinaire ; pareille à un oiseau sorti de sa volière et qui se voit, avec une certaine terreur, en toute liberté, le monde lui semblait immense ; puis, tout-à-coup, il lui prenait envie d'essayer ses pieds comme l'oiseau essaie ses ailes, de courir à travers cet espace, d'y chercher une chose ignorée qu'elle sentait exister, et que cependant elle ne voyait et ne comprenait pas. Tout cela lui faisait des rougeurs instantanées, des tressaillemens subits qui se communiquaient de son bras à celui de Henri sur lequel elle était appuyée, et auxquels celui-ci répondait par cette douce pression qui avait si fort émotionné Cécile au moment où elle montait, dans le port de Douvres, sur le bâtiment qui devait l'amener en France.

Enfin l'on arriva au bord de la falaise ; de ce point, on découvrait la mer dans toute son étendue et dans toute sa majesté. L'Océan porte avec lui une grandeur sombre que, même dans ses temps d'orage, n'a jamais la Méditerranée ; la Méditerranée, c'est un lac, c'est un miroir d'azur, c'est la demeure de la blonde et capricieuse Amphitrite ; l'Océan, c'est le vieux Neptune qui berce un monde dans chacun de ses bras.

Cécile s'arrêta un instant émerveillée ; l'idée de la mort, l'idée de Dieu, l'idée de l'infini s'emparèrent d'elle en face de l'immensité, et deux grosses larmes coulèrent sur ses joues.

Puis, à ses pieds, elle avait vu le petit sentier qu'elle avait, pendant cette nuit d'orage, descendu dans les bras de sa mère.

Sans que madame d'Ambron lui dit que c'était celui-là, Cécile prit d'elle-même ce petit sentier.

Henri la suivit, prêt à la retenir par derrière si le pied lui glissait, car, sur cet étroit espace, il n'y avait point place pour deux personnes de front.

On arriva sur le galet ; c'était à l'endroit même où les fugitives avaient attendu la petite embarcation qui les était venue chercher. Cécile se rappelait tous ces détails comme à travers un nuage ; ce qui l'avait frappée surtout, elle enfant, c'était le bruit éternel des lames qui déferlent sur le galet et qui semble la respiration puissante de l'Océan.

Les lames déferlaient encore et elle retrouvait ce bruit au fond de son souvenir.

Elle resta un instant immobile, absorbée dans sa contemplation ; puis, cherchant Henri qui était près d'elle, comme si, en face d'un pareil spectacle, elle avait besoin de se soutenir à quelque chose, elle s'appuya à son bras en murmurant ces seules paroles :

— Que c'est beau ! que c'est grand ! que c'est sublime !

Henri ne répondit pas ; il tenait son chapeau à la main, demeurant nu-tête comme dans une église.

Dieu est partout, mais les deux jeunes gens sentaient qu'il était surtout là.

Ils restèrent ainsi une heure en contemplation, sans échanger une parole ; mais appuyés l'un à l'autre, peut-être le sentiment qu'ils éprouvaient tous deux était-il celui de leur faiblesse et de leur infinité, en comparaison de tant de force et de tant de grandeur.

C'était en face d'un pareil spectacle que Paul et Virginie s'étaient juré de s'aimer toujours et de ne se séparer jamais.

Pauvres alcyons !

Ce fut madame d'Ambron qui rappela à Cécile et à Henri qu'il était temps de retourner à l'hôtel. Les deux jeunes gens seraient restés là toute la journée sans mesurer le temps qui s'écoulait.

Ils reprirent donc le petit sentier, mais non sans s'arrêter de dix pas en dix pas, non sans jeter en arrière de longs regards de regrets et d'adieu, non sans avoir ramassé de ces beaux galets aux couleurs vives, aux veines diaprées, auxquels l'eau de la mer donne tant d'éclat qu'on les prendrait pour des pierres précieuses, et qui, deux heures après, imaginges des choses du monde, ne sont plus que des cailloux ordinaires.

En rentrant à l'hôtel, ils trouvèrent la marquise tout habillée et déjà en conférence avec un avocat qu'elle avait envoyé chercher pour le consulter sur les droits qu'elle croyait avoir de rentrer dans les biens que la Convention lui avait confisqués.

L'avocat avait alors expliqué à la marquise des choses dont celle-ci n'avait aucune idée : c'est que le consulat tournait à la monarchie, qu'avant trois mois Bonaparte serait empereur, et que, comme il fallait au nouveau trône le double appui du passé et de l'avenir, toutes les vieilles familles qui se rattacheraient à la nouvelle dynastie seraient infailliblement bien reçues par elle.

Quant aux biens confisqués, il n'y fallait pas songer ; mais, en échange et comme compensation, l'empire avait de l'argent, des pensions, des places et des majorats à donner à ceux qui voudraient bien accepter cette compensation et cet échange.

Cette conversation avait donné fort à penser à la marquise. Quant à Cécile, elle ne comprenait pas quelle influence les affaires politiques pouvaient avoir sur sa destinée.

Puis une chose étonnait fort la marquise, c'était cette tranquillité avec laquelle la France se soumettait à la domination d'un Corse, d'un petit officier d'artillerie qui avait gagné quelques batailles et fait le 18 brumaire, voilà tout.

La conversation entre elle et Henri roula fort longtemps sur ce sujet. Henri était attaché au fond du cœur à la dynastie déchue, à laquelle toute sa famille était restée fidèle, mais Henri était jeune, Henri avait rêvé un avenir de gloire, Henri avait reçu une éducation militaire, Henri se disait, au fond du cœur, peut-être pour étourdir la voix secrète de sa conscience, que servir en France c'était servir la France. Cet instinct attaché à la tête du gouvernement avait fait le pays puissant et glorieux, là était l'absolution de son illégitimité. A ses yeux, Bonaparte était un usurpateur, mais au moins il avait toutes les brillantes qualités qui font comprendre l'usurpation.

La journée se passa en conversations pareilles ; Henri tint compagnie à Cécile et à la marquise aussi longtemps que la discrétion le lui permit, et la marquise elle-même prolongea sa visite en l'invitant à dîner avec elle et sa petite-fille.

Le soir, Cécile demanda à revoir encore une fois la mer, et supplia sa grand'mère de venir promener sur la jetée. La marquise objecta que c'était bien loin et qu'une pareille promenade la fatiguerait indubitablement, elle qui avait complètement perdu l'habitude de marcher ; mais Cécile la conduisit à la fenêtre, lui montra le port avec instance, et tourmenta tant madame de la Roche-Bertaud que celle-ci finit par céder.

Henri donna le bras à la marquise, et Cécile marcha devant, accompagnée de mademoiselle Aspasie. A chaque pas, madame de la Roche Bertaud se plaignait de l'inégalité des pavés, puis, arrivée au port, elle se plaignit de l'odeur des bâtimens, puis, arrivée au bout de la jetée, elle se plaignit de la brise de mer.

La marquise était une de ces natures qui, dès qu'elles font quelque chose pour les autres, ont besoin de leur faire sentir minute par minute toute l'étendue du sacrifice qu'elles font.

Cela fit mieux comprendre encore à Cécile cette immense différence qui existait entre la marquise et sa mère.

On revint à l'hôtel. La marquise était horriblement fatiguée et voulut rentrer tout de suite dans sa chambre. Les jeunes gens furent donc forcés de se séparer ; mais c'était pour se réunir le lendemain : le lendemain, à six heures du matin, la diligence partait.

La journée avait au reste assez de souvenirs pour leur faire passer à chacun une douce nuit.

Le lendemain les plaintes de la marquise recommencèrent : avait-on jamais vu se mettre en route à six heures du matin ? Elle était désespérée de ne pas avoir suivi sa première idée en prenant une chaise de poste, qui lui eût permis de partir bien à son aise, à onze heures ou midi, par exemple, après avoir pris son chocolat.

Mais à cette époque comme aujourd'hui, des conducteurs de diligences étaient déjà inexorables. A six heures cinq minutes, la lourde machine se mettait en route pour Paris.

Comme nous l'avons dit, la marquise, Cécile et mademoiselle Aspasie étaient dans le coupé, et Henri dans l'intérieur; mais à chaque relais Henri descendait pour s'informer si ces dames se trouvaient bien. Au premier et second, il trouva la marquise fort maussade; mais, quoiqu'elle se fût plainte bien fort de la nuit affreuse qu'elle allait passer, au troisième relais elle était parfaitement endormie.

Ce qui ne l'empêcha point, lorsqu'on s'arrêta le matin pour déjeuner à Abbeville, de déclarer qu'elle n'avait pas fermé l'œil de la nuit.

C'étaient les jeunes gens qui n'avaient pas fermé l'œil; mais eux se gardaient bien de rien dire, et surtout ils ne se plaignaient pas.

Aussitôt le déjeuner on se remit en route, et l'on ne s'arrêta que pour dîner à Beauvais. Henri avait ouvert la portière avant que le conducteur ne fût descendu de son cabriolet. La marquise était de plus en plus enchantée de lui.

A table, Henri ne s'occupa que de ces deux dames et des servit avec les soins les plus empressés: la marquise, en remontant en voiture, l'en remercia par un serrement de main, et Cécile par un sourire.

A sept heures du soir, on aperçut de loin les lumières de Paris. Cécile savait que l'on rentrait par la barrière Saint-Denis, et qu'il était d'habitude que la voiture s'arrêtât à la douane. Elle savait aussi que c'était dans cette douane que la marquise, la baronne et elle avaient manqué d'être reconnues; tout enfant qu'elle était, cette station dans ce petit cabinet l'avait frappée, et lorsque la voiture s'arrêta, elle demanda la permission à sa grand'maman de revoir ce lieu d'angoisse où la baronne et la marquise avaient tant souffert.

La marquise le lui accorda, tout en se demandant comment on pouvait s'amuser à revenir sur de si tristes souvenirs.

Henri alla donc demander au chef du poste la permission, pour une jeune dame, de traverser le corps-de-garde et d'entrer un instant dans la chambre du fond.

Comme on le pense bien, cette permission fut accordée à l'instant même.

La marquise ne voulut point descendre, Cécile descendit seule avec Henri.

Elle alla droit au cabinet et le reconnut: tout était encore comme alors, c'était la même vieille table de bois, c'étaient les mêmes vieilles chaises de paille.

C'était sur une de ces chaises et devant cette table qu'elle avait vu, pour la première fois, le bon monsieur Duval.

Ce souvenir ramena tous ses souvenirs. Cécile se rappela tout ensemble et monsieur Duval, sa femme et Édouard, Édouard, que sa mère lui avait destiné et qu'elle n'avait pas même revu au moment de son départ.

Il passa alors à la pauvre enfant quelque chose comme un remords dans le cœur, et le souvenir de sa mère venant se joindre à tout cela, les larmes lui jaillirent des yeux.

Ceux qui accompagnaient Cécile, à part Henri, ne comprenaient point ce qu'il y avait de si attendrissant dans cette vieille table de bois et dans ces vieilles chaises de paille.

Mais pour Cécile toute sa vie passée était là.

Le conducteur appela Cécile et Henri; tous deux remontèrent dans la diligence, qui se remit en route et franchit la barrière.

Cécile rentrait, après douze ans, à Paris, par cette même barrière Saint-Denis qui l'en avait vue sortir.

Enfant, elle pleurait en sortant; jeune fille en rentrant, elle pleurait encore.

Hélas! une dernière fois encore, elle devait, pauvre enfant, sortir par cette même barrière!

XVII.

LE DUC D'ENGHIEN.

La marquise et Cécile descendirent à l'hôtel de Paris, et Henri prit une chambre dans le même hôtel.

Les premiers jours se passèrent à prendre langue; la marquise envoya chercher son procureur. Non seulement son procureur était mort, mais encore il n'y avait plus de procureurs. Elle fut obligée de se contenter d'un avocat, qui lui répéta mot pour mot ce que lui avait déjà dit l'avocat qu'elle avait envoyé chercher à Boulogne.

Au reste, pendant ces douze ans que la marquise avait passés à l'étranger, Paris avait pris un visage si nouveau, qu'elle ne reconnaissait plus le peuple qu'elle avait quitté. Aspect, mode, langage, tout avait changé. Madame de la Roche-Bertaud s'était attendue à retrouver la capitale triste et sombre, de tous ces malheurs qu'elle avait vus en partie de ses yeux, et qu'en partie elle avait entendu raconter. Il n'en était point ainsi: Paris l'insouciant, Paris l'oublieux, avait repris son allure ordinaire, et de plus il avait une apparence d'orgueil et de fête que la marquise ne lui connaissait pas. Paris sentait instinctivement qu'il allait devenir la capitale d'une France plus grande qu'il n'avait jamais été, et encore d'une foule d'autres royaumes qui s'inféodaient tout doucement à lui. Paris enfin, pour nous servir d'une expression de la marquise, se donnait des airs de parvenu.

Il en est ainsi des exilés: il semble qu'ils emportent avec eux une certaine quantité d'atmosphère personnelle qu'ils respirent à l'étranger et dans laquelle continuent de se mouvoir les événements qu'ils ont vus et qui les intéressent. Pour eux la patrie qu'ils quittent en reste toujours au point où ils l'ont quittée. Ils croient les esprits ardents aux mêmes choses qu'aux choses qui occupent leurs esprits; le temps se passe sans les faire avancer d'un pas. Puis, l'heure de leur retour arrive; car, Dieu merci, de nos jours, il n'y a plus d'exil éternel, et ils se retrouvent, eux, en arrière de tout le temps qu'ils ont passé hors du pays, où ils heurtent d'autres événements, d'autres hommes, d'autres idées qu'ils ne veulent pas reconnaître, et qui de leur côté ne les reconnaissent plus.

Comme on l'avait dit à madame la marquise de la Roche-Bertaud, la république tournait à la monarchie, et le premier consul venait de passer empereur. Tout se préparait pour ce grand événement, que subissait le reste de républicains qui avaient échappé à l'action et à la réaction des partis, et contre lequel protestaient les royalistes de l'étranger. Aussi, tout royaliste consentant à prendre du service sous le drapeau consulaire, toute femme de noblesse se décidant à faire partie de la maison de la future impératrice, étaient-ils sûrs d'être bien accueillis et étaient-ils reçus avec des avantages auxquels n'avaient pas droit de prétendre les plus anciens et les plus fidèles serviteurs; c'était tout simple, on pouvait, à la rigueur, ne pas récompenser les anciens amis. Ce n'était que de l'ingratitude, tandis que négliger de se réconcilier avec les ennemis, c'était une faute.

Aussi, comme on en conviendra, la situation était bien tentante d'un côté pour une vieille femme qui n'a plus que quelques jours à vivre; et de l'autre, pour un jeune homme qui a tout un avenir devant lui. Henri rencontrait tous les jours des jeunes gens de son âge qui étaient déjà capitaines. Madame de la Roche-Bertaud voyait passer tous les jours, dans des voitures sur lesquelles des armoiries recommençaient à reparaître, des vieilles amies qui avaient retrouvé sous l'empire plus qu'elles n'avaient perdu dans la révolution. Peu à peu Henri se lia avec quelques jeunes gens. La marquise renouvela ses liaisons avec quelques-unes de ses anciennes connaissances. On fit des avances à Henri, on fit des ouvertures à la marquise. La séduction de la gloire d'un côté, l'attrait du bien-être de l'autre, tout cela travaillait souterrainement des croyances politiques bien jeunes chez Henri, bien vieilles chez madame de la Roche-Bertaud. Seulement ils n'osaient se dire mutuellement où ils en étaient. Le cœur de l'un était trop pur encore, le cœur de l'autre était trop blasé pour qu'ils ne comprissent pas tous deux que leur ralliement au gouvernement de Bonaparte était une apostasie. Seulement, tous deux avaient au fond du cœur un prétexte qu'ils regardaient comme plausible, et le prétexte commun qui servait à la fois d'excuse à l'ambition de Henri et à l'égoïsme de la marquise, c'était leur amour pour Cécile.

En effet, qu'allait devenir Cécile, pauvre enfant placée entre un amant sans avenir et une aïeule sans fortune?

D'ailleurs, il va sans dire que Henri et la marquise avaient accueilli tous les deux ces raisons bonnes ou mauvaises que les fidélités lassées appellent toujours à leur aide.

Ainsi, on avait découvert que Bonaparte n'était pas, comme on l'avait dit, un Corse sans naissance, un soldat parvenu, un officier de fortune. Bonaparte appartenait à une des plus vieilles familles de l'Italie; un de ses ancêtres avait été podestat de Florence en 1330; son nom était inscrit au livre d'or de Gênes depuis 400 ans, et son grand-père, le marquis de Buonaparté, comme continuaient de dire les royalistes purs, avait écrit une relation du siège de Rome par le connétable de Bourbon.

Il y aurait eu une meilleure raison à donner que toutes celles-là; c'est que Napoléon était un homme de génie, et que tout homme de génie mérite, pour lui, la place qu'un peuple lui laisse prendre, quitte au peuple à la rendre, après lui, à ceux sur lesquels il a usurpé cette place.

Puis on disait, ce qui à cette époque était vrai encore, que Bonaparte, pur de tous les excès révolutionnaires, n'avait jamais trempé ses mains dans le sang d'un Bourbon.

Il n'avait jamais été question d'aucun projet d'avenir entre Cécile et Henri, et cependant, par cet attrait sympathique qui s'était emparé d'eux à la première vue et qui, depuis six mois qu'ils se voyaient, en Angleterre toutes les semaines et en France tous les jours, n'avait fait que s'accroître, les deux jeunes gens avaient compris qu'ils s'appartenaient l'un à l'autre; qu'avaient-ils donc besoin de faire des projets et d'échanger des promesses? Ils avaient, comme Roméo et Juliette, fait, en plein du cœur, un de ces sermens dont la mort même ne saurait délier.

Quand ils parlaient de l'avenir, chacun disait nous au lieu de moi; voilà tout.

Mais cet avenir, répétons-le, n'existait qu'à la condition que Henri et la marquise se rattacheraient au gouvernement. Henri, comme nous l'avons dit, n'avait d'autre fortune à attendre que celle de son oncle, fortune faite dans le commerce, de son oncle qui, par cela même que cette résolution plébéienne l'avait brouillé avec sa famille, avait déclaré qu'il ne laisserait sa fortune qu'à celui de ses neveux qui, affrontant l'anathème à son tour, se ferait commerçant comme lui. Henri, sans doute, avait une riche et belle éducation; mais, à cette époque, il n'y avait que deux carrières ouvertes à toute ambition un peu sérieuse: la carrière des armes, la carrière de la diplomatie, et ces deux carrières relevaient du gouvernement.

Quant à Cécile, sa renonciation aux principes paternels avait moins d'importance.

Une femme reçoit sa position des événements et des hommes; seulement elle comprenait, la douce enfant qu'elle était, que si elle demeurait pure et chaste dans sa croyance, elle deviendrait un reproche vivant pour Henri.

Lorsque sa grand'mère lui parla des propositions qu'on lui avait faites pour elle, d'entrer dans la maison de la future impératrice, elle se contenta de répondre qu'elle était trop jeune et trop ignorante en matière politique pour avoir une volonté; qu'elle se contenterait en conséquence d'obéir à sa grand'mère.

Puis, comme elle savait les combats que se livrait à lui-même Henri depuis quelque temps, elle se hâta de lui dire le même jour et la demande que lui avait adressée sa grand'mère et la réponse qu'elle lui avait faite, joyeuse qu'elle était de faire à son amant un sacrifice même de conscience.

Henri n'attendait que cela pour accepter: il courut donc porter son adhésion pleine et entière à l'ami qui s'était chargé de la négociation, et le même soir, pour la première fois, on parla hautement et devant la marquise d'un avenir qui promettait d'être doublement brillant par la double position des futurs: Henri suivant l'empereur à l'armée, Cécile demeurant près de l'impératrice aux Tuileries.

Lorsque Henri se fut retiré et que Cécile, comme d'habitude, alla embrasser sa grand'mère dans son lit, celle-ci l'arrêta par la main et la regardant avec un sourire:

— Eh bien! lui dit-elle, que penses-tu de cet avenir, comparé à celui que te réservait ta pauvre mère?

— Ah! répondit Cécile, si seulement Édouard avait été Henri!

Puis elle se retira en pleurant dans sa chambre, car le nom de sa mère avait été prononcé avec un reproche, et il lui semblait que nul n'avait le droit de rien reprocher à sa mère.

En effet, qui pouvait répondre de cet avenir? Certes, la carrière militaire était brillante; mais, à cette époque surtout, elle était dangereuse; on arrivait vite sans doute, mais parce que la mort fauchait largement en déblayant la route à l'ambition. La guerre se faisait par masse, et chaque champ de bataille engloutissait des milliers d'hommes. Cécile connaissait Henri, il était brave, ardent, ambitieux; il voudrait atteindre un but, parvenir à un résultat; pour lui, il n'y aurait pas d'obstacle sur le chemin de sa pensée. Si Henri allait se faire tuer, que deviendrait-elle? Elle avait donc raison de penser que l'obscurité, l'obscurité dans une petite maison comme le cottage de Hendon, c'eût été le bonheur, si cependant, comme elle l'avait dit à la marquise, Édouard eût été Henri.

Deux ans après, Henri entra avec un charmant uniforme; c'était celui de brigadier dans les guides, qui lui donnait le grade de lieutenant dans toute autre arme; c'était une grande faveur que Henri avait obtenue de commencer ainsi.

De son côté, Cécile avait été présentée à madame Louis Bonaparte; la jeune fille avait raconté tous les malheurs de sa famille; on sait quel excellent cœur avait cette gracieuse femme, restée populaire en France sous le nom de la reine Hortense; elle avait promis sa protection à la jeune fille, et il était convenu qu'au moment où l'on formerait la maison de l'impératrice, mademoiselle de Marsilly y trouverait sa place.

Tout semblait donc aller à merveille pour les deux jeunes gens, et l'on n'attendait plus que la réalisation de la promesse faite par la fille de Joséphine, lorsqu'un matin une effroyable nouvelle se répandit dans les rues de Paris.

Le duc d'Enghien venait d'être fusillé dans les fossés de Vincennes.

Le même jour, Henri de Senonnes envoya sa démission, et Cécile écrivit à madame Louis Bonaparte qu'elle lui rendait la parole donnée et qu'on pouvait disposer en faveur d'une autre de la place qui lui avait été promise.

Les deux jeunes gens avaient tous deux accompli cet acte sans se consulter, et lorsque le soir tous deux se racontèrent en hésitant ce que chacun avait fait, leur amour s'augmenta encore de cette conviction qu'ils étaient plus que jamais dignes l'un de l'autre.

Quelques jours après cet événement, la marquise reçut une lettre de monsieur Duval; selon ses instructions, il avait vendu le petit mobilier de la baronne, et il faisait passer à Cécile et à la marquise le prix de cette vente, qui montait à 6,000 francs.

C'était, à cinq cents francs près, la somme que ce petit mobilier avait coûté neuf; aussi, la marquise, tout injuste qu'elle était pour monsieur Duval, reconnut-elle au moins que, comme intendant, ce devait être un homme d'une grande fidélité.

XVIII.

LA RÉSOLUTION.

Mais à la place de cet avenir qui leur manquait, il fallait s'en créer un autre; on épuisa tour à tour toutes les combinaisons que l'imagination des deux jeunes gens et de la marquise put fournir; puis, lorsque l'on eut tout discuté, tout passé en revue, tout reconnu impossible, on en revint à la première idée qui s'était présentée à l'esprit de tous et qu'on avait écartée d'abord parce que c'était peut-être la seule raisonnable; on en revint à subir les conditions imposées par l'oncle de la Guadeloupe, et Henri se décida à se faire commerçant.

Il est vrai qu'il y a dans ce monde deux genres de commerce : le commerce vulgaire et misérable du boutiquier qui, à l'ombre de son enseigne, attend le chaland, sur lequel, au bout d'une heure de discussion, il gagnera un petit écu, et ce commerce poétique et grandiose du marin qui lit un monde à l'autre avec le sillage de son vaisseau, qui, au lieu de lutter de finesse avec l'acheteur, lutte de force avec l'ouragan, dont chaque voyage nouveau est un nouveau combat qu'il livre à la mer et au ciel, et qui rentre dans le port pareil à un triomphateur, et abritant comme un roi sa tente, son navire avec son pavillon. Ce commerce-là c'est celui des Tyriens dans l'antiquité, celui des Pisans, des Génois et des Vénitiens au moyen-âge, et de tous les grands peuples du dix-neuvième siècle. Ce commerce-là est compatible avec la noblesse; car le gain est toujours soumis à une chance de vie et de mort, et toute entreprise entraînant un danger suprême grandit l'homme au lieu de l'abaisser.

Mais ce que s'était dit Henri, pour s'encourager dans sa résolution, la pauvre Cécile se l'était dit aussi, et elle avait frissonné en se le disant. Voilà pourquoi on avait écarté d'abord cette malheureuse idée d'un voyage aux Antilles, à laquelle, faute de ressources meilleures, on avait été contraint de revenir. Henri, en réunissant une petite pacotille si médiocre qu'elle fût, était sûr, en arrivant à la Guadeloupe, d'être reçu à bras ouverts par son oncle, qui doublerait, qui triplerait le chargement. Or, comme cet oncle était millionnaire, le moins qu'il pût faire pour son neveu c'était de lui offrir les chances d'un bénéfice de cent cinquante à deux cent mille francs; ce bénéfice réalisé, où Henri risquerait un nouveau voyage, ou satisfait de cette médiocrité dorée, il épouserait Cécile, se retirerait avec elle et la marquise dans quelque petit coin de terre où il n'aurait qu'à prendre la peine d'être heureux en attendant quelque retour dans les événemens, quelque changement dans les hautes fortunes politiques qui lui permissent de se rattacher à un avenir de lumière et de bruit; puis, si ce mouvement ne s'opérait pas, Henri, en regardant Cécile et sondant son cœur, sentait qu'il avait assez d'amour pour une vie paisible et pour un bonheur caché.

Cette résolution une fois prise, on arrêta que le départ aurait lieu au mois de novembre : c'étaient trois mois que les jeunes gens se réservaient encore avant la séparation; trois mois, à l'âge de Cécile et de Henri, sont trois siècles. Tous deux avaient bien souffert en se décidant, mais le délai fixé les avait consolés comme si ce délai ne devait jamais être épuisé : comme si ces trois mois étaient la vie d'un homme.

Cependant l'époque du départ, d'abord lente à venir pendant tout le premier mois, commença à s'avancer rapidement dès qu'on eut entamé le second, et sembla avoir des ailes quand on fut arrivé au troisième.

A mesure qu'ils voyaient avancer le moment de la séparation, les jeunes gens retombaient dans leur tristesse première : tout cet avenir qu'ils avaient vu, à force de volonté, brillant et assuré, redevenait mouvant comme les flots auxquels il était soumis et sombre comme les tempêtes dont il dépendait. De temps en temps, au milieu de leurs soupirs et de leurs larmes, se glissait bien quelque projet joyeux au retour ; mais c'était presque timidement et comme s'ils eussent craint que Dieu ne les punît de leur trop grande confiance.

Quant à la marquise, son caractère insoucieux ne la quittait pas ; sa vie, partagée entre son lit, sa toilette et ses lectures, passait aussi tranquille que si elle eût reposé sur les bases les plus solides. Les amours des deux jeunes gens s'écoulaient près d'elle chastes et purs, mais devant leur chasteté à eux-mêmes et non à la surveillance maternelle. Heureusement Henri aimait trop Cécile, heureusement tous deux étaient trop sûrs de l'immuabilité réciproque de leur volonté pour avoir besoin d'être surveillés par autre chose que par leur ange gardien.

Les derniers jours du troisième mois s'approchaient, Henri comptait s'embarquer à Plymouth ; il avait dépensé à Paris le peu d'argent dont il pouvait disposer, et ce n'était qu'en Angleterre qu'il comptait, avec l'aide de sa famille ou de ses amis, réaliser la somme dont il avait besoin pour faire sa petite pacotille.

Il n'y a rien de triste au monde, pour les esprits intelligens et pour les âmes élevées, comme de voir les chances de leur destinée dépendre uniquement d'un peu plus ou d'un peu moins de fortune. La dixième partie de l'ancien revenu dont jouissaient autrefois les familles des deux enfans eût suffi aujourd'hui pour les rendre parfaitement heureux. A tous momens, s'ils jetaient les yeux sur la rue, ils voyaient quelque idiot ou quelque intrigant mollement couché sur les coussins d'une somptueuse voiture, et ils se disaient qu'eux, gens d'un esprit distingué, d'une intelligence supérieure, d'une race privilégiée, ils seraient heureux de posséder en revenu, ce que cet homme mettait par an à l'entretien de cette voiture qui promenait sa nullité ou son impertinence. De cette misérable somme qu'ils ne possédaient pas et qui lui tombait des mains sans qu'il songeât même à la regretter, dépendait tout leur avenir. C'était pour acquérir cette somme qu'ils allaient, pauvres cœurs aimans et déchirés, se séparer pour six mois, pour un an peut-être ; eux qui, depuis quatre mois, ne comprenaient pas qu'ils pussent vivre un jour séparés l'un de l'autre.

Puis, de temps en temps, quand ils s'apercevaient que, depuis l'événement qui avait brisé tous leurs projets, les choses marchaient comme auparavant ; quand ils voyaient que tout continuait de réussir à cet homme de la fatalité, qui semblait tenir le monde à la laisse de sa puissante volonté ; quand ils songeaient à part quelques couples intelligens et religieux comme les leurs, tous les cœurs semblaient avoir perdu le caractère de la victime royale à laquelle, comme un holocauste funèbre, ils avaient sacrifié leur bonheur, ils se demandaient si mieux n'eût pas valu fermer les yeux et baisser la tête comme tout le monde. Mais alors la voix de leur conscience criait plus haut que leur égoïsme ; et, faibles devant leur malheur, ils redevenaient forts devant la certitude d'avoir accompli un devoir.

Puis, de temps en temps, ils se demandaient si le parti qu'ils avaient pris était bien le seul qu'ils eussent à prendre ; s'il ne leur restait pas à chacun, dans l'éducation qu'ils avaient reçue, des ressources artistiques. Mais aucun point de cette éducation n'était réellement ni chez l'un ni chez l'autre poussé à un degré de supériorité tel qu'il en pût tirer une ressource : d'ailleurs, Henri voulait bien se plier à tout, mais il voulait que sa Cécile restât personnellement à l'abri de ces influences du destin.

Il y a des momens de la vie où l'on se sent pris par la fatalité dans un réseau de fer. On cherche vainement une voie, il faut passer par celle qu'elle vous ouvre, qu'elle vous mène à votre perte ou à votre salut.

Les pauvres enfans en revenaient donc toujours à ce malheureux voyage de la Guadeloupe, qu'ils essayaient sans cesse de repousser comme Sysiphe son rocher, et qui sans cesse retombait sur leur tête.

Le jour que Henri avait fixé pour son départ arriva. Mais, comme rien ne le forçait à partir ce jour-là même que sa volonté, quoiqu'il fût venu dès le matin chez Cécile et qu'il eût passé toute la journée avec elle, les deux jeunes gens étaient arrivés au soir sans qu'un seul mot de cette cruelle séparation fût sorti de leur bouche. Enfin, au moment de se quitter, ils se regardèrent en souriant avec tristesse, comprenant tous deux les sentimens l'un de l'autre par celui que chacun éprouvait.

— Quand partirez-vous, Henri ? demanda Cécile.

— Jamais, répondit Henri ; jamais, je le sens, si une puissance plus forte que ma volonté ne m'y force pas.

— Vous resterez donc toujours ; car, en supposant que je sois, moi, cette puissance plus forte que votre volonté, je n'aurai jamais le courage d'exiger de vous que vous me quittiez.

— Que faire, alors ? demanda Henri.

Cécile le prit par la main et le conduisit devant le petit crucifix qu'elle avait détaché de l'alcôve de sa mère et apporté avec elle. Henri comprit son intention.

— Je jure, dit-il, par celle qui est morte les yeux fixés sur ce crucifix, de partir d'aujourd'hui même en huit jours, et de n'avoir d'autre pensée pendant tout mon voyage que de revenir le plus tôt possible pour faire le bonheur de son enfant.

— Et moi, dit Cécile, je jure d'attendre Henri, sans autre espoir que celui de son retour ; et, s'il ne revenait pas...

Henri mit sa main sur la bouche de Cécile et arrêta le reste de la phrase qu'elle allait prononcer. Puis, en face de ce crucifix, tous deux scellèrent ce serment d'un baiser chaste et pur comme celui qu'un frère et une sœur échangent entre eux.

Le lendemain, Cécile et Henri entrèrent chez la marquise. Les deux jeunes gens n'en étaient plus à se rien cacher sur l'état de leur fortune. Henri avait demandé à connaître ce qui restait à Cécile afin que les deux femmes prissent, en son absence, des arrangemens convenables. La marquise, qui détestait s'occuper d'affaires, voulut d'abord éluder la demande de Henri et de Cécile, mais tous deux insistèrent tellement, qu'elle prit un terme moyen pour se débarrasser de ce tracas, c'était de remettre à Cécile la clef du secrétaire et de lui dire de faire les comptes elle-même.

Il y avait dans le secrétaire huit mille cinq cents francs : c'était tout ce qui restait de la fortune de la marquise et de la baronne.

C'était de quoi vivre un an et demi à peu près, en y mettant un peu d'économie, et le voyage de Henri ne devait durer que six mois. De ce côté, les jeunes gens pouvaient donc demeurer assez tranquilles.

Cependant Henri donna un conseil dicté à la fois par sa sagesse et par son amour. Il conseilla à Cécile et à la marquise, au lieu de rester dans l'hôtel où elles étaient descendues, de prendre un petit logement garni qui leur coûterait infiniment meilleur marché. Puis, en prenant d'avance cette mesure à laquelle il eût fallu recourir un jour ou l'autre, tandis que Henri serait à Paris encore, Henri, du moins, connaîtrait la chambre qu'habitait Cécile, et, pendant sa longue absence, il pourrait avec les yeux du souvenir la suivre dans cette chambre à chaque heure du jour et de la nuit.

C'était une médiocre raison à faire valoir aux yeux de la marquise, qui ne connaissait pas toutes ces petites délicatesses du cœur, mais on appuya surtout sur une nécessité d'économie, et elle se rendit.

Dès le lendemain, Henri se mit en quête et trouva quelque chose de convenable rue du Coq-Saint-Honoré, 5.

La journée fut employée au déménagement. On régla les comptes de l'hôtel, où l'on devait un peu plus de cinq cents francs, et le capital de Cécile se trouva donc réduit à un peu moins de huit mille francs.

Henri vit donc Cécile installée dans son nouvel appartement ; il plaça avec elle chaque meuble à l'endroit où il devait rester, il cloua le crucifix dans l'alcôve, il posa les albums sur les tables et il fut convenu que tout demeurerait ainsi.

Tous ces détails paraissaient bien futiles à la marquise, mais pour les deux jeunes gens, ils étaient de la plus grave importance.

Les jours s'écoulèrent. Souvent Henri avait demandé à Cécile quelle serait son occupation favorite pendant son absence, et Cécile lui avait répondu en souriant :

— Je broderai ma robe de noce.

La veille de son départ, Henri apporta à Cécile une pièce de mousseline des Indes magnifique. C'était la robe de noces.

Elle commença la première fleur devant lui ; elle devait broder la dernière à son retour.

Les jeunes gens ne se quittèrent qu'à trois heures du matin. C'était la dernière nuit qu'ils devaient passer l'un près de l'autre, et ils ne pouvaient prendre sur eux de se séparer.

À huit heures, ils étaient réunis de nouveau.

Cette journée avait pour eux quelque chose de solennel. Après le serment fait, Henri n'avait pas eu un instant l'idée de demeurer encore. Il avait en conséquence retenu sa place à la malle-poste de Boulogne pour cinq heures du soir.

Nous n'entreprendrons pas de décrire les détails de cette dernière journée. Quoique l'histoire que nous écrivons soit une œuvre de sensations et non d'événements ; quoique nous ayons avant tout la prétention d'être simples et vrais, et surtout parce que nous avons cette prétention, nous n'osons fouiller les mystères de ces deux jeunes cœurs purs et en dolorís. Des larmes, des promesses, des sermens, de longs et tendres baisers, voilà l'histoire de cette dernière journée, l'une des plus douloureuses de la vie de Cécile, après celle où elle avait perdu sa mère.

Et avec tout cela, l'heure s'avançait, rapide, inflexible, impitoyable ; les pauvres enfans reportaient à chaque instant leurs yeux d'eux-mêmes à la pendule et de la pendule à eux. Ils eussent offert des années de leur vie à venir pour un jour, puis, quand arriva le moment de partir, pour une heure.

Enfin, la pendule marqua cinq heures moins un quart, cinq heures moins dix minutes, puis cinq heures ; ils allèrent une dernière fois s'agenouiller devant le crucifix. Quand ils se relevèrent, ils n'avaient plus le temps que d'échanger un dernier baiser.

Henri s'élança hors de la chambre, mais alors Cécile jeta un tel cri de douleur qu'il rentra. Un dernier mot, un dernier serment, une dernière larme, un dernier baiser furent encore échangés, puis Henri se détacha d'elle et s'enfuit.

Cécile se pencha sur la rampe et le suivit des yeux, puis elle courut à sa fenêtre pour le voir monter en cabriolet ; Henri l'aperçut à sa fenêtre et la salua en agitant son chapeau.

Le cabriolet s'éloigna du côté de la rue Saint-Honoré. Un embarras de voitures l'arrêta une seconde, Henri sortit tout le haut du corps de la voiture et fit avec son mouchoir un signe à Cécile.

Dans la nuit, il vit à la fenêtre une ombre et un mouchoir qui lui répondirent.

Le cabriolet reprit sa course, mais Henri resta toujours penché dehors et saluant jusqu'à ce qu'il ait tourné l'angle de la rue, alors il retomba assis et sanglotant.

Il était déjà aussi séparé de Cécile, que si tout l'océan Atlantique eût roulé entre eux deux.

XIX

CORRESPONDANCE.

De son côté, quand elle eut vu disparaître à l'angle de la rue Saint-Honoré le cabriolet qui emportait Henri, Cécile, presque évanouie, retomba sur une chaise.

Dix minutes après on frappa à la porte; c'était un commissionnaire qui apportait un billet. Cécile jeta les yeux sur l'adresse et reconnut l'écriture de Henri; elle poussa un cri de joie, mit dans la main de l'Auvergnat ce qu'elle avait de monnaie dans sa bourse et courut dans sa chambre, toute tremblante de ce bonheur inattendu.

Oui, bonheur, car lorsqu'on aime de ce premier amour qui enfonce au plus profond de l'âme ces racines de flamme qu'aucun autre amour ne peut arracher, les sentiments intermédiaires disparaissent, et tout est bonheur ou désespoir.

La jeune fille ouvrit donc toute tremblante le billet qu'elle venait de recevoir et lut, moitié pleurant, moitié souriant, les quelques lignes suivantes :

« Chère Cécile, j'arrive dans la cour de la poste au moment où la malle va partir; cependant, un pied sur le marchepied de la voiture, je déchire une page de mon portefeuille et je vous écris ces quelques mots.

» Je vous aime, Cécile, comme jamais cœur mortel n'a aimé. Vous êtes tout pour moi, ma femme ici-bas, mon ange au ciel; ma joie et mon bonheur partout. Je vous aime! je vous aime! »

» La voiture part, encore un adieu. »

C'était la première lettre que Cécile recevait de Henri. Elle la lut et la relut dix fois de suite, puis, pour remercier Dieu d'être aimée ainsi, elle alla s'agenouiller devant le crucifix et pria.

Le soir même, Cécile commença le dessin de sa robe. Il lui semblait que plus elle hâterait son travail, plus elle hâterait en même temps le retour de Henri. Ce fut un composé des plus belles fleurs qu'elle avait conservées sur son album; c'étaient ses amies, c'étaient ses compagnes qu'elle conviait à son bonheur futur.

De temps en temps, Cécile s'interrompait pour relire sa lettre.

La même nuit, le dessin fut fait.

Cécile se coucha, son petit billet de Henri dans sa main, et sa main sur son cœur.

En se réveillant, Cécile fut quelque temps sans pouvoir rassembler ses idées; elle croyait avoir rêvé que Henri était parti, puis la réalité se fit jour dans son esprit; elle fut réduite comme la veille à son billet, sa seule consolation.

La journée se passa lente et triste. C'était la première fois depuis cinq mois que Cécile passait une journée sans voir Henri. Une carte de France à la main, elle le suivait sur la route, tâchant de deviner où il était à l'heure même où elle pensait à lui.

Quant à la marquise, elle était exactement la même, c'est-à-dire insouciante et égoïste. Comme Henri s'occupait beaucoup plus de Cécile que d'elle, elle ne le regrettait pas; cependant, il faut le dire, elle rendait justice à Henri et elle l'aimait autant qu'elle pouvait aimer un étranger.

Il en résultait que la pauvre Cécile n'avait personne au monde à qui faire porter une portion du fardeau de l'absence; pas une bouche qui répondît, par une parole de consolation, à ses paroles de douleur, pas un cœur où verser le sien; elle renfermait donc, comme d'habitude, tout en elle-même; puis, quand elle souffrait par trop, elle pensait à sa mère et versait des larmes, ou elle pensait à Dieu et priait.

Le lendemain, à neuf heures du matin, le facteur frappa à la porte, c'était une seconde lettre de Henri. Cécile reconnut l'écriture et la lui prit des mains avec tant de vivacité, que le brave homme sourit de l'empressement de la jeune fille.

Voici quelle était cette seconde lettre :

« On s'arrête un instant, je vous écris.

» Je suis à Abbeville, dans la même chambre où nous avons déjeuné ensemble en allant à Paris. Chère Cécile, je me suis mis à la place où vous étiez assise, peut-être sur la même chaise; et, tandis que les autres voyageurs se plaignent, tout en le mangeant, d'un assez mauvais dîner, moi je vous écris.

» Depuis que je vous ai quittée, je n'ai pas cessé un instant de penser à vous. Il est vrai que je parcours la même route que j'ai parcourue avec vous, tout est donc pour moi plein de souvenir. Je reconnais chacun des relais où la voiture s'arrêtait et où je descendais pour vous demander de vos nouvelles. Hélas! je n'ai plus près de moi personne qui m'intéresse; je suis avec deux voyageurs que je n'ai pas même regardés et avec lesquels je n'ai pas échangé une seule parole.

» Il est vrai que, pendant toute la route, je cause avec vous, Cécile, vous avez une voix dans mon cœur à qui je parle et qui me répond; il me semble que j'ai emporté un écho de vous avec moi. Ne vous aurais-je rien laissé de pareil, et même que vous êtes en moi, ne suis-je pas aussi quelque peu en vous?

» Vous aurez cette lettre demain à neuf heures du matin à ce qu'on m'assure. Cécile, à neuf heures du matin, pensez à moi, fermez les yeux, rappelez-vous la plage de Boulogne; je serai au pied de la Falaise, sur le galet, écoutant cette grande et puissante mer dont le grondement nous a si fort impressionnés quand nous l'avons entendue ensemble. Je ne vous dirai pas, moi, que je penserai à vous, je vous le répète; vous êtes en moi, vous faites partie de mon existence, je vous aime comme je vis; on dirait que chaque battement de mon cœur dit une syllabe de votre nom.

» Adieu, Cécile, il n'y a que l'absence qui puisse donner la mesure de la tendresse.

» Je vous écrirai de Boulogne où je ne m'arrêterai que quelques heures; plus je me hâte de m'éloigner, plus je rapproche mon retour.

» Votre HENRI. »

Cette lettre fut une grande joie pour Cécile; d'abord elle ne l'attendait pas, puis elle contenait de ces éternelles vérités du cœur; que le cœur a besoin d'entendre répéter sans cesse; puis, enfin, elle prouvait à Cécile que Henri pensait sans cesse à elle, comme elle pensait sans cesse à lui.

La pauvre enfant compta les heures de la journée qui s'écoulait et les minutes de la journée suivante; on eût dit que toute sa vie était suspendue à cette lettre de Boulogne.

Puis elle brodait sa belle robe, mais elle s'apercevait avec terreur que sa broderie, telle qu'elle l'avait dessinée, devait lui prendre au minimum sept ou huit mois d'exécution. Or, les calculs les plus sévères que les jeunes gens eussent fait entre eux, mettaient ce retour à six mois seulement. Cécile serait donc en retard.

Quant à la marquise, on eût dit qu'il n'y avait pour elle ni espace, ni Océan, ni tempête; elle parlait de l'avenir avec cette sécurité des vieillards, qui calculent sur des années et qui ont à peine des jours.

Le surlendemain, Cécile, réveillée dès cinq heures du matin, Cécile, poussant des yeux l'aiguille de la pendule, Cécile, tressaillant au moindre bruit, reçut, à neuf heures, la lettre suivante :

« Je suis à Boulogne, chère Cécile.

» J'ai pris la petite chambre que vous avez occupée; je suis donc encore avec vous.

» J'ai fait venir madame d'Ambron et j'ai parlé de vous.

» Nous nous tenons encore par des liens invisibles mais réels; tant que je reverrai les lieux où je vous ai vue, il me semblera encore que vous êtes près de moi comme femme; quand j'aurai quitté l'Angleterre pour l'Amérique, comme je vais quitter la France pour l'Angleterre, vous ne serez plus près de moi que comme un ange.

» Ici, vous êtes encore visible à mes yeux ; là, vous ne serez plus visible qu'à mon cœur ; mais, partout où je serai, je regarderai le ciel, bien sûr que le ciel fut votre patrie passée et sera votre patrie à venir.

» On entre, et l'on me prévient qu'un petit bâtiment part dans deux heures pour l'Angleterre ; j'ai donc tout juste le temps de courir jusqu'à ce rivage qui sera un triple souvenir pour mon cœur ; ce rivage que vous aurez vu sans moi, que nous aurons vu ensemble et que j'aurai revu sans vous et à mon retour, je reprends cette lettre.

» Je vous quitte donc de la main seulement, chère Cécile, et à mon retour, je reprends cette lettre.

» La grande et belle chose que la mer, vue avec un profond sentiment dans le cœur ! Comme cela correspond à toutes les pensées supérieures ; comme cela vous élève de la terre au ciel ; comme cela vous fait comprendre la misère de l'homme et la grandeur de Dieu !

» Je crois que je serais resté éternellement assis sur ce rivage où nous avons erré ensemble et où il me semblait qu'en cherchant bien je retrouverais encore la trace de vos pas. Mon cœur s'agrandissait du spectacle que j'avais sous les yeux. Je ne vous aimais plus de l'amour des hommes, je vous aimais, comme les fleurs, au retour du printemps, aiment le soleil ; comme, pendant les belles nuits d'été, la mer aime le firmament ; comme, en tout temps, la terre aime Dieu.

» Oh ! dans ce moment, Cécile, le Seigneur me pardonne si c'est une orgueilleuse impiété, mais je défiais les événements de nous séparer, fût-ce par la mort. Comment, lorsque tout se mêle et se confond dans la nature des parfums aux parfums, des nuages aux nuages, la vie à la vie, pourquoi la mort aussi ne se mêlerait-elle pas à la mort, et, puisque chaque chose, en se mêlant se féconde, pourquoi la mort, qui est une des conditions de la nature, un des chaînons de l'éternité, un des jalons de l'infini, pourquoi la mort seule serait-elle stérile ? Dieu ne l'eût pas faite, si elle ne dût être pour lui qu'une machine de destruction, et si, en désunissant les corps, elle n'eût pas dû unir les âmes.

» Ainsi donc, Cécile, ainsi donc la mort elle-même n'aurait pas le pouvoir de nous séparer ; car l'Écriture dit que le Seigneur a vaincu la mort.

» Ainsi donc, au revoir, Cécile, et non plus adieu, au revoir dans ce monde peut-être, et dans l'autre certainement.

» Pourquoi ces idées me viennent-elles aujourd'hui ? Je ne sais. Le cœur, souvenir, est-ce un pressentiment ?

» Au revoir ; on vient me chercher ; le bâtiment est prêt. Je confie cette lettre à madame d'Ambron, qui la remettra elle-même à la poste.

» Votre HENRI. »

Huit jours s'écoulèrent, puis une nouvelle lettre arriva. Nous avons intitulé ce chapitre : Correspondance. Que nos lecteurs nous permettent donc de justifier son titre, en mettant sous leurs yeux cette quatrième lettre :

« Vous veillez sur moi, Cécile ; votre souffle me pousse ; votre étoile m'éclaire.

» Écoutez, et vous verrez comme tout nous réussit : c'est effrayant, mon Dieu ! J'aimerais mieux quelques difficultés. Je voudrais avoir un ennemi à combattre, un obstacle à vaincre. Mon Dieu ! vous vous lasserez certainement de tant de bontés avant que je sois parvenu au bout de mon chemin.

» Je savais qu'en arrivant à Londres je ne trouverais plus ni madame de Lorges ni personne de ma famille. En effet, tout le monde était parti ; mais comme ce n'était pas sur mes parents, trop pauvres eux-mêmes pour m'aider, que je comptais, leur absence ne m'a causé d'autre chagrin que celui de ne pas les voir.

» J'avais compté sur un brave et excellent homme, sur un ancien serviteur, je devrais dire sur un ami de notre famille, sur quelqu'un que vous connaissez et que vous aimez, Cécile, sur ce bon monsieur Duval.

» Vous savez que, comme vous, Cécile, je n'ai aucune fortune. Je ne pouvais donc compter que sur un prêt, garanti par ma loyauté. Or, il n'y avait qu'un homme auquel je voulusse m'adresser pour réclamer de lui un pareil service. Cet homme, c'était monsieur Duval.

» Au reste, je n'avais pas hésité un seul instant à m'adresser à lui, et j'étais parti de Paris dans cette intention. Je ne doutais pas un instant de sa bonne volonté : je le connaissais.

» Mais, Cécile, vous le savez, ou plutôt vous ne le savez pas, mais vous le devinez, il y a mille manières de rendre service, depuis le service qu'on arrache, jusqu'au service qu'on vous offre.

» Pauvre monsieur Duval ! A peine lui eus-je dit, car je ne lui cachai rien, Cécile, ni mon amour pour vous, ni notre position, ni nos espérances reposant tout entières sur lui ; à peine lui eus-je tout dit, que sa femme, se retournant vers lui, s'écria : « Eh bien ! ne te l'avais-je pas vingt fois répété qu'ils s'aimaient. » Ainsi, Cécile, ces braves gens avaient pensé à nous, s'étaient occupés de nous, et quand nous n'osions pas nous avouer à nous-mêmes notre tendresse, notre amour n'était plus pour eux un secret.

» Alors monsieur Duval est venu à moi les larmes aux yeux : oui, Cécile, cet excellent homme était prêt à pleurer. Puis il m'a dit : « Aimez-la bien, monsieur Henri, aimez-la profondément, car c'est une noble et bonne jeune fille ; et si des gens comme nous avaient jamais osé élever les yeux jusqu'à elle, c'est la femme que j'aurais voulu à mon Édouard. » Puis, me tendant la main, ce qu'il n'avait jamais osé faire depuis qu'il me connaissait, et serrant la mienne avec force :

» — Encore une fois, dit-il, rendez-la heureuse.

» Et maintenant, continua-t-il en s'essuyant les yeux et en me conduisant dans son cabinet, parlons d'affaires.

» Ce fut chose vite faite et sans bourse délier. Le commerce compris d'une certaine façon est, il faut en convenir, une grande chose. J'avais toujours entendu dire que, pour remuer quelques misérables milliers de francs, il fallait du papier timbré, des écritures, des notaires, des receveurs d'enregistrement et une foule d'autres choses.

» Monsieur Duval prit un chiffon de papier et écrivit :

« J'ai l'honneur de donner avis à messieurs Smith et » Thursen, que je crédite monsieur le vicomte Henri de Se- » nonnes pour une somme de cinquante mille francs. »

» Puis il signa, me remit le papier et tout fut dit.

» Le même jour, je me présentai chez ces messieurs : je leur expliquai mon désir de passer à la Guadeloupe avec une pacotille. Ils avaient justement un bâtiment en charge pour les Antilles, ils me demandèrent quels étaient les objets sur lesquels je voulais spéculer. Je leur répondis que, parfaitement étranger au commerce, je les priais de s'entendre à ce sujet avec monsieur Duval ; ils me promirent de s'en occuper le lendemain.

» Je revins chez monsieur Duval. Il y avait une chose dont je voulais vous parler longuement, chère Cécile, et que, par conséquent, je désirais visiter : c'était votre petite maison de Hendon.

» Je m'informai donc à monsieur Duval quel était son nouveau propriétaire.

» C'est dans ce détail que vous allez apprécier le cœur de cet excellent homme.

» Le propriétaire, c'était lui. Comprenez-vous, Cécile ? dans sa religion pour votre mère et pour vous, il a acheté la maison et les meubles qui la meublaient, afin qu'elle demeurât toujours comme un monument du passage sur la terre de sa sainte et de son ange. C'est ainsi qu'il nomme votre mère, c'est ainsi qu'il vous nomme.

» Il voulut venir avec moi, mais madame Duval l'en empêcha.

» — Monsieur le vicomte aimera mieux aller seul à Hendon, lui dit-elle. Restez donc ici ; votre présence effaroucherait tous ses souvenirs.

» Il y a dans le cœur de la femme, à l'endroit des choses

d'amour, un sentiment que l'homme le plus délicat ne retrouvera jamais dans le sien.

» Monsieur Duval me remit donc la clef du cottage.

» Personne n'y va, pas même eux, seule, votre ancienne femme de chambre anglaise, qui est entrée au service de madame Duval, est chargée de l'entretien de votre paradis.

» Le lendemain, dès le matin, je partis : en deux heures et demie je fus à Hendon.

» Je me rappelai la première fois que je vins accompagnant madame de Lorges, avec quelle indifférence, je dirai presque avec quel mépris, j'abordai ce charmant cottage; pardonnez-moi, Cécile, je ne vous avais pas vue, je ne vous connaissais pas. Du moment où je vous vis, du moment où je vous connus, la petite maison fut un temple dont vous devintes la divinité et dont votre chambre fut le sanctuaire.

» Je vous le dis, Cécile, jamais je n'avais éprouvé une émotion pareille à celle que je ressentis en m'approchant de cette maison. J'avais envie de m'agenouiller devant sa porte et de baiser son seuil.

» J'entrai cependant, mais ma main tremblait en poussant la clef dans la serrure, mais mes jambes manquaient sous moi lorsque après avoir repoussé la porte je me trouvai dans le corridor.

» Je visitai d'abord le jardin : plus de fleurs, plus de feuilles, plus d'ombre; tout était triste et désolé comme lorsque vous l'avez quitté il y a dix mois.

» Je m'assis sur le banc du berceau. Vos amis les oiseaux sautillaient en chantant sur les branches dépouillées. Ces oiseaux, vous les aviez vus, Cécile, le chant qu'ils chantaient, vous l'aviez entendu.

» Je restai à les écouter, les yeux fixés sur votre fenêtre fermée, m'attendant à chaque instant à vous voir paraître derrière les vitraux; car, ainsi que je vous l'ai dit, tout est demeuré comme de votre temps.

» Puis, j'ai monté le petit escalier tournant, je suis entré dans la chambre de votre mère, je me suis agenouillé devant la place où était le crucifix et j'ai prié pour vous.

» Puis, j'ai entr'ouvert la porte de votre chambre. Rassurez-vous, chère Cécile, je n'y suis pas même entré; j'ai tout respecté.

» Enfin, je me suis arraché à cette petite maison où je laissais si bonne part de ma vie passée, pour aller rendre une visite plus sainte que toutes les autres encore. Vous devinez, Cécile, que je veux parler du tombeau de votre mère.

» Comme dans votre jardin, comme dans votre chambre, comme partout, enfin, on voit qu'une main amie a passé par là : au printemps, il a dû être couvert de fleurs, et, à leurs tiges flétries, à leurs feuilles desséchées, j'ai reconnu les mêmes fleurs que celles de votre jardin. J'y ai cueilli quelques feuilles d'un rosier et d'un héliotrope; ce sont deux plantes qui ont le mieux survécu aux atteintes de l'hiver, et je vous les envoie. Ce sont celles que vous trouverez dans cette lettre. C'est à peine si j'ose vous dire que, certain que vous les porterez à vos lèvres, j'ai déposé sur chacune d'elles un baiser.

» Il fallait partir. Cinq ou six heures s'étaient écoulées dans ce saint pèlerinage. J'avais rendez-vous dans la soirée chez monsieur Duval, avec messieurs Smith et Thursen. J'étais de retour à huit heures.

» Ces messieurs arrivèrent avec la rigoureuse ponctualité commerciale ; ils connaissaient parfaitement mon oncle, qui est immensément riche à ce qu'il paraît, et, sauf quelques singularités, excellent homme à ce qu'ils disent.

» Tout a été réglé dans la soirée; un charmant brick, tout chargé se trouve dans le port; l'armateur est des amis de ces messieurs; il me donne un intérêt de cinquante mille francs dans sa cargaison, et voyez, chère Cécile, comme je vous le disais, quel étrange bonheur me poursuit, ce bâtiment part demain !

» Ah ! j'oubliais de vous dire.... Mon navire s'appelle l'*Anna Bell*; c'est un presque aussi joli nom que Cécile !

» Je vous quitte donc pour jusqu'à demain au moment de partir ; je ferai remettre cette lettre à la poste. »

« 11 heures du matin.

» Toute la matinée, chère Cécile, a été prise par mes préparatifs de départ ; heureusement que tout, dans ce voyage, se rapporte à vous, et que, par conséquent, aucune chose ne m'écarte un instant de votre pensée.

» Le temps est incroyablement beau pour une journée d'automne. Monsieur Duval et Édouard sont là ; madame Duval m'a envoyé ses souhaits de bonheur par son mari et par son fils ; tous deux m'accompagneront jusqu'à bord du bâtiment.

» Il paraît qu'une grande nouvelle est arrivée hier dans cette bonne famille. J'ai cru deviner qu'Édouard était en quelque sorte fiancé à une femme pour laquelle il n'avait que les sentiments d'une sœur, tandis qu'au contraire il en aimait une autre. Mais monsieur et madame Duval, esclaves de la parole engagée, ne voulaient pas permettre cette union avant d'être dégagés de leur ancienne promesse. La nouvelle qu'ils étaient libres leur est, comme je vous l'ai dit, arrivée hier ou avant-hier ; de sorte que, selon toute probabilité, le pauvre Édouard va épouser, d'ici à quelque temps, celle qu'il aime.

» Il est bien heureux. »

« Midi, à bord de l'*Anna-Bell*.

» Comme vous le voyez, chère Cécile, j'ai été forcé de vous quitter. Je ne pouvais vraiment laisser Édouard et son père sans leur faire compagnie. Tous deux, savez-vous bien, ont abandonné leur bureau pour m'accompagner. C'est tout au plus s'ils en feraient autant pour le roi Georges.

» Le petit brick me paraît vraiment digne de son nom : c'est une espèce de paquebot construit à la fois pour le passage et pour le commerce, et dans lequel, on le voit, les hommes sont presque aussi soignés que les marchandises. Le capitaine est un Irlandais nommé John Dikins. Il m'a donné une excellente chambre, n° 5. C'est le même numéro, remarquez-vous, que celui de la maison que vous habitez.

» Ah ! voilà que je ne puis plus vous écrire ; le bâtiment commence à appareiller, et comme on lève l'ancre, il se fait un grand mouvement qui m'empêche de continuer.

» Au revoir donc, chère Cécile, ou plutôt adieu, car pour moi le mot adieu n'a pas la signification qu'on lui prête ; c'est une recommandation au Seigneur de veiller sur vous ; adieu donc, je vous laisse sous le regard de Dieu.

» Nous partons sous les meilleurs auspices ; tout le monde nous présage une heureuse traversée. Cécile, Cécile, je voudrais bien être fort, je voudrais bien vous donner de ma force, mais il m'est impossible de faire du stoïcisme en face de vous. Cécile, je souffre bien de vous quitter : à Boulogne, je n'abandonnais que la France ; en quittant Londres, j'abandonne l'Europe.

» Adieu, Cécile ; adieu, mon amour ; adieu, mon bon ange; priez pour moi, je n'espère plus qu'en vos prières ; jusqu'au dernier moment je vous écris, mais voilà qu'on force monsieur Duval et son fils de descendre dans la chaloupe, moi seul retarde le départ. En mot encore et je ferme ma lettre : je vous aime, adieu Cécile, Cécile, adieu.

» Adieu.

» Votre HENRI. »

XX.

L'ONCLE DE LA GUADELOUPE.

Cécile reçut cette lettre quatre jours après qu'elle avait été écrite, depuis deux jours déjà Henri avait perdu la vue des côtes de France et d'Angleterre.

On comprend la double impression que cette lettre produisit sur la pauvre enfant. Ce pèlerinage de Henri au cottage et au tombeau lui rappelait toutes ses joies et toutes ses douleurs du passé. Le départ de Henri, départ retardé tant qu'il avait pu, et dont la plume du jeune homme lui exprimait les dernières angoisses, lui rappelait toutes ses craintes et toutes ses espérances pour l'avenir.

Henri voguait, à cette heure, entre le ciel et la mer. Elle tomba à genoux en achevant sa lettre et pria longuement Dieu pour lui.

Puis elle songea aux autres parties de sa lettre; à cette bonne famille Duval, à qui Henri avait été demander un appui; sans savoir que cette femme, pour laquelle il allait lui avouer son amour, devait être la femme d'Édouard, d'Édouard qui, avec un autre amour dans le cœur, esclave qu'il était de l'engagement de ses parents, eût tenu avec la fidélité qu'un négociant met à payer une lettre de change, dût cet engagement le rendre malheureux.

Alors Cécile courut à un pupitre, et, dans le premier moment de son effusion, elle écrivit à madame Duval une longue lettre, dans laquelle elle lui ouvrait tout son cœur et l'appelait sa mère. La belle organisation de Cécile était si apte à sentir tout ce qui est noble et grand !

Puis elle revint à sa robe de noces, son grand travail, sa grande distraction, son seul bonheur. La marquise continuait à vivre de sa vie accoutumée, passant toutes les matinées couchée, à lire ou à se faire lire des romans. Cécile ne la voyait littéralement qu'aux heures des repas. Il y avait un abîme entre les deux femmes : l'une, tout intellectuelle ; l'autre, toute sensuelle. L'une, jugeant tout par le cœur ; l'autre, examinant tout au point de vue de l'esprit.

Quant à mademoiselle Aspasie, Cécile se sentait une répulsion secrète pour elle ; de sorte que, pour ne pas lui demander un service, que celle-ci d'ailleurs eût peut-être refusé de faire, elle s'était arrangée avec une bonne femme demeurant dans les mansardes de la même maison et appelée madame Dubois. Cette femme descendait tous les matins et faisait le petit ménage de la pauvre enfant.

Comme nous l'avons dit, la marquise avait conservé quelques relations avec ses anciennes amies. Ces amies venaient la voir de temps en temps dans son humble appartement, l'invitant à son tour ou à aller les voir ou à user de leurs voitures ; mais la marquise avait l'orgueil de sa pauvreté. D'ailleurs, le peu de mouvement auquel, depuis trente ans, elle s'était habituée, l'avait portée vers l'obésité. Elle était très grasse et tout déplacement lui devenait une fatigue.

Elle passait donc sa vie dans sa chambre et Cécile dans la sienne.

Toute la journée s'écoulait, la pauvre enfant, à suivre, dans sa pensée ou sur la carte, l'aventureux navire qui voguait vers un autre monde. Elle avait parfaitement compris que trois mois au moins devaient s'écouler sans qu'elle reçût aucune lettre de Henri. Elle n'en attendait donc point, ce qui ne l'empêchait pas de tressaillir à chaque fois qu'elle entendait frapper à la porte. Pendant un instant l'aiguille alors tremblait entre ses doigts ; puis la personne qui avait frappé apparaissait, et, comme cette personne n'avait rien à faire avec Henri, Cécile reprenait en soupirant son travail.

Ce travail était un miracle de patience, de fini et de goût;

OEUV. COMP. V

ce n'était pas une simple broderie, c'était un dessin en relief. Toutes ces fleurs, quoique pâles comme celles dont on fait des couronnes pour les vierges que l'on conduit à l'autel, ou pour les vierges qu'on mène à la tombe, étaient vivantes et animées. Chacune d'elles rappelait à Cécile un souvenir de son enfance, et, tout en la brodant, elle lui parlait du temps où elle-même, cette fille éphémère du soleil éphémère de Londres, avait vécu.

Un matin que Cécile travaillait comme d'habitude, on sonna à la porte ; mais cette fois elle tressaillit plus vivement encore que d'habitude, reconnaissant la manière de sonner du facteur. Elle courut ouvrir elle-même, c'était lui ; il lui tendit une lettre. Elle poussa un cri de joie. L'adresse de cette lettre était de l'écriture de Henri. Elle jeta les yeux sur le timbre ; elle était timbrée du Havre.

Elle manqua de s'évanouir. Qu'était-il arrivé ? Comment, après six semaines de départ à peine, recevait-elle de Henri une lettre datée du Havre ? Était-il revenu en France ?

Elle tenait la lettre à la main, et, toute tremblante elle n'osait l'ouvrir.

Elle s'aperçut que le facteur était là attendant ; elle le paya et elle courut dans sa chambre.

Comme elle aimait la figure souriante de cet homme !

Elle décacheta la lettre ; elle portait cette date : *En mer*.

Henri avait trouvé une occasion de lui écrire. Voilà tout.

Elle lut ce qui suit :

« Chère Cécile !

» Voyez si véritablement vos prières ne me portent pas bonheur ; voici que, contre toute attente, *je trouve une occasion de vous dire que je vous aime*.

» Ce matin, le matelot en vigie a signalé une voile. Comme on est toujours sur le qui-vive à cause de la guerre, le capitaine et les passagers sont aussitôt montés sur le pont. Mais, au bout de quelques minutes, on a reconnu que le navire en vue était un navire marchand ; de plus, ce navire avait mis le cap sur nous en faisant des signaux de détresse.

» Ne vous attendez donc pas à une grande aventure bien triste et bien dramatique. Chère Cécile, non, Dieu n'a pas même voulu que votre bon cœur pût s'attrister sur le sort de ceux à qui vous devez cette lettre. Le navire, qui était un bâtiment français du Havre, avait été retenu, quelques jours après son départ de New-York, par un calme de trois semaines, et craignait de manquer d'eau avant de toucher la France. Le capitaine lui en fit envoyer une douzaine de tonneaux, et moi je me mis à écrire pour vous redire, Cécile, que je vous aime, qu'à chaque heure du jour et de la nuit je pense à vous, et que sans cesse vous êtes près de moi, autour de moi, en moi.

» Savez-vous à quoi je pense, Cécile, en voyant ces deux navires en panne, à cent pas l'un de l'autre, et dont l'un vogue vers la Pointe-à-Pitre et l'autre vers le Havre ? c'est que si, à l'aide d'une de ces chaloupes qui vont de l'un à l'autre, je passais de l'un sur l'autre, dans quinze jours je serais au Havre, et le lendemain soir à vos pieds.

» Et pour cela, je n'aurais qu'à vouloir. Je vous reverrais, je vous reverrais, Cécile. Comprenez-vous ? Seulement, ce serait ce que les hommes appellent une folie, et cela nous perdrait.

» O mon Dieu ! comment donc n'avons-nous pas trouvé quelque projet d'avenir qui ne m'éloignât point de vous ! Il me semble qu'encouragé par un mot, par un regard de vous, j'aurais réussi dans ce que j'aurais entrepris. Vous voyez bien, Cécile, que, protégé par vous, je réussis même loin de vous.

» Oh ! je vous le répète, ce bonheur étrange m'effraie ; j'ai peur que nous n'ayons quitté la terre, Cécile, et que nous ne soyons déjà tous deux sur la route du ciel.

» Pardon de mes funestes présages ; mais l'homme est si peu né ici-bas pour le bonheur, qu'il y a un doute au fond de chacune de ses joies qui empêche cette joie d'être une parfaite félicité.

» Savez-vous à quoi se passent mes journées, Cécile ? à

40

vous écrire. Je vous rapporterai un long journal où vous retrouverez, heure par heure, toutes mes pensées. Vous verrez ainsi que mon esprit n'a pas été un seul instant éloigné de vous.

» Puis, quand la nuit vient, comme il est défendu de conserver de la lumière dans le bâtiment, je monte sur le pont, j'examine ce magnifique spectacle du soleil qui se couche dans la mer; je suis, l'une après l'autre, toutes les étoiles qui s'allument au ciel, et, chose étrange, la reconnaissance et l'adoration de Dieu me conduisent à la tristesse, car je me demande si Dieu, qui a tous ces mondes à faire mouvoir, occupé qu'il doit être à suivre des yeux cet éternel ensemble, peut avoir un regard pour chaque individu qui lève les mains vers lui.

» Si le Seigneur était le Dieu des mondes, et si le hasard était celui des individus ?

» Et, en effet, qu'importe à la haute puissance et à la suprême majesté de Dieu ces détails de notre misérable vie, que lui font, à ce grand tout, les événements heureux ou malheureux de notre existence, que lui importe, à ce riche moissonneur, que quelques épis de l'une de ses millions de champs, dont chacun s'appelle un monde, soient courbés par la grêle ou déracinés par l'ouragan ?

» Mon Dieu ! mon Dieu ! si vous ne m'écoutiez pas quand je vous parle, si vous ne m'entendiez pas quand je vous supplie de me ramener près de Cécile qui m'attend !

» Eh bien ! chère Cécile, dans quelles pensées vais-je encore me perdre, quand chacune de mes lettres devrait vous porter la force ? Comment se fait-il qu'elles ne vous portent que le découragement ? Pardonnez-moi ! pardonnez-moi.

» Je ne suis pas seul, j'ai un ami à bord, c'est le pilote. Le pauvre garçon ! lui aussi a laissé, à Gravesend, une femme qu'il aimait. A la manière dont il regardait le ciel en soupirant, j'ai reconnu un frère d'infortune. Peu à peu je me suis lié avec lui, il m'a parlé de sa chère Jenny. Et moi, c. pardonnez-moi, moi, je lui ai parlé de vous.

» J'ai donc quelqu'un à qui dire votre nom; j'ai donc quelqu'un à qui répéter que je vous aime; j'ai donc un cœur qui comprend le mien.

» Le cœur d'un matelot ? me dira-t-on. Malheureux ceux qui me diront cela.

» Ce bon jeune homme, avec qui je parle de vous toutes les nuits, s'appelle Samuel.

» Je veux, moi aussi, que vous sachiez son nom.

» Dites un mot de lui dans vos prières, afin qu'il revoie sa Jenny. Je lui ai promis que vous le feriez.

» Adieu, Cécile, adieu, mon amour ! La chaloupe du bâtiment français retourne à son bord. Je remets cette lettre au contremaître, qui me promet, sur son honneur, de la jeter lui-même à la poste en arrivant au Havre. Adieu encore une fois, ma Cécile bien aimée; dans vingt ou vingt-cinq jours, si le temps continue de nous être favorable, je serai à la Guadeloupe.

» Adieu pour la millième fois. Je vous aime.

» Votre HENRI. »

» P.S. Un mot dans vos prières pour Jenny et Samuel. »

Il est impossible de faire comprendre à nos lecteurs quelle impression profonde cette lettre produisit sur Cécile; cette impression était d'autant plus grande que la lettre était plus inattendue. Cécile tomba à genoux, des larmes de reconnaissance plein les yeux. Ce ne fut point une prière qu'elle dit, ce furent des noms qu'elle murmura, et parmi ces noms, comme le lui avait demandé Henri, étaient ceux de Samuel et de Jenny.

Puis elle se remit, plus courageuse et plus confiante que jamais, à sa robe de noces.

Les jours continuèrent de s'écouler, se succédant avec leur monotone régularité, sans rien apporter de nouveau. Cette lettre inattendue, cette bienheureuse lettre avait donné à Cécile l'espoir que quelque événement pareil au premier lui apporterait des nouvelles de son amant ; mais, comme l'avait dit Henri, cet événement était un de ces accidents amenés par un heureux hasard et qui n'avait pas de chance de se renouveler.

Pendant ce temps, de grands événements s'étaient écoulés : la république s'était faite empire ; Bonaparte était devenu Napoléon ; l'Europe effrayée avait assisté à cet étrange spectacle sans même élever la voix pour protester ; tout semblait assurer à la dynastie naissante une longue durée ; ceux qui entouraient les nouveaux élus étaient riches, brillans, heureux. Lorsque quelquefois Cécile voyait passer sous ses fenêtres ces brillans cavaliers et cette élégante noblesse, moitié ralliée, moitié créée à nouveau, elle se disait bien avec un soupir : Voilà pourtant comme serait Henri, voilà pourtant comme je serais, moi, si nous eussions laissé les événemens suivre leur cours. Mais tout à coup elle pensait à ce sang liquide encore aux fossés de Vincennes, et elle se répondait avec un soupir encore : La conscience ne trompe pas, nous avons bien fait.

Un mois s'écoula encore. Alors Cécile commença à attendre avec plus d'impatience ; puis une semaine, puis quatre jours passèrent chaque jour plus lent que l'autre ; enfin, le matin du cinquième, ce coup de sonnette si longtemps attendu et connu si parfaitement retentit. Cécile se précipita vers la porte : c'était une lettre de Henri.

Mettons cette nouvelle lettre sous les yeux du lecteur.

» Chère Cécile,

» D'abord et avant toute chose, notre bonheur est le même. Je suis arrivé à la Guadeloupe après une traversée un peu longue, mais retardée seulement par le défaut de vent et non par des orages. J'ai trouvé mon oncle, qui est le plus brave et le plus excellent homme du monde, et qui a été si heureux de me voir engagé dans ce qu'il appelle son régiment actuel, qu'il m'a déclaré à l'instant même que je pouvais me regarder comme son héritier.

» Or, soit dit en passant, mon oncle, chère Cécile, est immensément riche.

» Maintenant, comme toute bonne chose a son mauvais côté, le brave homme m'a déclaré qu'il s'était, en me voyant, senti pris pour moi d'un si violent amour que, sous aucun prétexte il ne me laisserait partir avant deux mois. J'ai d'abord eu grande envie de lui déclarer qu'à ce prix je renonçais à sa succession. Mais j'ai réfléchi, mon cher amour, que ces deux mois étaient à peu près nécessaires à la vente de ma petite pacotille. Puis le capitaine de l'*Anna-Bell* m'a assuré qu'il lui fallait ce temps au moins pour faire un nouveau chargement, de sorte que force m'a été de me résigner. Me voilà donc cloué à la Pointe-à-Pître pour deux mois au moins. Heureusement un navire appareille demain dans la matinée et vous portera des nouvelles de votre pauvre exilé qui vous aime, Cécile, plus qu'aucune parole humaine ne peut le dire, plus qu'aucune pensée terrestre ne peut l'exprimer.

» J'ai tout dit, tout raconté à mon oncle ; il a d'abord fait la grimace quand je lui ai appris que vous n'étiez pas d'une famille commerciale ; mais, enfin, quand il a su combien vous étiez parfaite, quand je lui ai eu affirmé que vous l'aimeriez un peu pour l'amour de moi, il s'est consolé de ce que vous étiez de belle, bonne et vieille noblesse. Ce cher oncle, il faut vous dire, Cécile, qu'avec sa manie d'être un homme de comptoir, c'est l'aristocratie en personne ; que ma gué lui la particule il vient aux lèvres, et que, tout en ôtant leur titre aux gens qui l'ont, il ajoute le *de* aux gens qui ne l'ont pas.

» Quelle magnifique et grandiose nature, chère Cécile, et comme je serais heureux de l'admirer avec vous ; comme notre pensée se perdrait dans l'étendue de cette mer infinie ! comme notre œil plongerait dans ce ciel si pur et si limpide, que le regard croit toujours qu'il arrivera à pénétrer jusqu'à Dieu !

» Malheureusement toute cette nature vous est étrangère, Cécile. Vous ne connaissez pas ces plantes, vous ne connaissez pas ces fleurs, vous ne connaissez pas ces fruits et ils ne vous connaissent pas. L'autre jour j'ai bondi de joie en apercevant une rose épanouie ; cela m'a rappelé l'Angleterre, Hendon, votre cottage, votre jardin et notre tombeau.

» Quel terrible et précieux don du ciel que la mémoire ! en une seconde j'ai franchi dix-huit cents lieues et je me suis trouvé assis, avec vous, sous le berceau de votre jardin, l'embrassant dans ses moindres détails, depuis vos magnifiques compagnes, les roses, les lis, les tulipes, les anémones et les violettes, jusqu'à votre humble gazon vert dans lequel sautillaient, en cherchant joyeusement le grain que vous y semiez tous les jours, les joyeux pinsons, les brillants chardonnerets et les insolens moineaux francs.

» Je ne sais d'où cela vient, chère Cécile, mais aujourd'hui j'ai le cœur plein d'espérance et de joie, tout est si beau ici, tout est si puissant, les arbres de végétation et les hommes d'existence, que mon doute éternel commence à s'en aller et que mon cœur, si longtemps serré, se dilate et respire plus librement.

» Il y a bien des lignes que je ne vous ai dit que je vous aimais, Cécile, mais je crains de vous le répéter trop souvent; si je vous le disais de bouche, il me semble que l'expression de mes yeux, que le son de ma voix, plaideraient si bien pour les éternelles répétitions, que vous me les pardonneriez.

» Voilà mon oncle qui entre et qui veut absolument m'emmener voir ses plantations. Je résiste. Mais il me dit que ce seront un jour les vôtres, et cette raison me décide à vous quitter pour une heure ou deux. Au revoir, Cécile.

» Savez-vous, Cécile, ce que nous ferons si vous venez jamais habiter la Guadeloupe? Nous prendrons un dessin du petit cottage, un plan du petit jardin, nous emporterons des graines de toutes vos fleurs; puis, au milieu de l'habitation de mon oncle, nous ressusciterons le petit paradis de Hendon.

» Je passe ma vie à faire des projets, à bâtir des châteaux de cartes; puis, je prie Dieu de ne pas souffler sur mes rêves et de leur donner le temps de devenir des réalités.

» Heureusement je suis presque toujours seul, c'est-à-dire avec vous, Cécile ; vous marchez à mes côtés, je cause avec vous, je vous parle, je vous souris; souvent l'illusion est si grande, que j'étends la main pour prendre la vôtre, c'est alors que vous disparaissez comme une vapeur, que vous vous évanouissez comme une ombre.

» Le vaisseau qui vous portera cette lettre, une fois parti, je n'aurai probablement plus d'occasion de vous écrire avant un mois ou six semaines; les départs sont rares en ce moment-ci ; puis, dans deux mois, c'est moi qui partirai à mon tour, Cécile, comprenez-vous quel moment pour moi quand je verrai les côtes de France, quand je verrai Paris, quand je verrai la rue du Coq, quand je monterai ces deux étages, quand je sonnerai à votre porte, quand je tomberai à vos genoux ! Mon Dieu ! comment supporterai-je un pareil bonheur sans devenir fou !

» Adieu, Cécile, je vous écrirais ainsi éternellement, et pourquoi faire ? pour vous dire et pour vous redire cent fois les mêmes choses. Adieu, Cécile, je vous dis pas de penser à moi : il est impossible que je sois le seul à aimer comme j'aime. Adieu, Cécile, priez, priez pour mon retour, car c'est à votre prière, j'en suis certain, que je dois, jusqu'à présent, cette combinaison d'événements si constamment heureux que, pour la centième fois, je vous le répète, je m'épouvante de tant de bonheur.

» Adieu, Cécile, je charge un beau nuage doré, si brillant qu'il a l'air du char d'un ange, de vous porter tous mes souvenirs ; il vogue doucement vers la France à travers cet air limpide dont on n'a pas idée dans nos climats, et, tenez, le voilà qui s'écarte et qui prend la forme d'un aigle aux ailes déployées pour aller plus vite ; merci, mon beau nuage, merci ; salue-la en passant et dis-lui que je l'aime.

» Adieu, je ne vous quitterais ce soir, si je m'en croyais, et Dieu sait à quoi je m'exposerais, c'est que vous redoutiez, à l'avenir, autant l'arrivée de ces interminables lettres que je désirerais, moi, une ligne, un mot, une syllabe de vous.

» Adieu, encore une fois, une fois encore, je vous aime ; adieu, adieu.

» Votre HENRI. »

Si longue que fût cette lettre, elle parut bien courte à Cécile ; elle la lut et la relut toute la journée, puis enfin, elle la sut par cœur. De cette façon et tout en travaillant à sa belle robe de noces, la pauvre enfant se redisait tout bas les phrases de son fiancé ; puis, de temps en temps comme ces phrases ne suffisaient pas encore, elle allait prendre les lettres elles-mêmes, afin de se raffermir plus complètement par le contact du papier et par la vue de l'écriture.

Pendant ce temps, la robe avançait, c'était, comme nous l'avons dit, une magnifique guirlande de broderies qui en faisait le tour et qui devait remonter par devant jusqu'à la ceinture, et là, se diviser en rameaux dont les uns continuaient d'accompagner cette portion du corsage qu'on appelle le poignet, tandis que les autres s'égaraient capricieusement autour des manches ; quant au fond de la robe, il devait rester uni.

Or, la robe était déjà plus qu'à moitié faite, et, comme selon toute probabilité, Henri devait être encore trois ou quatre mois sans revenir, la robe serait complètement achevée à son retour.

De temps en temps la marquise demandait des nouvelles du voyageur, mais du ton dont elle se serait informée d'un étranger. La marquise n'avait point rêvé ce mariage par amitié pour Henri, mais par antipathie pour Édouard. Elle ne voulait pas voir sa petite-fille la femme d'un commis de banque, voilà tout.

Et cependant les jours succédaient aux jours : Cécile savait qu'aucun bâtiment ne devait partir de la Guadeloupe avant six semaines. Henri le lui avait dit ; on se le rappelle. Elle attendait donc assez patiemment tout le temps indiqué ; puis elle commença à s'inquiéter lorsque les deux mois furent écoulés. Enfin, avec les mêmes tressaillements de bonheur, avec les mêmes élans de joie, elle reçut un matin cette nouvelle lettre :

« Je pars, chère Cécile, je pars.

» Le navire que je charge de cette lettre ne me précédera que de huit jours, et peut-être même, comme l'*Anna Bell* passe pour une excellente voilière, arriverai-je en même temps que ma lettre ou avant elle.

» Comprenez-vous, Cécile, je pars ; je pars riche. J'ai gagné cent pour cent sur ma petite pacotille : j'ai remboursé à l'instant même les 50,000 francs de monsieur Duval. Il m'en reste 50,000 autres, et mon oncle me fait un chargement qui peut valoir 100,000 écus. De plus, il me remet 100,000 francs comme cadeau de noces.

» Ma Cécile bien-aimée, comprenez-vous dans quelle ivresse je suis ? Je ne cesse de demander au capitaine s'il est bien vrai que son voyage soit arrêté pour le 8 mars ; car c'est le 8 mars que nous partons.

» Il me répond que oui, et qu'à moins que les vents ne deviennent contraires, son départ est irrévocablement fixé pour cette époque ; mais dans ce moment-ci les vents soufflent avec une parfaite régularité ; rien ne nous retardera donc, je l'espère.

» Mon Dieu ! mon Dieu ! il est donc vrai que je vais la revoir, revoir ma Cécile bien-aimée, mon ange chéri ! Il est donc vrai que toutes mes craintes étaient insensées ; il est donc vrai que votre bouté ne se lasse pas, et que le bonheur qui m'a accompagné jusqu'ici n'était que le présage du bonheur qui devait encore m'accompagner jusqu'en France.

» Mon Dieu, vous êtes bon, vous êtes grand, vous êtes miséricordieux ; je vous remercie.

» Ou plutôt, mon Dieu, n'est-ce pas, c'est elle qui prie, c'est elle qui veille, c'est elle qui mérite pour elle et pour moi ?

» Au reste, j'ai un compagnon de joie et de bonheur : Samuel, le pauvre Samuel, vous savez, Cécile, le pilote dont je vous ai parlé ; le malheureux, il lui manquait quelques centaines de francs pour être heureux, comme à nous quelques milliers. Comprenez-vous qu'avec mille écus j'ai fait le bonheur d'un homme. Je les lui ai donnés en votre nom, ces mille écus, Cécile. A son retour, il va épouser Jenny, et st son premier enfant est un garçon, il l'appellera Henri; si c'est une fille, il l'appellera Cécile.

» Il en résulte que le pauvre Samuel est maintenant aussi pressé que moi de partir.

» Huit jours ! comme c'est long, huit jours ! huit jours à attendre sans me rapprocher encore de vous. Au moins, sur un bâtiment ou dans une voiture, qu'on soit poussé par l'aile du vent ou traîné par de bons chevaux, on sent que l'on se meut, que l'on avance, qu'on approche; il y a dans le mouvement une consolation. Notre mère nous berce quand nous sommes petits, l'espérance quand nous sommes grands. En vérité, je crois que j'aimerais mieux passer quinze jours de plus en mer et me mettre en route à l'instant même.

» Aussi j'hésite presque à vous envoyer cette lettre, Cécile. Si vous m'aimez comme je vous aime, ce qui, j'en ai bien peur, est impossible, et que notre bâtiment, par vent contraire ou par un accident quelconque, tarde d'une semaine, de quinze jours, d'un mois, quel supplice va devenir votre vie sans cesse suspendue à l'attente! Oh! vous attendre, moi, Cécile ; savoir que vous venez me rejoindre et ne pouvoir aller au devant de vous, et ne pouvoir abréger la distance qui nous sépare en m'élançant à votre rencontre; oh! je sens que ce serait pour moi un malheur affreux, impossible, inouï; je sens que ce serait pis encore que de n'avoir point de vos nouvelles, et cependant je n'ai pas le courage de m'empêcher de crier : J'arrive, Cécile, j'arrive, attendez-moi !

» Oui, attendez-moi, ma Cécile adorée ; oui, je viens, j'accours; attendez-moi, me voilà ; je suis près de vous, je suis à vos pieds. Dites-moi que vous m'aimez, Cécile, je vous aime tant, moi.

» Plus d'adieu, Cécile ; dans huit jours je pars. Au revoir, Cécile, au revoir. Attendez-moi d'un moment à l'autre. Encore une fois, Cécile, j'arrive.

» Votre HENRI. »

XXI.

LA ROBE DE NOCES.

On comprend quelle impression une pareille lettre produisit sur la jeune fille. Elle alla tomber à genoux devant le crucifix : puis sa prière faite, ses actions de grâces rendues, elle courut vers la marquise pour lui annoncer cette bonne nouvelle ; mais la marquise était en train de lire un nouveau roman dont les amours factices l'intéressaient bien autrement que les amours réelles de sa petite-fille : elle n'en fit pas moins ses compliments bien sincères à Cécile, en la baisant au front.

— Eh bien ! mon enfant, lui dit-elle, tu vois bien que ta pauvre mère n'avait pas le sens commun quand elle avait arrêté ce projet d'alliance avec les Duval, et que moi seule j'avais raison. C'est donc à moi seule que tu devras ton bonheur ; mon enfant, ne l'oublie jamais.

Cécile rentra chez elle le cœur serré. Ce reproche fait à sa mère, en ce moment où elle était si heureuse, vibra jusqu'au fond de son cœur. Elle s'était agenouillée d'abord pour remercier Dieu ; elle s'agenouilla une seconde fois pour demander pardon à sa mère.

Puis elle relut et relut dix fois sa lettre ; puis enfin, elle se remit à sa robe de noces.

On eût dit que la pauvre enfant avait calculé la broderie pour le retour, et qu'elle devait finir la robe et revoir Henri tout en même temps ; car à peine lui restait-il pour huit jours de travail. Près de neuf mois se seraient écoulés, au reste, entre la première et la dernière fleur de ce splendide dessin.

Mais avec quelle âme, quelle joie, quel bonheur elle travaillait maintenant ! Comme ces fleurs s'animaient sous ses doigts ! comme elles semblaient, rivales des filles du printemps, être elles, filles de l'amour ! Et, confidente d'abord de sa tristesse, comme cette broderie près de s'achever était maintenant confidente de sa félicité !

Oh ! oui, Henri l'avait bien dit, les heures parurent longues à la pauvre Cécile, et cependant elles s'écoulèrent : puis vint le soir, puis la nuit ; à peine Cécile put-elle dormir. Chaque voiture qui passait la faisait bondir. Henri n'écrivait-il pas que l'Anna-Bell était bonne voilière, et que peut-être il arriverait en même temps que sa lettre ; il est vrai que c'était trop demander : Henri l'avait prévu, un retard pouvait arriver. Il fallait donner huit jours au moins à l'attente, ce n'était pas raisonnable que d'espérer ainsi. Cécile se répétait à elle-même qu'elle était folle d'espérer, et cependant elle espérait.

Et cependant, à chaque bruit dans la maison, elle courait à l'escalier ; à chaque bruit dans la rue, elle courait à la fenêtre.

La journée du lendemain se passa encore ainsi, puis celle du surlendemain, puis les journées suivantes : seulement, la huitième, que Cécile avait fixée comme un terme de convention à son attente, fut un véritable supplice.

Dès la veille au soir, Cécile avait fini sa robe de noces, à dernières fleurs s'était épanouie brillante et joyeuse sous ses doigts.

La huitième journée s'écoula comme les autres. Depuis deux heures jusqu'à la nuit, Cécile demeura à sa fenêtre, les yeux fixés sur l'angle de la rue Saint-Honoré, se figurant voir tout-à-coup apparaître le cabriolet qui lui ramènerait Henri, comme elle avait vu disparaître le cabriolet qui l'emportait.

Puis, par un de ces mystères étranges qui prouvent que le temps n'existe pas et n'est qu'un vain mot, tout cet intervalle qu'elle avait passé à attendre Henri disparaissait offacé ; il lui semblait que c'était la veille seulement qu'il était parti, et que, durant la nuit, un songe était venu, pendant lequel elle avait rêvé ce long voyage.

La nuit arriva, l'obscurité devint plus épaisse. Cependant, comme il faisait beau, Cécile passa toute la nuit à sa fenêtre. Aux premiers rayons du jour, brisée de fatigue, le cœur oppressé, prête à fondre en larmes, elle se décida à se coucher.

Son sommeil fut court et agité, à chaque instant elle s'éveillait en sursaut, croyant entendre le bruit de la sonnette. La journée se passa dans les mêmes transes que la veille.

Alors elle essaya de raisonner avec son amour, de se persuader à elle-même que les deux bâtiments n'avaient pas pu se suivre avec cette méthodique régularité ; l'Anna-Bell pouvait avoir été retardée, au moment de son départ, de quelques jours, et peut-être d'une semaine ; un de ces calmes si fréquens sous les tropiques pouvait l'avoir retenue ; elle s'imposa à elle-même trois jours encore, pendant lesquels elle n'avait pas le droit d'attendre ; mais que faire pendant ces trois jours ?

La pauvre Cécile reprit sa robe de noces et se mit à broder un nouveau bouquet dans chaque angle de la broderie.

Les trois jours s'écoulèrent, puis quatre autres, puis une semaine ; les quatre bouquets furent achevés.

Henri avait déjà dépassé de quinze jours le terme probable de son arrivée ; Cécile n'était plus seulement impatiente, elle était inquiète.

Alors tous les rêves que fait éclore une imagination troublée germèrent dans son esprit : cette vaste mer dont le sourd grondement l'avait si fort impressionnée à Boulogne, cette mer mugissante avec ses caprices, ses tempêtes, ses ouragans, qu'avait-elle fait de l'Anna-Bell et de Henri ?

Les journées de Cécile étaient terribles d'inquiétude et d'attente, mais ses nuits devinrent plus terribles encore que ses journées ; cette pensée incessante qui demeurait dans son esprit, mais que, pendant la veille, la raison combattait, grandissait la nuit comme un fantôme, et, cessant d'être contenue par le sens moral, oppressait son sommeil d'une éternelle et fantastique apparition ; à peine s'endormait-elle que tantôt sa mère, tantôt Henri, lui apparaissaient ; puis commençait tout un poème insensé de douleurs inouïes qui la conduisaient à un réveil plein de terreurs, de sanglots et de larmes.

Henri était de plus d'un mois en retard.

Cécile, pour se distraire, eut recours à sa pauvre robe de noces : elle résolut d'en parsemer le fond de bouquets pareils à ceux qu'elle avait déjà brodés aux quatre angles.

Puis une autre idée qui commençait à poindre dans son esprit la tourmentait encore : la marquise continuait de vivre dans son imprévoyant égoïsme. Un jour Cécile ouvrit le secrétaire où était tout ce que sa grand'mère et elle possédaient ; il y restait quinze cents francs.

Elle courut chez la marquise, et avec tous les ménagemens possibles elle lui dit la cause de ses craintes.

— Eh bien ! lui dit la marquise, d'ici au moment où ces quinze cents francs seront épuisés, c'est-à-dire d'ici à trois ou quatre mois, Henri ne sera-t-il point revenu ?

Cécile ouvrit la bouche pour dire :

— Oui, mais s'il ne l'est pas ?

Les paroles expirèrent sur ses lèvres ; il lui semblait que ce n'était pas à elle de douter ainsi de la miséricorde de Dieu ; il lui semblait qu'en doutant elle méritait son sort. Elle rentra dans sa chambre un peu ranimée par la conviction de sa grand'mère.

Et, en effet, pourquoi Henri ne reviendrait-il pas ? un assez long temps n'était pas écoulé pour désespérer encore. Henri était de quelques semaines en retard, voilà tout. Ce qu'il craignait pouvait être arrivé, sans doute : l'*Anna-Bell* n'avait pas mis à la voile au jour indiqué ; Henri était en route, Henri touchait peut-être l'Angleterre, Henri entrait peut-être en France, Henri arriverait avant que ce nouveau travail entrepris ne fût achevé, et Cécile, pleine d'un courage momentané et d'une espérance éphémère, se remettait à sa tâche, et de nouvelles broderies naissaient sous son aiguille comme sous celle d'une fée.

Trois mois s'écoulèrent ainsi. Tous les bouquets étaient achevés ; la robe devenait une merveille. Ceux qui la voyaient disaient que c'était trop beau pour une femme, et qu'elle était digne d'être offerte à Notre-Dame-de-Liesse, de Lorette ou du Mont-Carmel.

Cécile commença un semis de fleurs entre les gros bouquets.

Un matin, mademoiselle Aspasie entra dans la chambre de la jeune fille, ce qui ne lui arrivait jamais.

— Que voulez-vous, Aspasie ? s'écria Cécile. Est-il arrivé quelque accident à ma bonne maman ?

— Non, Dieu merci, mademoiselle ; mais il n'y a plus d'argent dans le secrétaire, et je venais demander à mademoiselle où il fallait aller en chercher ?

Un froide sueur passa sur le front de Cécile. Le moment qu'elle craignait était venu.

— C'est bien, dit-elle, je vais aller causer de cela avec madame la marquise.

Cécile entra dans la chambre de sa grand'mère.

— Eh bien ! bonne maman, dit-elle, ce que j'avais prévu est arrivé.

— Quoi, ma mignonne ? demanda la marquise.

— Notre petite fortune est épuisée et Henri n'est pas encore revenu.

— Oh ! il reviendra, mon enfant ; il reviendra.

— Mais en attendant, ma bonne mère, comment ferons-nous ?...

La marquise porta les yeux sur sa main. Elle avait, au petit doigt un médaillon ovale, entouré de diamans.

— Hélas ! dit-elle en poussant un soupir, cela me fera bien de la peine de me séparer de cette bague ; mais, enfin, puisqu'il le faut.....

— Ma mère, dit Cécile, vous ne vous séparez que des diamans, que vous pourrez remplacer par un cercle d'or ; la bague vous restera toujours.

La marquise poussa un second soupir, qui prouvait qu'elle tenait au moins autant aux diamans qu'au médaillon, et donna la bague à Cécile.

La jeune fille ne pouvait confier à personne le soin de vendre le bijou que la marquise venait de lui remettre. C'était dénoncer sa misère prochaine à sa confidente, et c'était un secret dans lequel elle se souciait de mettre mademoiselle Aspasie moins que personne.

Cécile alla donc elle-même chez un joaillier et rapporta huit cents francs, prix auquel l'entourage fut estimé par le marchand. Celui-ci reçut en même temps commission de remplacer le cercle de diamans par un cercle d'or.

Dès ce moment, Cécile comprit que, près du malheur de ne pas voir revenir Henri, il existait un autre malheur ; aussi impuissante contre l'un, elle voulut se prémunir contre l'autre. Le troisième jour, en allant chercher la bague de la marquise, elle prit ses dessins de broderie, et comme le bijoutier lui avait, par son air loyal, inspiré de la confiance, elle lui montra ses tracés en lui demandant s'il ne connaissait pas quelque dessinateur en broderies chez lequel elle pût tirer parti de son talent. Le bijoutier appela sa femme, laquelle, après avoir admiré les dessins, lui promit d'en parler à un marchand. Trois jours après, Cécile avait une ressource : elle pouvait gagner de six à huit francs par jour.

A partir de ce moment, la pauvre jeune fille, plus tranquille, en revint à penser entièrement à Henri. Les jours s'écoulaient poussant les jours, et l'on ne recevait aucune nouvelle ; Henri était de près de quatre mois en retard. Cécile ne souriait plus, Cécile ne pleurait plus, Cécile semblait devenir de plus en plus froide et impassible ; toute sa douleur s'était concentrée en elle et s'agglomérait autour du cœur. De temps en temps seulement on sonnait ; quand on sonnait aux heures où autrefois sonnait le facteur ; mais, au coup de sonnette, elle reconnaissait que ce n'était pas lui et retombait sur le fauteuil dont elle s'était à demi soulevée. Son éternelle occupation, occupation devenue presque machinale, était sa robe ; l'étoffe tout entière se couvrait de broderies. Chaque jour Cécile remplissait un nouvel intervalle, chaque jour une fleur nouvelle naissait sous l'aiguille merveilleuse ; trois mois encore s'écoulèrent ainsi, et aucune nouvelle ne vint rendre la joie ou les larmes à la pauvre enfant.

Pendant ces trois mois, l'argent produit par la vente de la bague de la marquise s'était épuisé, mais, grâce à la ressource que Cécile avait créée elle-même, personne ne s'en aperçut. Toutes les semaines, la jeune fille allait porter ses dessins au marchand, et toutes les semaines il lui remettait de quarante à cinquante francs. A la rigueur, cette somme suffisait au petit ménage, et comme le nouveau travail de Cécile lui laissait deviner du temps pour sa broderie, c'est-à-dire deux ou trois heures par jour, en continuant de travailler à sa robe, car il lui semblait que tant qu'elle pourrait y travailler, elle se rattacherait encore par quelque chose au passé, et que tout espoir de revoir Henri n'était pas perdu.

Enfin, il arriva un moment où toute adjonction nouvelle devenait impossible ; les moindres interstices étaient remplis : la robe de noces de Cécile était achevée.

Elle la tenait un matin sur ses genoux, secouant tristement la tête et cherchant vainement une place où introduire quelque mince fleur, quelque frêle arabesque, lorsque tout-à-coup la sonnette retentit. Cécile bondit sur sa chaise ; elle avait reconnu le coup de sonnette du facteur.

Cécile courut à la porte, c'était bien lui. Il tenait une lettre à la main, mais cette lettre n'était point de son écriture ; c'était une grande lettre carrée avec un cachet ministériel. Cécile prit en tremblant la lettre.

— Qu'est-ce que ? dit-elle d'une voix presque éteinte.

— Je ne sais, mademoiselle, répondit le facteur, mais je sais qu'hier on nous a rassemblés pour nous demander, de la part du préfet de police, si nous connaissions une demoiselle Cécile de Marsilly. J'ai répondu que j'avais porté, il y avait longtemps, plusieurs lettres de ce nom à une personne de ce nom, qui demeurait rue du Coq-Saint-Honoré, n° 5. On a pris note de ma déclaration, et ce matin mon chef m'a remis cette lettre en me disant de vous l'apporter; elle vient du ministère de la marine.

— Oh! mon Dieu, mon Dieu! murmura Cécile, qu'est-ce que cela veut dire?

— Je souhaite que ce soit une bonne nouvelle, mademoiselle, dit le facteur en se retirant.

— Hélas! dit Cécile en secouant la tête, je n'attends de bonnes nouvelles que d'une seule écriture, et ce n'est point de celle-là.

Le facteur ouvrit la porte pour s'en aller.

— Attendez que je vous paie, dit Cécile.

— Merci, mademoiselle, répondit le facteur, la lettre est franche de port.

Et il se retira. Cécile rentra dans sa chambre.

Elle tenait la lettre à la main, elle n'osait l'ouvrir.

Enfin elle brisa le cachet et lut ce qui suit:

« A bord du brick de commerce l'*Anna-Bell*, commandé par le capitaine John Dickins.

» Ce jourd'hui, 28 du mois de mars de l'année 1805, à trois heures de l'après-midi, étant à la hauteur des Açores, par le 52e degré de latitude, et le 42e degré de longitude,

» Nous Edward Thomson, second du brick l'*Anna-Bell*, étant de quart à bord dudit bâtiment, averti par le pilote Samuel que le vicomte Charles-Henri de Sennones, inscrit sur le registre des passagers sous le no 9, venait de mourir,

» Nous sommes transporté, accompagné du susnommé et de monsieur Williams Smith, étudiant en médecine, dans la chambre no 5, où nous avons trouvé un cadavre que nous avons parfaitement reconnu pour être celui du vicomte Henri de Sennones.

» Le témoin Samuel nous a alors déclaré qu'à trois heures moins cinq minutes, le vicomte Charles-Henri de Sennones avait expiré entre ses bras, qu'il lui avait alors, pour s'assurer de toute cessation d'existence, passé devant la bouche un miroir; mais que voyant que la glace restait pure, et par conséquent la respiration éteinte, il n'avait pas douté de la mort et était venu nous prévenir de cet accident.

» Examen fait du cadavre, monsieur Williams Smith, étudiant en médecine, passager à bord, et qui avait donné des soins au malade, a dit...

» Nous déclarons sur notre âme et conscience que le vicomte Charles-Henri de Sennones, est mort de la fièvre jaune, dont il avait sans doute emporté le germe en quittant la Guadeloupe, qu'il y a trois jours les premiers symptômes se sont déclarés, et que la maladie a fait de si rapides et de si terribles progrès, que malgré tous les secours de l'art, il est mort aujourd'hui à trois heures moins cinq minutes.

» En foi de quoi nous avons dressé le présent procès-verbal qui, après lecture faite, a été signé par nous, par le médecin qui a donné des soins au défunt, et par le témoin ci-dessus dénommé.

» Fait à bord, en mer, les jour, mois et an que dessus.

» Signé, Edward Thomson, second; le capitaine John Dickins; Williams Smith, étudiant en médecine; quant au pilote Samuel, il a déclaré ne savoir signer et a fait sa croix. »

En achevant cette lettre, Cécile jeta un cri et s'évanouit.

XXI.

LES MALHEURS VONT PAR TROUPE.

Lorsqu'elle revint à elle, mademoiselle Aspasie lui faisait respirer des sels. Le cri qu'avait jeté la pauvre enfant avait été entendu jusque dans la chambre de la marquise, qui avait envoyé sa demoiselle de compagnie s'informer de ce qui venait d'arriver.

Un instant après, la marquise voyant que mademoiselle Aspasie ne venait pas, entra elle-même.

Malgré le peu de sympathie qu'il y avait entre les deux femmes, Cécile se jeta dans les bras de sa grand'mère, lui montrant le terrible procès-verbal, dont la lecture glacée venait de trancher d'un seul coup toutes ses illusions, toutes ses espérances.

Ce procès-verbal, c'était l'apparition de la mort elle-même, de la mort froide, impassible, inexorable, de la mort dépouillée de toutes ces précautions dont l'accompagne la bonté de Dieu ou la prévoyance d'un ami.

Aussi Cécile ne pouvait-elle que répéter continuellement ce mot: Mort! mort! mort!

Quant à la marquise, elle était atterrée; elle avait envisagé d'un seul coup d'œil tout ce que cette catastrophe avait de terrible pour elle et sa petite-fille.

Toutes ses espérances de repos, de bien-être et de luxe à venir reposaient sur Henri de Sennones. La lettre qu'il avait écrite huit jours avant son départ de la Guadeloupe, dans laquelle il donnait à sa fiancée l'état de sa petite fortune, avait servi de base aux calculs de la marquise. Maintenant, tout était fini: Henri était mort, les diamans vendus, les ressources de la malheureuse famille épuisées, et il ne lui restait rien, absolument rien, aux yeux de la marquise surtout, car celle-ci ignorait, que depuis trois ou quatre mois déjà tout le monde ne vivait plus que du travail de Cécile. Mademoiselle Aspasie seule s'en était aperçue, car déjà deux ou trois fois elle avait manifesté à la marquise le désir de se retirer à la campagne, appuyant sa demande sur ce que sa santé affaiblie avait maintenant besoin de beaucoup de repos.

La douleur de la marquise fut donc plus grande que ne l'avait prévue Cécile, car Cécile ne pouvait pas lire au fond du cœur de sa grand'maman les véritables causes de cette douleur.

Cela fut un bien pour la pauvre enfant, car un instant, en voyant chanceler sa mère, elle redevint forte pour la soutenir. La marquise était descendue de son lit en peignoir; on la reconduisit à sa chambre et elle se remit au lit.

Cependant Cécile ne pouvait s'en tenir à cette froide annonce de la mort de son amant; elle voulait avoir quelques détails, elle voulait savoir comment cette lettre était parvenue. Bref, la pauvre enfant, comme tout malheureux frappé d'un coup inattendu, doutait encore et avait besoin de la certitude de sa douleur.

La lettre était timbrée du ministère de la marine. L'idée lui vint tout naturellement de s'adresser au ministère de la marine pour avoir les renseignemens qu'elle désirait.

Elle recommanda sa grand'maman aux soins de mademoiselle Aspasie, jeta un voile sur son chapeau, prit la lettre fatale, la remit dans son enveloppe, descendit, se jeta dans un fiacre et se fit conduire au ministère de la marine.

En arrivant à la porte elle montra sa lettre au concierge et s'enquit de quel bureau venait cette lettre; le concierge répondit qu'elle venait du secrétariat.

Cécile monta au secrétariat et demanda à parler à l'employé qui avait écrit cette lettre.

Il n'était pas encore arrivé; elle l'attendit.

Il vint enfin; chose étrange, depuis qu'elle était revenue à elle, Cécile n'avait pas versé une larme.

L'employé lui expliqua que ce procès-verbal était arrivé de Plymouth, où l'*Anna-Bell* avait jeté l'ancre, à son retour de la Guadeloupe, qu'elle était accompagnée de ce seul renseignement:

« Le vicomte Charles-Henri de Sennones étant mort à bord de l'*Anna-Bell*, le 28 mars 1805, et n'ayant aucun parent connu en ce moment en Angleterre, nous prions le gouvernement français de faire notifier sa mort à mademoiselle Cécile de Marsilly, dont il avait souvent parlé au pilote Samuel comme de sa fiancée. Selon toute probabilité, cette demoiselle Cécile de Marsilly est en France.

» Ci-joint le procès-verbal qui constate cette mort. »

Cécile écouta tous ces détails le cœur brisé, mais les yeux secs; on eût dit que la source des larmes était tarie, ou plutôt que ses larmes coulaient en dedans.

Elle demanda seulement si on pouvait lui dire où le corps avait été rapporté.

L'employé lui répondit que lorsqu'un passager ou un matelot mourait à bord d'un bâtiment, on ne rapportait pas son corps, mais qu'on le jetait purement et simplement à la mer.

Cécile revit alors, comme à travers un éclair, ce grand Océan tumultueux et mugissant qui était venu baigner ses pieds, le jour où elle se promenait au bras de Henri, sur le galet de Boulogne.

Elle remercia l'employé de ses renseignemens et sortit.

Tout était clair maintenant pour Cécile, ce long temps qui s'était écoulé depuis la mort de Henri, et qu'elle avait passé à l'attendre, avait été perdu à chercher où elle demeurait; d'ailleurs, ces recherches avaient été faites comme les gouvernemens en général font les recherches auxquelles ils n'ont point d'intérêt; on avait annoncé la nouvelle dans les journaux, mais Cécile ne lisait point les journaux; enfin on s'était avisé un jour de rassembler les facteurs et de s'adresser à eux; c'est alors qu'un de ces braves gens avait déclaré avoir porté, dix-huit mois auparavant, des lettres à une demoiselle Cécile de Marsilly, qui demeurait rue du Coq, n° 5.

Cécile rentra, monta ses cinq étages, et s'apprêta à sonner, mais elle s'aperçut que la porte était ouverte, et, supposant que mademoiselle Aspasie était entrée chez quelque voisine, elle la laissa comme elle l'avait trouvée.

Son premier soin fut d'entrer chez la marquise; la marquise était couchée, la tête appuyée à ses deux oreillers, et dormait.

Cécile rentra dans sa chambre.

Elle alla droit au secrétaire qui renfermait son trésor à elle, c'est-à-dire les lettres de Henri.

Parmi ces lettres elle chercha celle qu'il lui avait écrite de Boulogne, et elle relut ces lignes.

« La grande et belle chose que la mer, vue avec un profond sentiment dans le cœur; comme cela correspond à toutes les pensées supérieures; comme à la fois cela console et attriste; comme cela vous élève de la terre au ciel; comme cela vous fait comprendre la misère de l'homme et la grandeur de Dieu.

» Je crois que je serais éternellement resté assis sur ce rivage où nous avons erré ensemble, et où il me semblait qu'en cherchant bien je retrouverais encore la trace de vos pas. Mon cœur s'agrandissait du spectacle que j'avais sous les yeux ; je ne vous aimais plus de l'amour des hommes, je vous aimais comme les fleurs au retour du printemps aiment le soleil ; comme, pendant les belles nuits d'été, la mer aime le firmament, comme en tout temps la terre aime Dieu.

» Oh ! comme, en ce moment, Cécile, le Seigneur me pardonne si c'est une orgueilleuse impiété, mais je défiais les événemens de nous séparer, fût-ce par la mort ! Comment, lorsque tout se mêle et se confond dans la nature, les parfums aux parfums, les nuages aux nuages, la vie à la vie, pourquoi la mort aussi ne se mêlerait-elle pas à la mort ? Et puisque chaque chose en se mêlant est féconde, pourquoi la mort, qui est une des conditions de la nature, un des chaînons de l'éternité, un des jalons de l'infini, pourquoi la mort seule serait-elle stérile ? Dieu ne l'eût pas faite si elle n'eût dû être pour lui qu'une machine de destruction, et si, en désunissant les corps, elle n'eût pas dû unir les âmes.

» Ainsi donc, Cécile, ainsi donc la mort elle-même n'aurait pas le pouvoir de nous séparer ; car l'Écriture dit : Le Seigneur a vaincu la mort !

» Adieu donc, ou plutôt au revoir, Cécile, et non plus adieu ; au revoir, dans ce monde peut-être, et dans l'autre certainement. »

— Oui, oui, pauvre Henri, murmura Cécile ; oui, tu avais bien raison ; oui, au revoir, certainement !

En ce moment, Cécile entendit à son tour un cri dans la chambre de la marquise.

Elle courut et heurta dans le corridor mademoiselle Aspasie, qui, pâle et sans voix, accourait chez elle.

— Qu'y a-t-il donc et qu'est-il donc arrivé ? s'écria Cécile.

Et voyant que la demoiselle de compagnie ne lui répondait rien, elle s'élança dans la chambre de sa grand'mère.

La tête de la marquise avait glissé le long des oreillers et était tombée sur le traversin, tandis que son bras pendait hors du lit.

— Ma bonne mère ! cria Cécile en saisissant cette main, ma bonne mère !

La main de la marquise était froide.

Cécile prit la tête de sa grand'maman dans ses bras, et la reposant sur l'oreiller, elle l'embrassa à plusieurs reprises en la conjurant de lui répondre ; mais tout était inutile, la marquise resta muette comme elle était restée froide ; la marquise avait cessé d'exister.

Pendant que mademoiselle Aspasie était sortie pour un instant, elle avait été frappée d'apoplexie foudroyante.

Tout était déjà fini quand Cécile était rentrée et qu'elle l'avait vue.

Cécile avait cru qu'elle dormait ; elle était morte.

Mais morte sans aucune douleur, sans prononcer une plainte, sans faire un mouvement ; morte comme elle avait vécu, sans plus songer à la mort qu'elle avait songé à la vie ; morte au moment où l'existence allait pour la première fois lui devenir difficile et peut-être amère.

Une chose étrange, c'est que, lorsque deux grandes douleurs frappent à la fois la même personne, l'une défend l'âme contre l'autre ; une de ces deux douleurs eût écrasé Cécile. Elle se releva forte contre toutes deux.

Puis, peut-être la mort de Henri lui avait-elle inspiré quelque projet fatal dont la mort de sa grand'mère hâtait l'exécution.

A la vue de la marquise morte, mademoiselle Aspasie déclara que sa peine était si grande qu'elle ne voulait pas rester un instant de plus dans la maison.

Cécile se releva du pied du lit de sa grand'mère, où elle priait, fit les comptes de mademoiselle Aspasie et la paya en la remerciant de ce dont aucun argent ne paie, c'est-à-dire des attentions qu'elle avait données à la marquise.

Puis, la jeune fille appela la bonne femme qui avait le soin de son petit ménage, et la pria de se charger, avec la propriétaire de son appartement, de toutes les démarches funèbres qui restaient à faire. Comme Cécile était fort aimée dans la maison, où cependant elle ne parlait jamais à personne, mais où elle passait pour un modèle d'amour filial et de chasteté, chacun s'empressa de lui rendre service autant qu'il était en soi.

Alors Cécile rentra dans sa chambre et ouvrit un tiroir.

Puis, elle en tira sa robe de noces.

A cette vue ses larmes, si longtemps retenues, éclatèrent enfin. Il était temps, une plus longue compression lui eût brisé le cœur.

Puis, lorsqu'elle eut longuement pleuré en tenant sa belle robe sur ses genoux, lorsqu'elle eut baisé chaque bouquet, chaque fleur, chaque arabesque, lorsqu'elle l'eut élevée sur ses deux bras en regardant le ciel et en criant : « Henri ! Henri ! » elle jeta une seconde fois un voile sur sa tête et sortit.

La demande de mademoiselle Aspasie avait épuisé les dernières ressources de Cécile, et il ne lui restait plus, pour faire enterrer sa grand'mère et pour accomplir le projet qu'elle avait conçu, d'autre moyen que de vendre sa robe de noces.

Elle courut chez le marchand de broderies qui lui achetait ses dessins, et déploya sous ses yeux cette merveille de travail, de goût et de patience, sur laquelle elle était restée inclinée près de trois ans ; mais du premier coup le marchand lui déclara qu'il ne pouvait en donner le prix que la chose valait, et se contenta de lui indiquer des adresses.

Le même jour, Cécile fit quelques courses, mais toutes furent infructueuses.

La journée du lendemain fut consacrée à l'enterrement de la marquise. Comme on croyait que, sans être riche, la marquise avait quelque fortune, la propriétaire fit toutes les avances et tous les frais du service et de l'inhumation.

Le lendemain, Cécile se remit en course. Nous avons vu comment, après avoir encore essuyé de nouveaux refus, la pauvre enfant entra chez Fernande, et comment le prince, touché tout ensemble des pleurs de la pauvre jeune fille et désirant satisfaire aux désirs de Fernande, acheta la robe merveilleuse et en envoya le prix le même jour.

Aussitôt ces trois mille francs reçus, Cécile appela le propriétaire de son appartement, lui remboursa les avances qu'elle avait faites, lui paya le terme courant et lui déclara qu'elle partait le lendemain.

Mais quelques instances que lui fit celle-ci, Cécile refusa constamment de lui dire où elle allait.

Le lendemain, effectivement, la pauvre fille quitta la maison emportant son secret avec elle.

Pendant quelque temps, ceux qui avaient connu Cécile se préoccupèrent de cette disparition et continuèrent à en parler. Puis, peu à peu, son nom revint moins fréquemment dans les conversations ; puis, enfin, comme elle ne reparut plus, on l'oublia tout à fait.

XXII.

CONCLUSION.

Trois mois après les événemens que nous venons de raconter, un joli brick de commerce cinglait vers les Antilles, cherchant les vents alisés qui soufflent entre les tropiques.

Ce brick n'était rien autre chose que l'*Anna-Bell*, notre ancienne connaissance.

Il était parti depuis quatorze jours de Londres, où il avait fait un chargement pour la Guadeloupe, lorsque, vers les cinq heures de l'après-midi, le matelot en vigie fit entendre ce mot dont l'impression est toujours si profonde sur l'esprit des passagers et même sur celui des marins :

— Terre !

A ce cri, qui retentit jusque dans les profondeurs du bâtiment, tout ce qu'il y avait de passagers à bord monta sur le pont.

Au nombre de ceux-ci était une jeune fille de dix-neuf à vingt ans.

Elle s'avança vers le pilote, qui, en la voyant venir, ôta respectueusement son bonnet.

— Est-ce que je n'ai pas entendu crier *terre !* mon bon Samuel ? demanda-t-elle.

— Oui, mademoiselle Cécile, répondit celui-ci.

— Et quelle est cette terre ?

— Les îles Açores.

— Enfin ! dit la jeune fille... Et un mélancolique sourire passa sur ses lèvres; puis, ramenant sur le pilote son regard un instant égaré dans l'espace : Vous m'avez promis de m'indiquer l'endroit où le corps de monsieur Henri fut jeté à la mer ?

— Oui, mademoiselle, et je vous tiendrai ma parole quand le moment sera venu.

— Sommes-nous encore bien éloignés de cet endroit ?

— Nous pouvons en être à quarante milles à peu près.

— Alors dans quatre heures nous y passerons.

— A l'endroit même, mademoiselle, on croirait que le bâtiment sait son chemin et ne veut pas s'en écarter de dix pas.

— Et vous êtes sûr de ne pas vous tromper ?

— Oh ! non, mademoiselle ; la première île faisait angle à la seconde, et, comme la nuit est belle, vous pouvez être parfaitement tranquille, je reconnaîtrai certainement l'endroit.

— C'est bien, alors, Samuel, dit la jeune fille : une demi-heure avant d'y être arrivés, vous m'appellerez.

— Je vous le promets, répondit le matelot.

La jeune fille salua Samuel d'une inclination de tête, redescendit par l'escalier de l'arrière et rentra dans la chambre n° 5, où elle s'enferma.

Une heure après que la jeune fille eut quitté le pont, la cloche du dîner sonna : tous les passagers alors descendirent à leur tour dans la salle à manger, mais Cécile ne parut point. Comme rarement, au reste, elle se mettait à table, on ne remarqua point son absence ; seulement, le capitaine lui fit demander si elle voulait qu'on lui servît son dîner dans sa chambre, mais elle répondit qu'elle ne mangerait point.

Le bâtiment continuait de marcher vent arrière, filant à peu près dix nœuds à l'heure, de sorte qu'on approchait rapidement des Açores : les passagers étaient remontés sur le pont et jouissaient de la fraîcheur de la soirée : les yeux fixés sur l'archipel d'îles qui restait encore à quatre ou cinq lieues par le travers du bâtiment, le capitaine John Dickins, le lieutenant Williams Thomson causaient ensemble, et le timonnier Samuel songeait ; de temps en temps les deux officiers jetaient les yeux sur lui ; enfin, tout en causant, ils se rapprochèrent et s'arrêtèrent en face de lui :

— N'est-ce pas, Samuel, dit le capitaine, que c'est elle ?

— Celle dont monsieur Henri parlait toujours avec moi ?

— Oui, et qu'il appelait Cécile.

— C'est elle même, capitaine.

— Voyez-vous, Williams, dit le capitaine, c'est elle-même je l'avais deviné.

— Et que va-t-elle faire à la Guadeloupe ?

— Dam ! dit Samuel, vous savez que monsieur Henri avait là un oncle qui est millionnaire ? elle va probablement le rejoindre.

Et les deux officiers reprirent leur promenade, continuant leur conversation qu'ils avaient interrompue pour adresser à Samuel la question que nous avons rapportée.

Cependant la nuit s'avançait ; on apporta le thé sur le pont et l'on fit demander à Cécile si elle désirait monter, mais, comme au dîner, elle refusa en disant qu'elle ne voulait rien prendre.

La nuit vint avec la rapidité habituelle à ces latitudes ; à huit heures l'obscurité était complète ; à neuf heures chacun était rentré dans sa cabine ; il ne restait plus sur le pont que le timonnier et le lieutenant en second ; le brick marchait sous sa grande voile et sous ses voiles de grands huniers.

A neuf heures et demie la lune se leva derrière les Açores, éclairant la nuit comme le soleil éclaire une de nos brumeuses journées du nord ; les îles se dessinèrent parfaitement distinctes à l'horizon.

On approchait de l'endroit où le corps de Henri avait été jeté à la mer. Samuel, fidèle à sa promesse, fit appeler Cécile.

Cécile monta aussitôt ; elle avait changé de toilette, était toute vêtue de blanc et avait un voile comme une fiancée.

Elle prit une chaise et vint s'asseoir près du timonnier.

Samuel la regarda avec étonnement ; cette robe blanche, cette parure inutile et cependant à laquelle on voyait que la jeune fille avait donné tous ses soins, semblaient étranges au bon matelot.

— Nous approchons donc, Samuel ? demanda Cécile.

— Oui, mademoiselle, répondit Samuel, et dans une demi-heure nous y serons.

— Et tu reconnaîtras l'endroit ?

— Oh ! ça, j'en réponds, comme si je prenais hauteur avec les instruments du capitaine.

— Je ne t'ai jamais demandé de détails sur ses derniers momens, Samuel, mais maintenant, mais ce soir, je voudrais bien savoir comment il est mort.

— Pourquoi parler toujours de choses qui vous font de la peine ? mademoiselle Cécile, vous finirez par me détester.

— Si Jenny était morte, Samuel, et morte loin de toi, ne désirerais-tu pas connaître tous les détails de cette mort, et ne serais-tu pas au contraire reconnaissant à celui ou à celle qui te les donnerait ?

— Oh ! si fait, mademoiselle, si fait ; il me semble au contraire que ce serait une grande consolation pour moi.

— Tu vois donc, Samuel, qu'il serait cruel à toi de ne pas faire ce que je demande.

— Aussi je ne m'y refuse pas, mademoiselle ; je l'aimais tant, ce pauvre monsieur Henri ; dam ! c'était bien juste aussi, car, outre qu'il était tout à fait aimable et gentil, il m'avait, en partant de la Guadeloupe, donné les 3,000 francs qui me manquaient pour épouser Jenny ; de sorte que si je suis heureux dans ce moment-ci, c'est à lui que je le dois.

— Pauvre Henri, murmura Cécile, il était si bon !

— Aussi, quand M. Smith, l'étudiant en médecine, vint me dire qu'il était malade, je mis un matelot à ma place et je descendis tout de suite : pauvre jeune homme ! ce que c'est que de nous ! la veille il s'était senti indisposé seulement, la nuit la fièvre était venue, et au moment où je descendis il avait déjà le délire ; mais au milieu de son délire il me reconnut cependant, mademoiselle, mais sa seule pensée, voyez-vous, ce qu'on sentait vivant au milieu de son souvenir troublé, c'était vous, mademoiselle Cécile, c'était vous seule.

— Mon Dieu ! mon Dieu ! murmura Cécile en retrouvant des larmes.

— Oui, et puis il parlait d'une petite maison en Angleterre, de fleurs dans un jardin, de Boulogne, d'une robe de noces, puis d'un linceul que vous brodiez pour vous ensevelir tous deux.

— Hélas ! hélas ! dit Cécile, c'était la vérité.

— Du premier moment, vous comprenez... je vis bien qu'il était perdu ; j'en avais vu tant passer de la même maladie... La fièvre jaune, ça ne pardonne pas. Avec ça, personne ne voulait le soigner ; on aurait dit qu'il avait la peste, pauvre garçon ! Allons, allons, me suis-je dit alors, Samuel, mon garçon, c'est dans le danger qu'on reconnaît les amis ; c'est toi que la chose regarde. J'allai trouver le capitaine, et je lui dis : Capitaine, faut mettre quelqu'un à ma place au gouvernail ; mon poste à moi, de ce moment, c'est au lit de monsieur Henri ; et je resterai là jusqu'à ce qu'il meure, pauvre garçon !

— Bon Samuel ! s'écria Cécile en prenant dans les siennes une des grosses mains du matelot, tandis que l'autre continuait de peser sur le gouvernail.

— Le capitaine fit quelques difficultés, parce que ça se gagne, voyez-vous, la fièvre jaune, et il avait peur pour moi. Il a confiance en moi comme pilote ; mais je lui dis : Bah ! capitaine, nous avons passé le tropique, maintenant un enfant vous conduirait les yeux bandés à Plymouth ; seulement, si j'attrape la chose et que je meure à mon tour, vous trouverez dans mon sac 5,000 fr. que monsieur Henri m'a donnés : vous en remettrez la moitié à ma vieille mère, l'autre à Jenny. — C'est bien, mon garçon, a-t-il dit alors, va : tu crois devoir faire ce que tu fais sois tranquille, il y a un bon Dieu là-haut.

Cécile poussa un soupir en regardant le ciel.

— Je ne l'avais quitté qu'une demi-heure et le mal avait encore fait des progrès. Cette fois-ci, c'est à peine s'il me reconnut ; il avait une fièvre ! à chaque instant il disait : — Je respire du feu ; pourquoi donc me donne-t-on du feu à respirer, et il demandait à boire. Puis il parlait de vous, toujours de vous, mademoiselle, Cécile par-ci, Cécile par-là. Il disait qu'on voulait vous séparer l'un de l'autre, mais que vous étiez sa femme et que vous sauriez bien le rejoindre partout où il serait.

— Il avait raison, Samuel, murmura Cécile.

— La nuit se passa comme cela, lui, toujours brûlant de fièvre, moi, lui parlant de vous pour le consoler ; car je voyais bien, quoiqu'il ne me reconnût pas, que chaque fois que je prononçais votre nom, il tressaillait. Alors, il demandait une plume, de l'encre, du papier : il voulait écrire, à vous certainement. J'essayai, pour lui faire plaisir, de lui donner un crayon, mais tout ce qu'il put faire, ce fut d'écrire les trois premières lettres de votre nom. Puis, il repoussa crayon et papier en criant : Du feu ! du feu ! tu m'as donné du feu !

— Il a donc bien souffert ? demanda Cécile.

— Dam ! on ne sait pas, répondit Samuel quand la raison n'y est plus, il y en a qui disent qu'on a cessé de souffrir, et que la douleur n'existe que quand le jugement est là pour l'apprécier ; mais moi, je n'en crois rien. A ce compte-là, les pauvres animaux qui n'ont pas de jugement ne souffriraient donc point. Enfin, tant il y a que la nuit tout entière se passa ainsi. D'heure en heure, le médecin venait ; il le saignait, il lui mettait des sinapismes, mais tout cela en secouant la tête ; on voyait bien qu'il faisait son état pour l'acquit de sa conscience et qu'il n'y comptait plus. En effet, le matin du troisième jour, moi aussi je commençais à désespérer ; la fièvre s'en allait, mais la vie avec elle. Quand il avait la fièvre, j'avais toutes les peines du monde à l'empêcher de se lever pour aller vous rejoindre ; quand la fièvre fut passée, je l'aurais maintenu dans son lit rien qu'avec le petit doigt. Oh ! voyez-vous, mademoiselle Cécile, c'est que ce n'était pas lui qui était faible, ce n'était plus moi qui étais fort, c'était la mort qui était là.

— Mon Dieu ! mon Dieu ! dit Cécile, pardonnez-moi.

Samuel crut avoir mal entendu et continua :

— La faiblesse ne fit qu'augmenter ; il eut encore deux ou trois accès que l'on eût cru que c'était la vie qui revenait, mais, au contraire, c'était l'âme qui disait adieu au corps, et à trois heures moins cinq minutes, mademoiselle, je le vois encore comme je vous vois, il se souleva, regarda autour de lui d'un œil fixe, prononça votre nom et retomba sur son lit. Il était mort.

— Après, après, Samuel ?

— Dam ! après, vous savez, mademoiselle, à bord la cérémonie n'est pas longue, surtout quand le défunt est mort d'une maladie contagieuse. Je passai un miroir devant la bouche du pauvre garçon ; bonsoir, il n'y avait plus d'haleine. Puis j'allai dire au capitaine : C'est fini, il est mort !

— Mon Dieu ! mon Dieu ! murmura une seconde fois Cécile, n'est-ce pas que vous me pardonnerez ?

— Eh bien ! me dit le capitaine, puisqu'il est mort, Samuel, mon ami, tu vas venir avec nous faire le procès-verbal, après quoi tu reprendras ton poste.

— Pardon, capitaine, répondis-je, mais je n'ai pas fini. Pauvre monsieur Henri ! Et qui donc le coudra dans son hamac ? parce que c'est un simple passager, il ne faut pas pour cela le jeter à la mer comme un chien ; ça ne serait pas juste.

— Tu as raison, dis le capitaine ; mais fais vite.

— Je répondis par un signe de tête et je me mis à la besogne ; car tout le monde à bord était pressé de se débarrasser de ce pauvre cadavre. Aussi la cérémonie ne fut pas longue. Quand je vins dire au capitaine que monsieur Henri était enseveli, lui as-tu mis un boulet au pied ? demanda le capitaine.

— Deux, capitaine, deux, répondis-je ; il ne faut pas lésiner avec ses amis.

— C'est bien, dit le capitaine. Qu'on monte le corps sur le pont.

— Je le pris dans mes bras, je l'apportai, on le mit sur une planche. Le capitaine, qui est Irlandais et par conséquent catholique, récita quelques prières ; puis on leva la planche, le cadavre glissa, s'enfonça dans la mer et disparut. Tout était dit.

— Merci, mon bon Samuel, merci, dit Cécile ; mais nous devons approcher de cet endroit où il l'as jeté à la mer ?

— Ma foi, mademoiselle, nous y touchons ; dans cinq minutes, quand nous aurons vu ce grand palmier qu'on voit sur l'île la plus proche de nous en face de notre beaupré, ça sera là.

— Et d'où a-t-on jeté son corps, Samuel ?

— De bâbord. Tenez, ajouta-t-il, de là vous ne pouvez pas voir l'endroit, la grande voile nous le cache, entre l'escalier et les haubans d'artimon.

— C'est bien, dit Cécile.

Et la jeune fille s'avança vers l'endroit indiqué et disparut derrière la grande voile.

— Pauvre mademoiselle Cécile ! murmura Samuel.

— Quand nous serons à l'endroit juste, Samuel, dit Cécile, tu me préviendras, n'est-ce pas ?

— Soyez tranquille, mademoiselle.

Samuel se baissa de manière à regarder sous la voile. Il vit Cécile à genoux et priant.

Cinq minutes à peu près s'écoulèrent, pendant lesquelles le pilote tint les yeux fixés sur le palmier. Puis, comme le palmier se trouvait enfin juste par le travers du beaupré,

— C'est ici, dit-il.

— Me voilà, Henri, répondit une voix.

Puis le bruit d'un corps pesant tombant dans l'eau se fit entendre.

— Quelqu'un à la mer ! cria d'une voix forte le second, qui faisait son quart.

Samuel ne fit qu'un bond du timon au bastingage. Il vit quelque chose de blanc qui tournoyait dans le sillage; puis cette espèce de vapeur, flottant à la surface de l'eau, s'enfonça et disparut.

— Voilà donc pourquoi, reprit Samuel en reprenant la barre de son gouvernail, voilà donc pourquoi elle priait Dieu de lui pardonner !

L'*Anna-Bell* continua sa route, et, après dix-huit autres jours de traversée, arriva heureusement à la Pointe-à-Pitre.

PUBLICATIONS DE LA SOCIÉTÉ DU JOURNAL LE SIÈCLE.

PARIS, 16, RUE DU CROISSANT.

MUSÉE LITTÉRAIRE

FORMAT IN-4° A DEUX COLONNES.

Première série. — Broché complet, 4 fr. (1).
Séparément :
Histoire de la Grandeur et de la Décadence de César Birotteau, par DE BALZAC.... 1 fr. »»
Un Acte de Vertu et la Peine du Talion, par CH. DE BERNARD. . . . . » 50
Héva, par M. MÉRY. . . . . » 50
Le Lion amoureux, par F. SOULIÉ. . . . . » 30
Une Maîtresse anonyme, par M. E. SCRIBE. » 30
Geneviève, par M. A. KARR . . . . » 80
Riche et Pauvre, par M. E. SOUVESTRE. . » 70
Matilda, par LORD NORMANBY. . . . . . » 60
Le Médecin du Pecq, par M. LÉON GOZLAN. 1 60

Deuxième série. — Broché complet, 4 fr.
La Femme de Quarante ans, par CH. DE BERNARD. . . . . » fr. 40
Le Vicomte de Béziers, par F. SOULIÉ. . . 1 30
Aventures du jeune comte Potowski, roman du cœur, par le conventionnel MARAT. » 70
Les Parens pauvres, par DE BALZAC.
1er épisode, la Cousine Bette. . . . . .
2e,   le Cousin Pons. 2 50

Troisième série. — Broché complet, 4 fr.
Le Comte de Toulouse, par F. SOULIÉ. . . 1 fr. 20
Le Roi de Carreau, par M. E. SCRIBE. . . » 10
Une Heure trop Tard, par M. A. KARR. . . 1 »»
La Croix d'or, par M. MAURICE ST-AGUET. » 10

Hamlet, de SHAKESPEARE, traduction de M. ALEXANDRE DUMAS. 1 10
Annonciade, par M. EM. GONZALÈS. . . . » 30
Une Maîtresse de Louis XIII, par M. SAINTINE 1 30
Dernier Jour d'un Condamné, par V. HUGO. » »»

Quatrième série. — Broché complet, 4 fr.
Sous les Tilleuls, par M. A. KARR. . . . 1 fr. 20
Le Bandit de Londres, par AINSWORTH. . 1 20
Pignerol, par le bibliophile JACOB. . . . 1 20
La Caserne du quai d'Orsay, par M. ÉMILE MARCO DE SAINT-HILAIRE. . . . . . . » 10
Fierval ou le Fanfaron démasqué, par ROUGET DE L'ISLE. . . . . » 20
Rosa Mourante, par le même. . . . . . .
Robert-Robert, par M. L. DESNOYERS. . . 1 80

Cinquième série. — Broché complet, 4 fr.
Bug-Jargal, par M. VICTOR HUGO. . . . . » fr. »»
Les Nuits du Père-Lachaise, par M. GOZLAN. 1 fr. 30
Histoire des Treize — Ferragus, — Duchesse de Langeais, par DE BALZAC. . . . . . 1 »»
Les Deux Cadavres, par F. SOULIÉ. . . . 1 50
La Veuve de la Grande Armée, par M. E. MARCO DE SAINT-HILAIRE. 1

Sixième série. — Broché complet, 4 fr.
Les Mystères de Londres, par M. P. FÉVAL. 4 fr. 20
Han d'Islande, par M. VICTOR HUGO. . . » »»

* **Septième série.**
* Les Amours de Paris, par M. PAUL FÉVAL
* L'Art en Thème, par M. ALPHONSE KARR
* Étude sur les Femmes, — la Maison Nucingen, — le Contrat de mariage, — le Cabinet des antiques, par DE BALZAC.

Huitième série. — Broché 4 fr.
Les Mystères de Rome, par M. F. DERIÈGE 2
Antonia, par M. ÉLIE BERTHET. 1
La Floride, par M. MÉRY. . . . .
La Guerre du Nizam, par le même. . . . 1

* **Neuvième série.**
Les Sept Péchés capitaux, par M. EUG. SUE.
L'Orgueil.

* **Dixième série.**
* Ursule Mirouet, par DE BALZAC. . . . .
* Curé de Tours, par le même. . . . . . .
* Jonathan le visionnaire, par M. SAINTINE
* Carlo Broschi, par M. SCRIBE. . . . . .
* Le Nœud gordien, par CH. DE BERNARD.
* Gabrielle, par M. ANCELOT. . . . . . .
* Le Notaire de Chantilly, par M. L. GOZLAN

* **Onzième série.**
* Notre-Dame de Paris, par M. VICTOR HUGO.
* Modeste Mignon, — le Message, — Gobseck, — une double Famille, par DE BALZAC.

(1) Le prix de chaque série, broché complet, est de 6 fr. pour les personnes qui ne sont pas abonnées au Siècle. — Les nouveaux abonnés qui voudront se procurer les six premières séries du Siècle pourront se les faire prendre dans nos bureaux moyennant 24 fr., reliées en 2 forts volumes, ou se les faire expédier, moyennant 26 fr., par les messageries, sur le continent français.

ŒUVRES COMPLÈTES D'ALEXANDRE DUMAS

FORMAT DU MUSÉE LITTÉRAIRE.

Tome Ier. — Broché complet, 5 fr.
Le Comte de Monte-Christo. . . . . 5 fr.
Collection séparée de GRAVURES pour cet ouvrage, 30 magnifiques dessins. Prix 6 fr.
Le MÊME, texte et gravures reliés, 12 fr. et franco 13 fr.

Tome II. — Broché complet, 5 fr.
Séparément :
La Reine Margot. . . . . 2 fr. 10 c.
La Dame de Monsoreau. 2 90

Tome III. — Broché complet, 5 fr.
Séparément :
Le Chevalier de Maison-Rouge. . . . . 1 fr. 40 c.
Le Maître d'Armes. 1 10
La Guerre des Femmes. 1 90
Nouvelles diverses. . . . . » 70

Tome IV. — Broché complet, 5 fr.
Séparément :
Georges. . . . . 1 fr. 20 c.
Fernande. . . . . 1 »»
Amaury. . . . . » 90
Pauline. — Murat. — Pascal Bruno. . . 1 20
Les Frères Corses. . . . . » 50
Othon l'archer. . . . . » 40

Tome V. — Broché complet, 5 fr.
Séparément :
Une Fille du Régent. . . . . 1 fr. 30 c.
Souvenirs d'Antony. . . . . » 60
Isabel de Bavière. 1 30
Praxède. . . . . » 30
Cécile. . . . . » 70
Sylvandire. 1 10

* **Tome IV.**
Séparément :
Les Quarante-Cinq. . . . . 2 fr.
* Le Bâtard de Mauléon.
* John Davis.

* **Tome VII.** — Broché complet, 5 fr.
Joseph Balsamo. . . . . 5 fr.

* **Tome VIII, * IX, * X.**
Impressions de Voyage. . . . . 2 fr.
* Le Corricolo.
* La Villa Palmieri.
* Le Speronare.
* Le capitaine Arena.
Etc., etc.

LES MOUSQUETAIRES.

1re partie : LES TROIS MOUSQUETAIRES, 2 fr.; — 2e partie : VINGT ANS APRÈS, 2 fr. 50 c.; — 3e partie : LE VICOMTE DE BRAGELONNE, 6 fr. 20.
Le même ouvrage broché en deux tomes in-4° à deux colonnes, 10 fr. — Relié en un seul tome in-4°, 12 fr.

Dans ce Catalogue, les ouvrages, séries ou tomes, marqués d'une astérisque, sont sous presse. Tous se vendent brochés, par tome, série, ou même rément par ouvrage, au gré de l'acheteur, excepté ceux dont un prix moindre de 4 fr. Les œuvres de M. VICTOR HUGO ne peuvent être livrées que par séries auxquelles elles appartiennent. Les feuilles détachées, pour rassortiment, seront vendues dans les bureaux du Siècle, moyennant 10 centimes la de huit pages, ou expédiées franco par la poste, moyennant 15 centimes.)

Les demandes des départemens devront être affranchies et coldées en un mandat sur la poste ou à vue sur Paris, à l'ordre du directeur-gérant du Siècle. Ce mandat comprendra, outre le prix des ouvrages demandés, le coût de leur port au destinataire. (1 fr. par volume broché par les messageries.

On trouve également dans nos bureaux : **MAURICE**, par M. SCRIBE, de l'Académie française. — Un volume in-8°; prix, 3 fr.
PROCÈS DES MINES DE GOUHENANS. — Cour des pairs, 1847, 1 volume de 100 pages in-4°, à 2 colonnes. Prix : 1 fr. 50. Franco 2 fr. 5.

Paris. — Imprimerie LANGE LÉVY et Cie, rue du Croissant, 16.